汉字演变五百例

HANZI YANBIAN WUBAI LI

(第2版)

李乐毅 著

北京语言大学出版社
BEIJING LANGUAGE AND CULTURE
UNIVERSITY PRESS

图书在版编目 (CIP) 数据

汉字演变五百例 / 李乐毅著 . –2 版 .
— 北京：北京语言大学出版社，2013.10（2022.10 重印）
ISBN 978-7-5619-1604-9

Ⅰ . ①汉…　Ⅱ . ①李…　Ⅲ . ①汉字 – 演变　Ⅳ . ① H12

中国版本图书馆 CIP 数据核字（2014）第 007111 号

书　　名：汉字演变五百例
HANZI YANBIAN WUBAI LI
责任印制：周　燚

出版发行：北京语言大学出版社
社　　址：北京市海淀区学院路 15 号　　邮政编码：100083
网　　址：www.blcup.com
编 辑 部：8610-8230 3647/3592
国内发行：8610-8230 3650/3591/3648
海外发行：8610-8230 0309/3365/3080
读者服务部：8610-8230 3653
网上订购：8610-8230 3908　service@blcup.com
印　　刷：天津嘉恒印务有限公司
经　　销：全国新华书店

版　　次：2013 年 10 月第 2 版　　2022 年 10 月第 12 次印刷
开　　本：889 毫米 × 1194 毫米　1/24　印张：21.75
字　　数：215 千字
书　　号：ISBN 978-7-5619-1604-9 / H · 13384
定　　价：45.00 元

PRINTED IN CHINA

目　录

前　言

汉字是世界上最悠久的文字之一。它已经有五六千年的发展过程，现在约有占全球四分之一的人在使用着它。汉字在中国源远流长的文化史上作出了巨大的贡献。优美的汉字书法是中华民族文化艺术宝库中的一个重要组成部分。

几千年来，汉字的形体经过了多次的演变，主要字体有下面几种：

一、**甲骨文**。这是商朝刻在龟甲和兽骨上的文字。由于它是以记录占卜之事为主的，所以又被称为“卜辞”、“契文”；又因为最早是在殷墟（商朝后期的都城遗址，在今河南安阳小屯村）发现的，又叫“殷墟文字”。已收集到的甲骨文单字约有4000多个，其中1000多字可以释读。这种文字已较完备，但是有许多字的笔画和偏旁尚未完全定型。周朝早期也有少量甲骨文出土。

二、**金文**。这是商、周时期刻铸在青铜器上的文字，又叫“钟鼎文”。这种文字前期字体与甲骨文相近，有的还保留了早期图画文字的痕迹；后期与小篆相近。已收集到的金文单字有近4000个，多半可以释读。金文的形体结构比较成熟，周朝的金文铭辞有的一篇长达500字。

三、**小篆**。这是秦朝通行的文字，又称“秦篆”。战国时期，中国各地文字异形；秦始皇统一中国之后，对文字加以整理和简化，在“大篆”（又称“籀文”，春秋战国间通行于秦国）的基础上，规定了一种标准字体，这就是“小篆”。秦朝的这一统一全国文字的重要措施，对汉字的规范化起了很大的作用。

四、**隶书**。这是汉朝通用的字体。始于秦末，沿至三国。又称“汉隶”、“佐书”、“八分”等。早期的隶书保留了一些小篆的形迹；

后来波磔的笔法增多，这成为隶书字体的一个显著的特点。隶书的出现，为后来的楷书的发展奠定了基础，同时成为汉字发展史上的一个重要转折点，那就是由古文字阶段进入了今文字阶段。

五、**楷书**。这是汉朝末年开始出现，一直通行到今天的一种字体。由于它的形体端正，笔画平直，足为楷模，所以被称为"楷书"，又叫"正书"、"真书"。历代许多书法家都是以楷书闻名于世的。

六、**草书**。草书出现的时代其实比楷书还早，大约始于汉朝初期。早期的草书是书写隶书时的快捷变体，称为"草隶"，后来又叫"章草"。汉末以后，脱去章草中保留的隶书笔画的痕迹，形成一种笔势连绵回绕、偏旁相互假借的"今草"。唐朝时还出现了一种笔画更加放纵、难以辨认的"狂草"。现在一般所谓的草书指的是"今草"。

七、**行书**。这是一种介于楷书和草书之间的字体，三国和晋朝以来流行。这种字体写起来比楷书便捷，又比草书易于辨认，所以很受群众喜爱。行书中楷法多于草法的叫"行楷"，草法多于楷法的叫"行草"，但是很难有一个截然分开的界限。

此外，自有汉字以来，就出现了许许多多的简体字，它们被称为"俗字"、"手头字"等，这是为了文字应用的方便而产生的。在汉字的发展过程中，文字既有繁化的现象又有简化的现象，但是总的趋势是简化。汉字的简体字古已有之；只是到了20世纪50年代，我国才把历代民间流行的简体字通过研究整理后逐批公布，这就是现行的**"简化字"**。

为了使具有一般文化水平的读者了解汉字发展演变情况，从而加深对中国传统文化的认识，特编写了这本书。本书有以下几个特点：

（一） 这是一本普及性的汉字知识读物，内容是通过列举汉字几种主要字体中的一些字例，并对这些字例的字源绘写图解和浅释，力求简明形象地体现汉字发展演变的历史过程。

（二） 本书共选取常用汉字500字（加上释文中提到的通用

字、假借字等共为660多字），每字依次列举甲骨文、金文、小篆、隶书、楷书、草书和行书等七种字体（其中有的已简化，另加简化字楷书，共八种字体）。金文的少数字用籀文或战国文字等字体代替。

（三） 汉字的各种字体一般都有多种不同的写法。本书只选摹其中比较典型或比较常见的一种为例。为避免烦琐，字例不一一注明出处。

（四） 本书对字源的解释，多以文字学家有公认的定论为准；也有采用或参考某一家之言的；还有作者自己的一得之见。由于本书性质和篇幅所限，释文都不加以论证，也恕不注明观点来源。

（五） 对一些古今义变化较大的字，本书在解释古义时，尽可能地引用了一些较早的文物或古籍上的词句，作为佐证。

（六） 本书正文按汉语拼音字母顺序排列（多音字以最常见的读音为准），正文前有笔画索引，以备检索。

新旧字形对照表

（字形后圆圈内的数字表示字形的笔数）

旧字形	新字形	新字举例	旧字形	新字形	新字举例
艹④	艹③	花草	直⑧	直⑧	值植
辶④	辶③	连速	黾⑧	黾⑧	绳鼋
幵⑥	开④	型形	咼⑨	咼⑧	過蝸
丰④	丰④	艳沣	垂⑨	垂⑧	睡郵
巨⑤	巨④	苣渠	飠⑨	𩙿⑧	飲飽
屯④	屯④	纯顿	郎⑨	郎⑧	廊螂
瓦⑤	瓦④	瓶瓷	彔⑧	录⑧	渌箓
反④	反④	板饭	昷⑩	昷⑨	温瘟
丑④	丑④	纽杻	骨⑩	骨⑨	滑骼
犮⑤	犮⑤	拔茇	鬼⑩	鬼⑨	槐嵬
印⑥	印⑤	茚	爲⑨	為⑨	偽撝
耒⑥	耒⑥	耕耘	既⑪	既⑨	溉厩
吕⑦	吕⑥	侣营	蚤⑩	蚤⑨	搔骚
攸⑦	攸⑥	修倏	敖⑪	敖⑩	傲遨
爭⑧	争⑥	净静	莽⑫	莽⑩	漭蟒
产⑥	产⑥	彦産	眞⑩	真⑩	慎填
𦍌⑦	𦍌⑥	差养	䍃⑩	䍃⑩	摇遥
幷⑧	并⑥	屏拼	殺⑪	殺⑩	摋鎩
吳⑦	吴⑦	蜈虞	黃⑫	黄⑪	廣横
角⑦	角⑦	解确	虛⑫	虚⑪	墟歔
奐⑨	奂⑦	换痪	異⑫	異⑪	冀戴
㡀⑧	㡀⑦	敝弊	象⑫	象⑪	像橡
耳⑧	耳⑦	敢嚴	奧⑬	奥⑫	澳襖
者⑨	者⑧	都著	普⑬	普⑫	谱氆

笔画索引

（按笔画多少和起笔笔形“一 丨 丿 丶 →”的次序排列）

六笔

七笔

返	80	君	180	画	135
谷	114	尾	346	或	121
孚	90	改	96	雨	439
妥	337	坠	71	瓯	269
肘	174	甬	428	典	62
角	161	鸡	145	[丨]非	82
龟	118	纯	335	齿	38
忱	254	纳	233	虎	133
饮	422	纵	50	具	177
系	366	纹	350	昊	459
[丶]言	396			国	121
况	385	**八笔**		果	122
亨	374			明	220
辛	380	[一]现	157	易	414
弃	255	武	355	黾	218
羌	259	拂	89	罗	208
兑	72	招	463	冽	325
沧	27	其	250	贮	484
沈	296	取	271	罔	342
沉	296	昔	360	咏	427
沙	290	若	282	败	4
忏	356	苟	112	鸣	222
牢	186	事	305	[丿]牧	228
启	253	直	469	物	359
初	42	林	197	和	129

九笔

十二笔

十三笔

安 ān

在一间静静的屋子里，有一个女子（参见“女”字条）手置胸前，安详地坐着（古人习惯席地跪坐），本义是“安定”、“安全”。《易经》：“是故君子安而不忘危。”

（同楷书）

字体
甲骨文
金文
小篆
隶书
楷书
草书
行书
简化字

八 bā

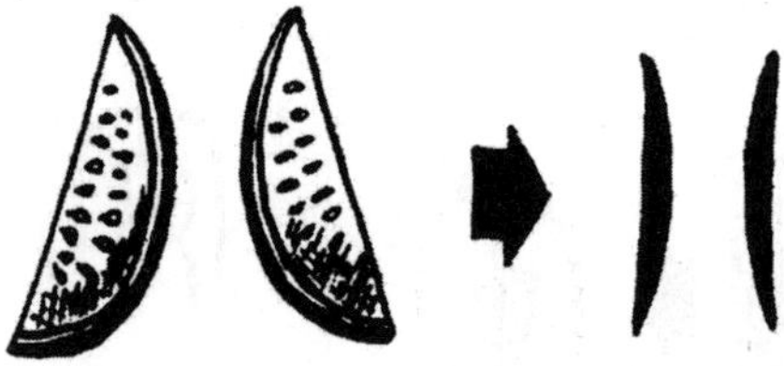

一件东西，例如一个瓜，被分成了两半，这就是“八”字的本义。《说文》：“八，别也，象分别相背之形。”后来假借为数目字。但是，本义还可以在“分”、“半”、“公”等字看到。

（同楷书）

甲骨文
金文
小篆
隶书
楷书
草书
行书
简化字

白 bái

〔附〕 伯

原来是烛火的形状，中心是烛芯或灯芯。最初的意义是“明亮”、“清楚”。如《荀子》：“身死而名弥白”。后来常指“白色”。在甲骨文和金文里，“白”还常被假借为“伯”字。一说源自拇指形。

字体	
甲骨文	
金文	
小篆	
隶书	
楷书	
草书	
行书	
简化字	（同楷书）

败（敗）bài

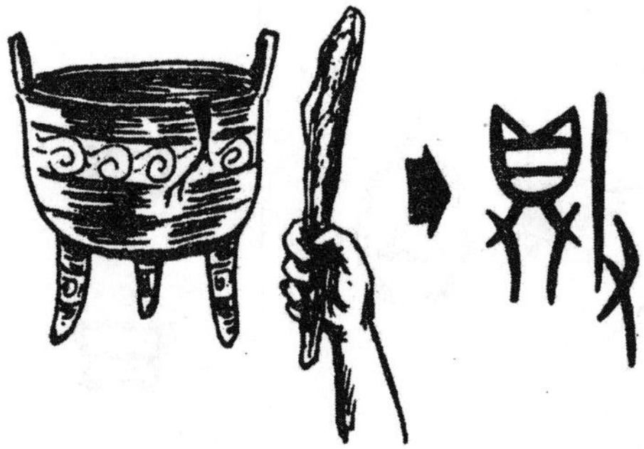

甲骨文“败”字，像一只手（参见“又”字条）拿着棍棒击打宝贵的“鼎”（参见“鼎”字条）；金文把“鼎”旁换成“贝”（参见“贝”字条）。本义是“毁坏”。如《左传》：“涉河，侯车败。”

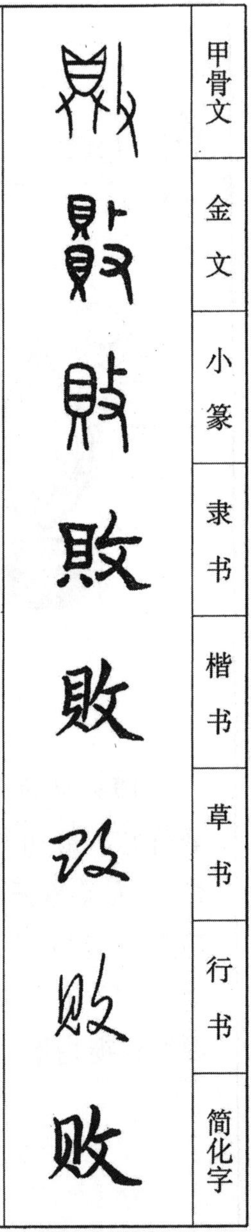

般 bān

〔附〕 盘

“般”是“盘”（繁体为“盤”）的本字。甲骨卜辞殷先王“盘庚”也作“般庚”。甲骨文的“般”字像一只拿着勺子的手正往盘子里舀取食物。后来盘形讹变成“舟”旁，就难以看出本义了。

甲骨文	
金文	
小篆	
隶书	
楷书	般
草书	
行书	
简化字	（同楷书）

邦 bāng

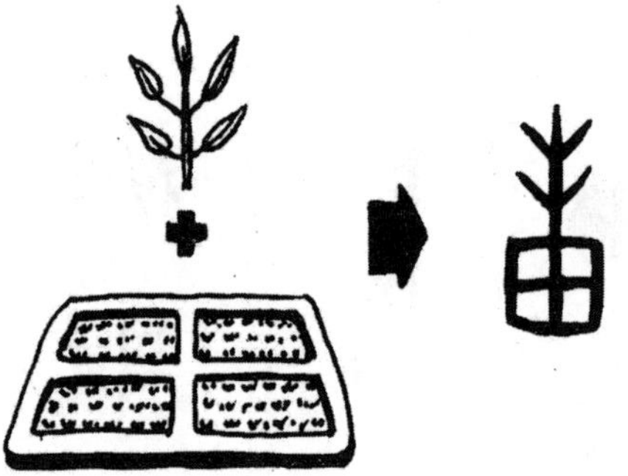

本义是“国”。《尚书》:“协和万邦”。甲骨文“邦”字由“田”、“丰”构成:“田”表示人们赖以生活的地方,“丰”表声(古音相近)。金文把“田”换成“邑”,“邑”是人们的聚居地。

保 bǎo

〔附〕 褓 堡

甲骨文和金文“保”字都是一个大人手抱着襁褓里的婴儿的形状。《说文》:“保,养也。”本义是“养育”、“抚养”。引申为“保护”、“保佑”等义。古书又通“褓”、“堡”。

甲骨文

金文

小篆

隶书

楷书

草书

行书

简化字

(同楷书)

宝（寶）bǎo

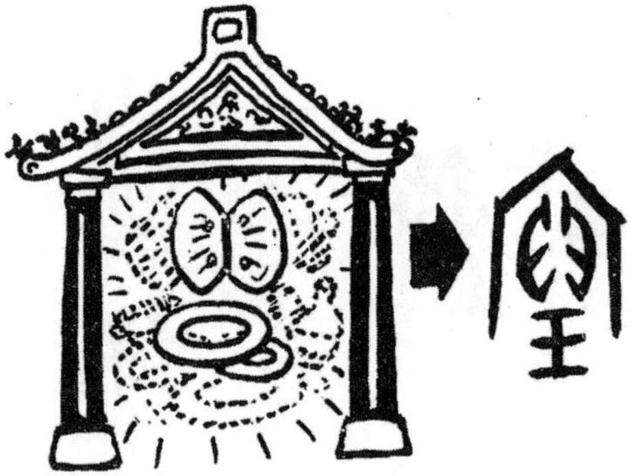

在一间屋子里既有“贝”（表示财富），又有“玉”（表示珍宝），有的字形中还有“缶”（表示器皿，一说表声），这些都是宝贵的东西。本义是“珍贵之物”。

甲骨文
金文
小篆
隶书
楷书
草书
行书
简化字

北 běi

〔附〕 背

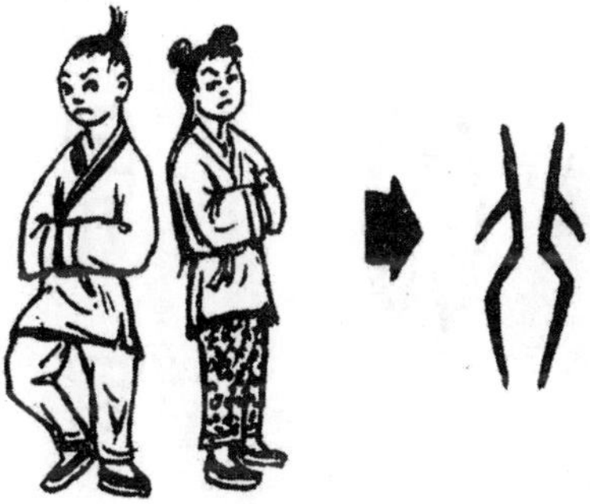

“北”是“背”的本字。如《战国策》:“士无反北之心”。古文的字形是两个人背靠背站着。“北”字被假借为表示“北方”义以后,又另造“背”字。

甲骨文	
金文	
小篆	
隶书	
楷书	
草书	
行书	
简化字	(同楷书)

贝（貝）bèi

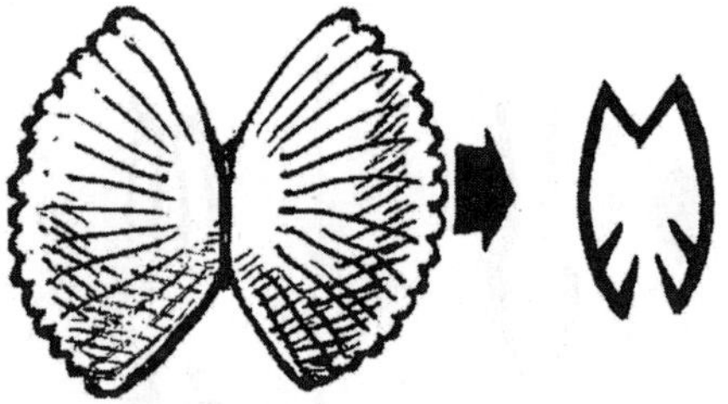

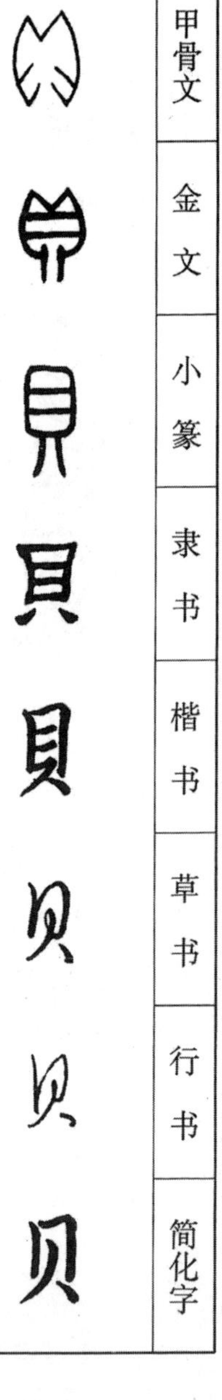

“贝”是有介壳的软体动物。字形像一个打开了壳的贝。古人以贝为货币，所以“贝”字旁的汉字大都与财富的意义有关。甲骨卜辞：“易（赐）贝二朋。”

比 bǐ

字形像两个人一前一后并靠着的样子。本义是“并列”，如《尚书》：“称尔戈，比尔干，立尔矛。”引申为“紧靠”，如唐朝王勃的诗句“海内存知己，天涯若比邻。”

甲骨文	
金文	
小篆	
隶书	
楷书	比
草书	
行书	
简化字	（同楷书）

鄙 bǐ

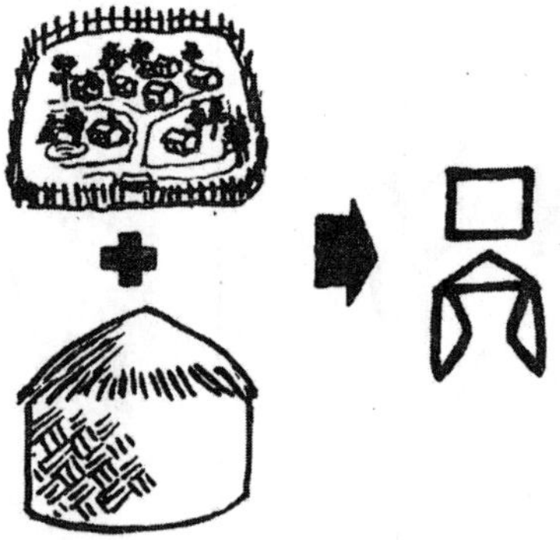

字原作"啚"。上面的方形表示人们的聚居地；下面的"亩"是仓廪（参见"廪"字条）。本义是"边邑"。《春秋》："冬，齐人、宋人、陈人伐我西鄙。"

甲骨文 金文 小篆 隶书 楷书 草书 行书 简化字

（同楷书）

毕（畢）bì

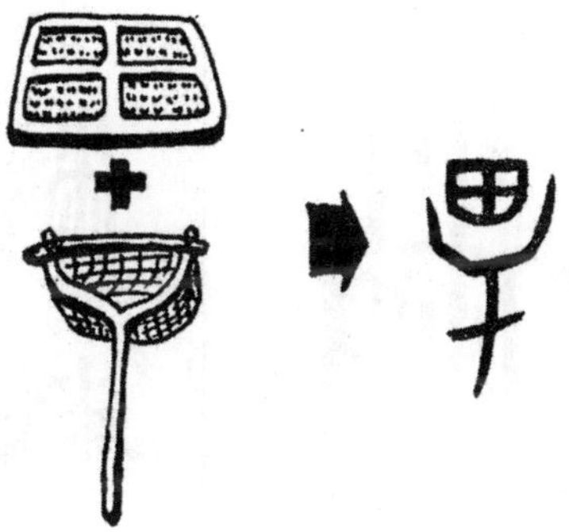

原是一种捕捉禽兽的带长柄的网。《说文》:“毕,田网也。”《庄子》:“夫弓弩毕弋机变之知多,则鸟乱于其上矣。”字上部的“田”,是捕禽兽的地方。

敝 bì

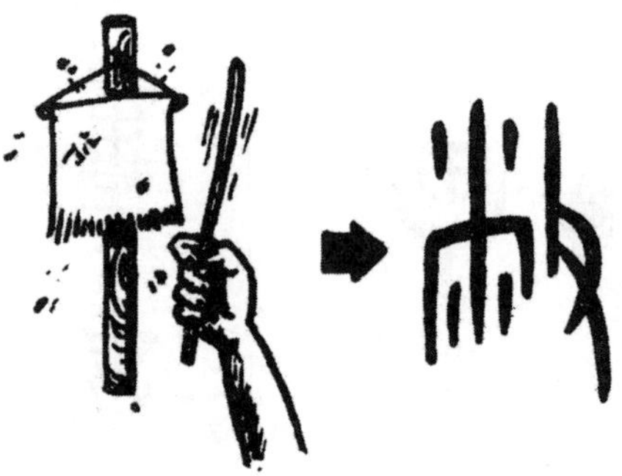

字的左旁是一块布（“巾”），上面沾有灰尘和脏物；右旁是一只手（“又”）正拿着棍子在扑打。本义是“坏”、“破旧”。《易经》：“瓮敝漏。”

甲骨文

金文

小篆

隶书

楷书

草书

行书

简化字 （同楷书）

必 bì

〔附〕 柲

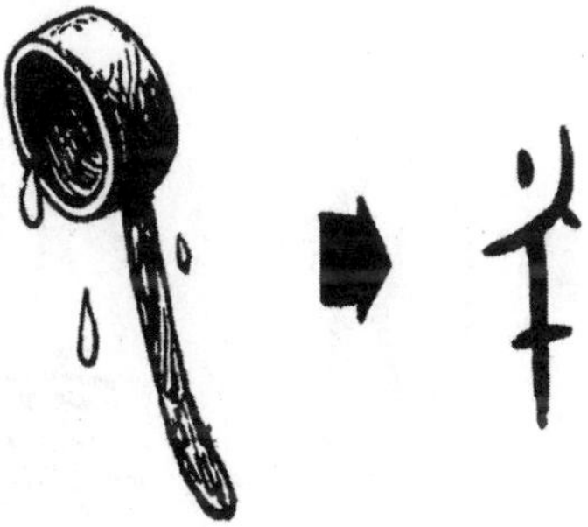

“必”是“柲”（bì，义为“柄”）的本字。甲骨文“必”字像一把有长柄的水勺子，旁边有水滴；柄上的斜画是表示器具的柄的指事符号。后多用于“一定”、“必定”等义。

甲骨文

金文

小篆

隶书

楷书

草书

行书

简化字

（同楷书）

宾（賓）bīn

甲骨文“宾”字像一个人从外面走进屋子里来的情状，有的字形还有足形。金文加上“贝”或“鼎”，表示带来礼物的就是“宾客”。《左传》：“宾至如归。”

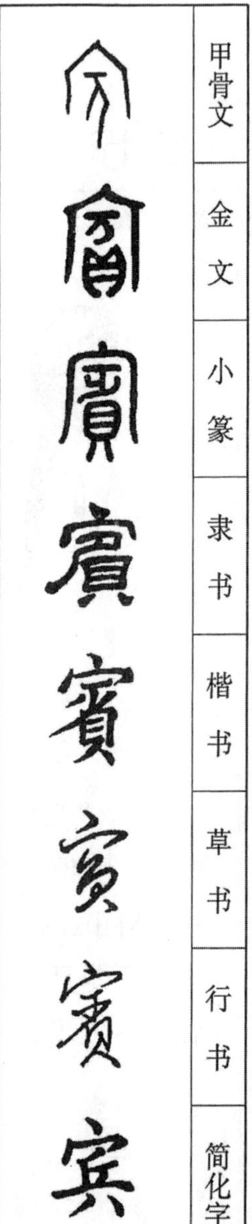

兵 bīng

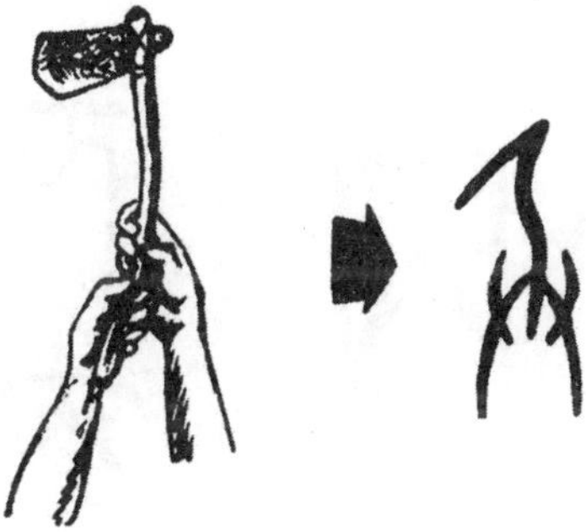

“兵”的本义是“兵器”,《荀子》:“古之兵,戈、矛、弓、矢而已矣。”后来才引申为“兵士”。字的上部是“斤”字,就是一把斧状的武器(参见“斤”字条);下部是两只握武器的手。

(同楷书)

丙 bǐng

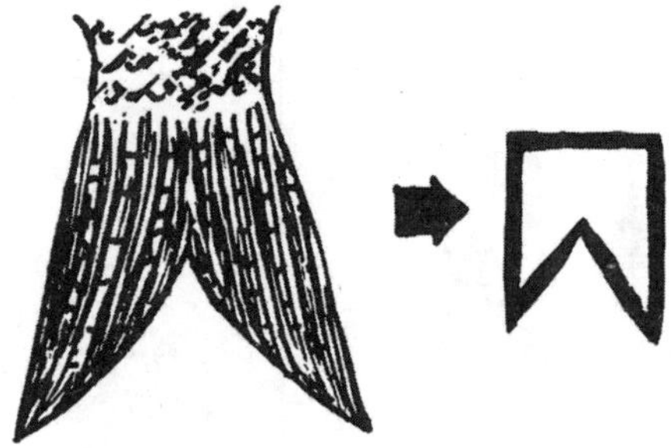

最早是指“鱼尾”，我国最早解释词义的专著《尔雅》说：“鱼尾谓之丙。”这个本义早已不存，一般借为指天干第三位的名称。一说像器物的底座。

甲骨文 

金文 

小篆 

隶书 

楷书 

草书 

行书 

简化字 （同楷书）

秉 bǐng

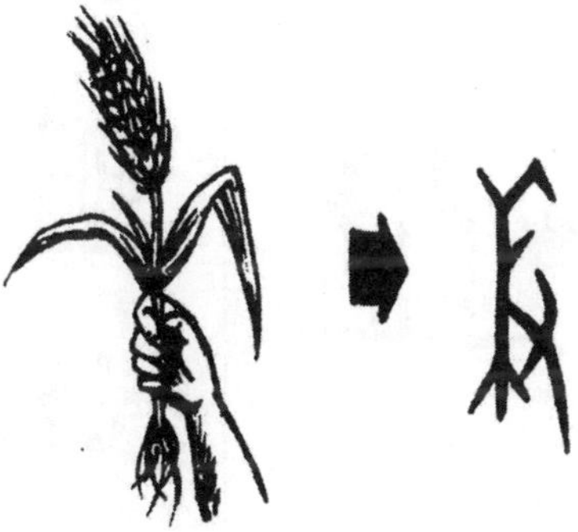

一只手握着一把禾。本义是“一把庄稼”。如《诗经》:“彼有遗秉。”(意思是“那边有收获后留下的一把把庄稼”)又有“拿着”义,如《诗经》:“右手秉翟”。

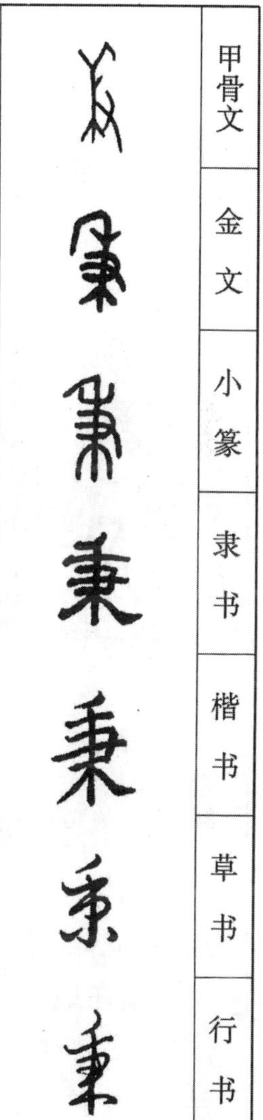

并（並，併）bìng

简化字“并”字合并了两个字：一个原作“並”（又写作“竝”），意思是“并立”、“在一起”，字形是两个人并肩站在地上；一个原作“并”（又写作“幷”、“併”、“倂”），意思是“合并”、“兼并”。

卜 bǔ

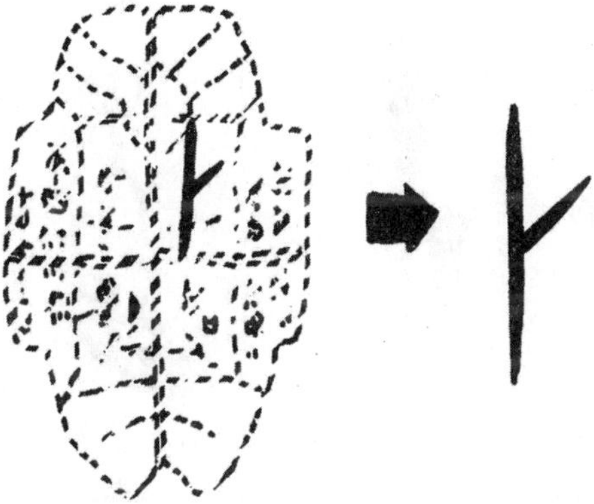

古人用火在龟甲上烧出裂纹，用以预测吉凶，叫做“卜”。《周礼》：“问龟曰卜。”引申为“猜测”、“估计”，现在还常说“前途未卜”、“吉凶难卜”。

甲骨文

金文

小篆

隶书

楷书

草书

行书

简化字（同楷书）

步 bù

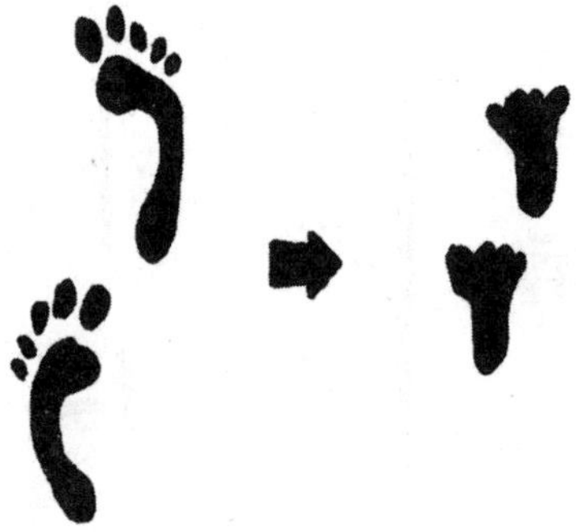

两只脚(参见“止”字条)各迈出一次,就叫一“步”。《荀子》:“不积跬步,无以致千里。”楷书“步”字的下部是由小篆反写的“止”字演变来的,不是“少”。

(同楷书)

甲骨文
金文
小篆
隶书
楷书
草书
行书
简化字

不 bù

〔附〕 胚 丕 否

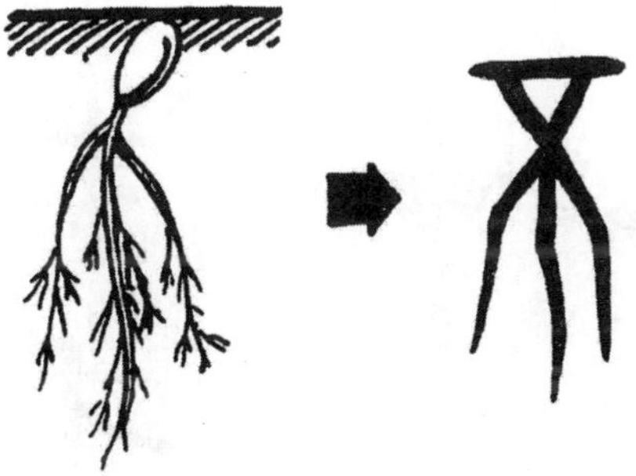

“不”是“胚”的本字。横画表示地面;下面的须状线表示种子萌发时首先向地下生长的胚根。后来假借为“丕”、“不”和“否”。一说本义为“花”或“蓓蕊”。

甲骨文	
金文	
小篆	
隶书	
楷书	
草书	
行书	
简化字	(同楷书)

才 cái

〔附〕 在　材

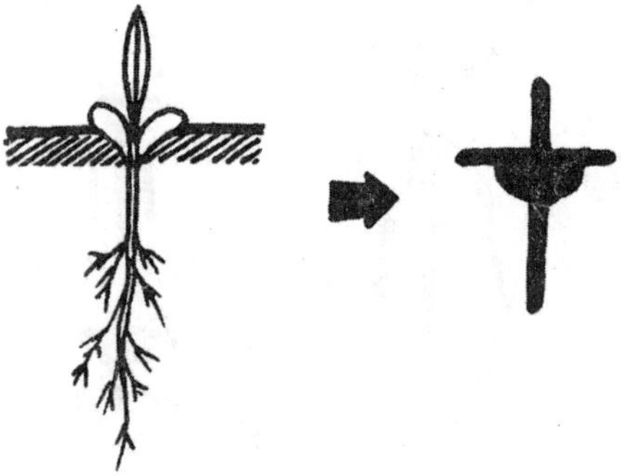

横画表示地面，草木的嫩芽正从地下向上萌发，本义是“草木之初也”（《说文》）。甲骨文和金文常借“才”为“在”，如《盂鼎》：“王才宗周……”。有时也通“材”字。

甲骨文

金文

小篆

隶书

楷书

草书

行书

简化字

（同楷书）

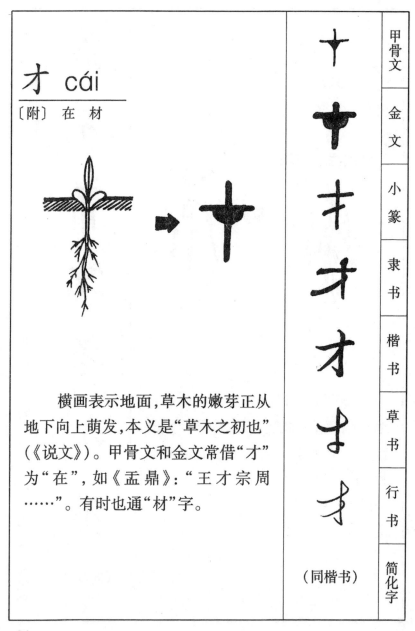

采（採）cǎi

〔附〕 彩

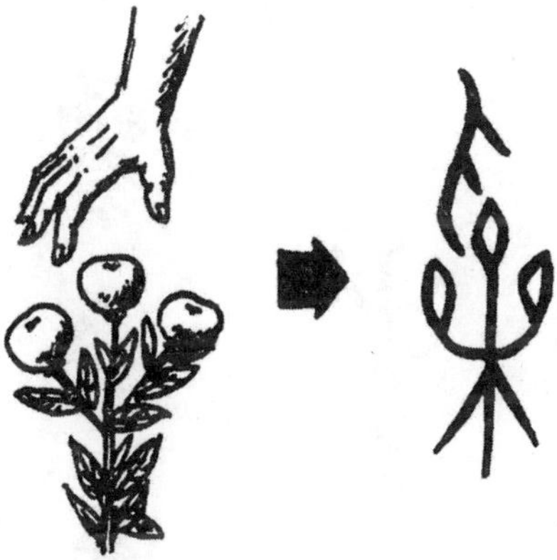

“采”是“採”的本字。甲骨文的字形是一只手正在采摘树上的果实。《诗经》:“参差荇菜,左右采之。”古籍也通“彩”。《尚书》:“以五采彰施于五色。”

甲骨文
金文
小篆
隶书
楷书
草书
行书
简化字

参（參）cān，shēn

“参”最初是星宿（音 xiù）的名称，本作“曑”，音 shēn。字形是在人的头上有几颗星；后来又加上三道斜线，表示星光。杜甫诗：“人生不相见，动如参与商”（“商”也是星名）。

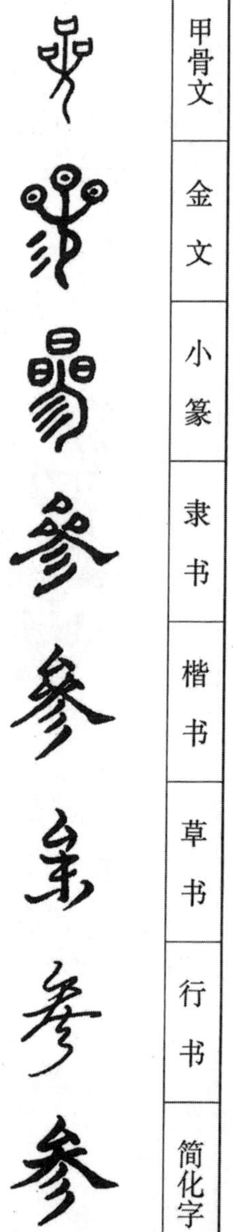

仓（倉）cāng

〔附〕舱 苍 沧

　　本义是"粮仓"。字的上部是一座粮仓的顶部，中间是一扇门，下面是粮仓门口的础石。《商君书》："仓府两实，国强。"古书还常借为"舱"、"苍"、"沧"等。

甲骨文	㿝
金文	倉
小篆	倉
隶书	倉
楷书	倉
草书	仓
行书	倉
简化字	仓

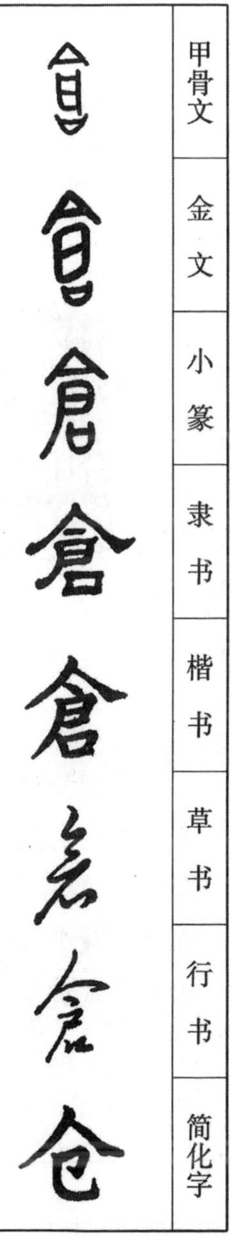

册 cè

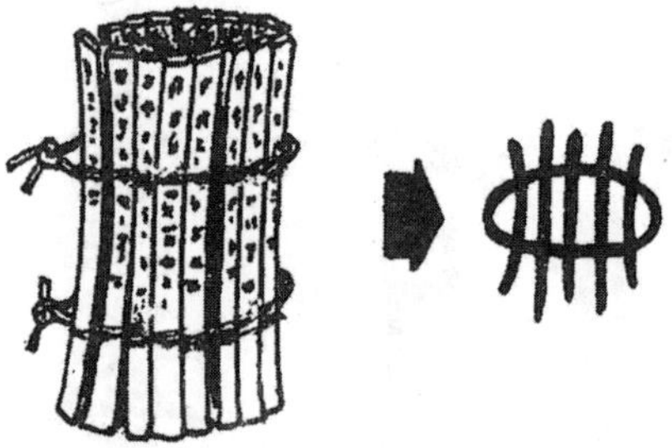

古人把写了文字的竹简编串起来，称为“简册”。甲骨文和金文“册”字的几条竖线表示竹简，横向的曲线是把竹简编串成册的皮绳。《尚书》：“惟殷先人，有册有典。”

甲骨文

金文

小篆

隶书

楷书

草书

行书

简化字

（同楷书）

长（長）cháng，zhǎng

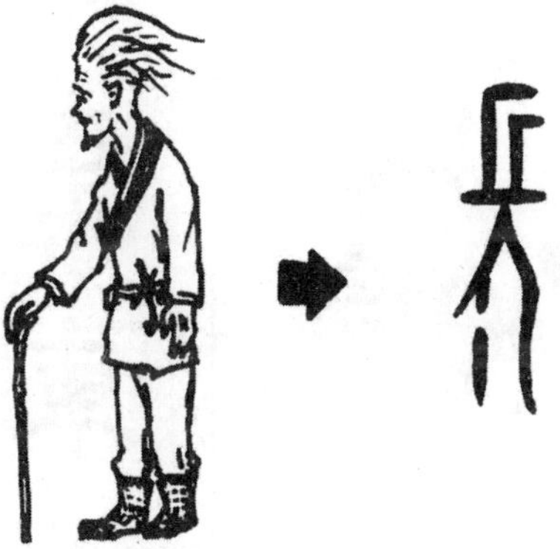

甲骨文“长”字是在一个人的头上长着很长的头发的样子。为了刻写的方便，人的头部用短横来表示，类似的情况可参见“天”、“元”等字。

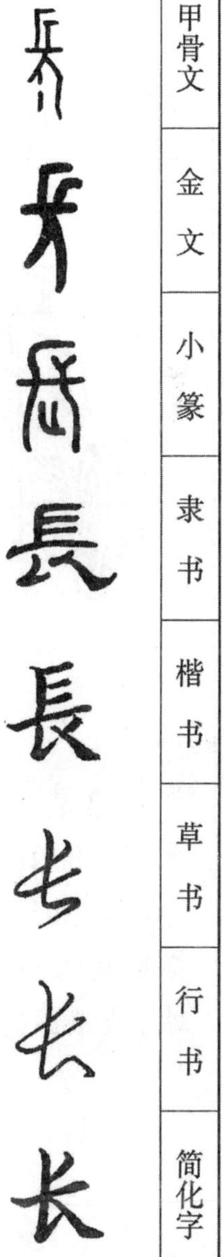

车（車）chē,jū

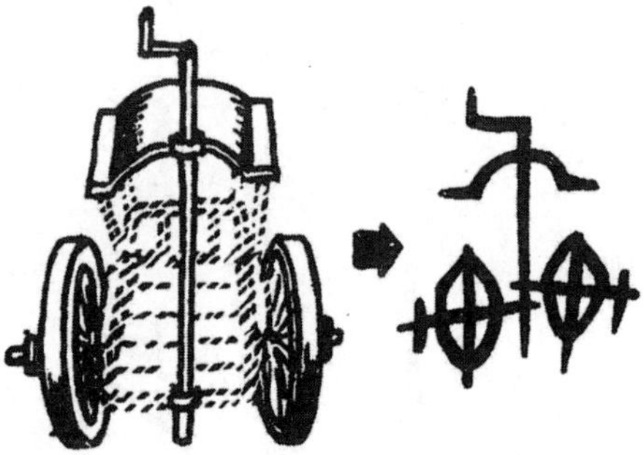

这是一个典型的象形字：甲骨文和金文的多数写法是车厢、车辕和两个车轮俱全，形象逼真；后来车轮逐渐简化为一个。《后汉书》：“车如流水，马如游龙。”用于象棋读 jū。

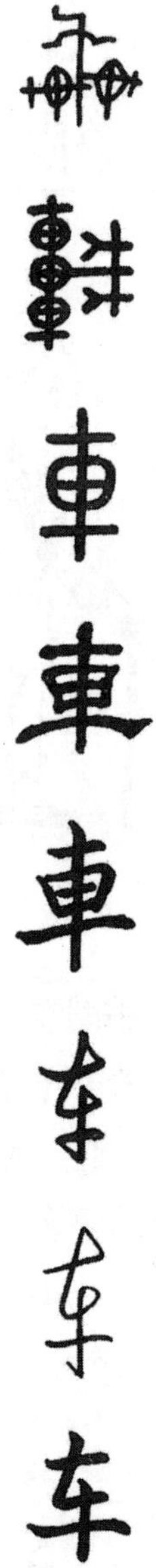

甲骨文

金文

小篆

隶书

楷书

草书

行书

简化字

臣 chén

本义是“奴隶”。《尚书》:“臣妾逋逃。”他们在主人面前往往不敢抬头。而当人低下头的时候,眼睛看起来成了竖立的样子,古人就用眼睛的这个状态造了“臣”字。

（同楷书）

甲骨文 | 金文 | 小篆 | 隶书 | 楷书 | 草书 | 行书 | 简化字

辰 chén

〔附〕 蜃 晨

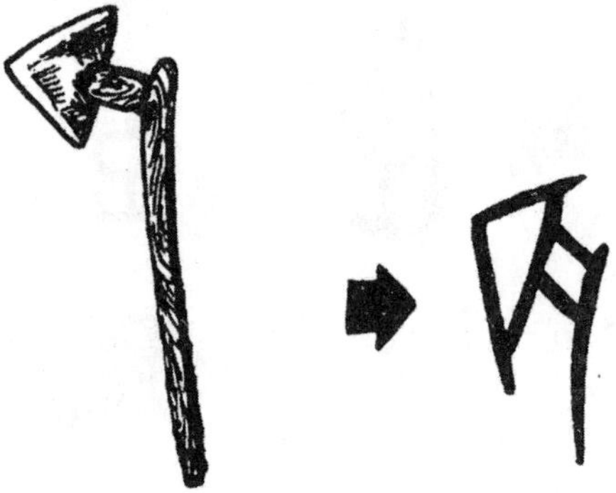

本义是用大蛤蜊壳磨制成的锄草的农具,又作“蜃”。《淮南子》:“古者剡(yǎn,削尖)耜(sì,古农具)而耕,摩(磨)蜃而耨(nòu,锄草)。”也通“晨”。《诗经》:“不能辰夜。”

(同楷书)

甲骨文 | 金文 | 小篆 | 隶书 | 楷书 | 草书 | 行书 | 简化字

成 chéng

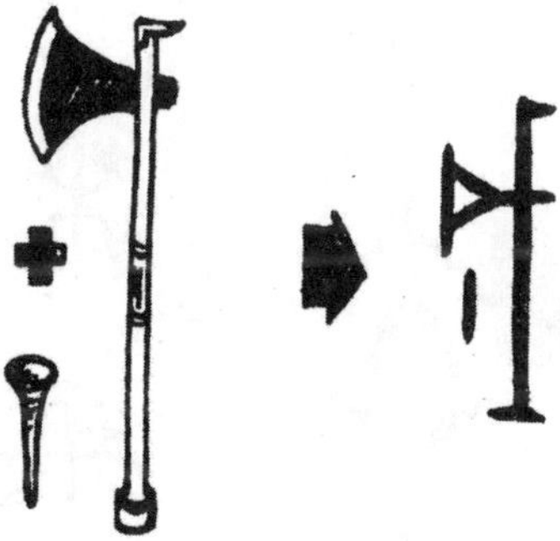

本义是"平定"，如《春秋》："以成宋乱"；又有"讲和"义，如《左传》："秦晋为成。"由于与战事有关，因此以"戊"（音 wù，参见"戊"字条）为形旁；"丁"是声旁。

甲骨文	
金文	
小篆	
隶书	
楷书	
草书	
行书	
简化字	（同楷书）

乘 chéng，shèng

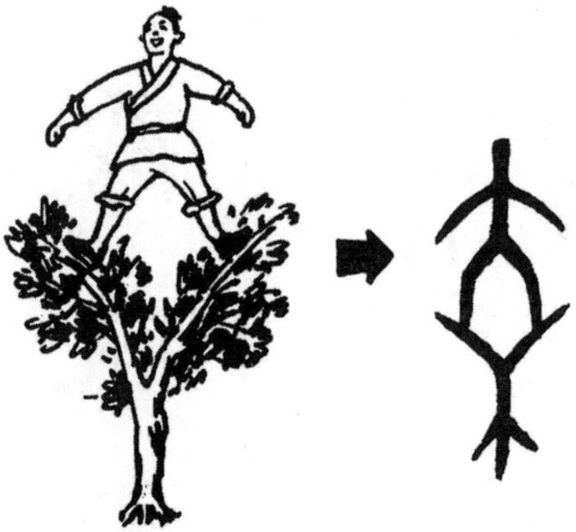

一个人高高地跨登在一棵树上，本义是“登上”，如《诗经》：“乘彼垝垣，以望复关。”后来多用于“坐”、“驾”义，音 chéng，如“乘车”、“乘舟”、“乘马”。又音 shèng，意思是“车辆”，如“十乘”是十辆车。

甲骨文	
金文	
小篆	
隶书	
楷书	
草书	
行书	
简化字	（同楷书）

丞 chéng

〔附〕 拯

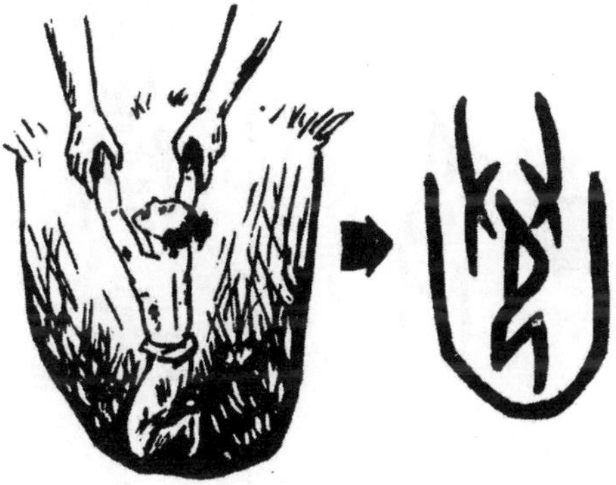

一个人不小心掉进了陷坑里，上面伸来了一双救援的手，本义是“拯救”。如扬雄《羽猎赋》：“丞民于农桑。”后“丞”多用于官名，就另造“拯”字。

（同楷书）

甲骨文

金文

小篆

隶书

楷书

草书

行书

简化字

承 chéng

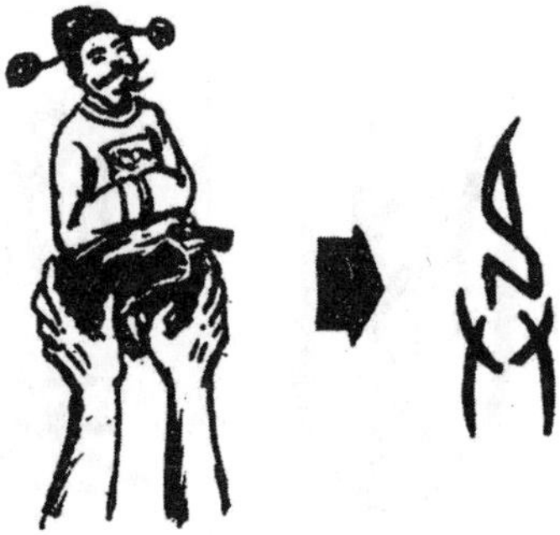

本义是“奉”、“捧起”。《说文》:“承，奉也，受也。”甲骨文和金文的字形是两只手从下面托起一个人；小篆又增加了一只手。引申为“顺从”、“接受”、“继承”等义。又通“丞”。

甲骨文

金文

小篆

隶书

楷书

草书

行书

简化字 （同楷书）

称（稱）chēng,chèng

〔附〕 偁

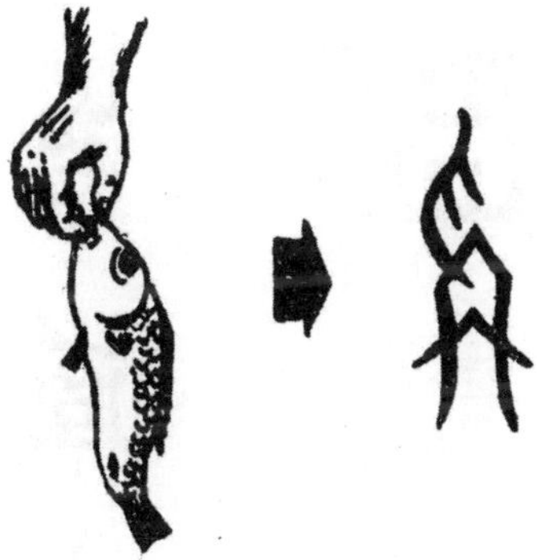

字原作“爯”。本义是“称重量”。《庄子》:“为之权衡以称之。”字形像一只手提起一条鱼,正在称估它的重量。古籍用于:“称誉”、“称举”、“称谓”时也写作“偁”。现在都写作“称”。

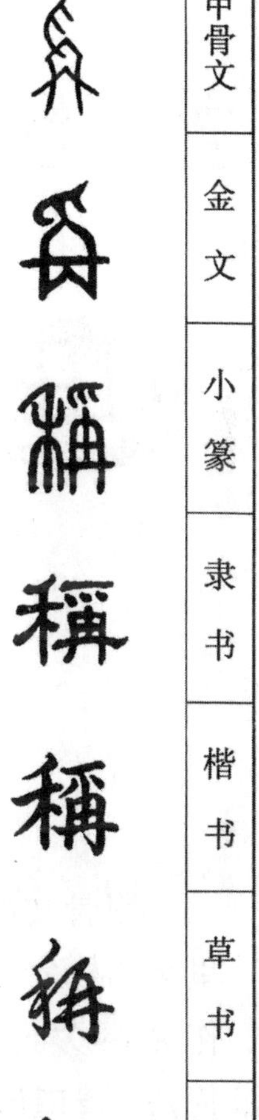

齿（齒）chǐ

甲骨文的“齿”字十分形象：嘴里有几枚牙齿。金文以后加了“止”作为声旁。本义为“门牙”。《左传》：“唇亡齿寒。”由于牛马幼小者每年生一齿，所以“齿”也喻人的“岁数”、“年龄”。

赤 chì

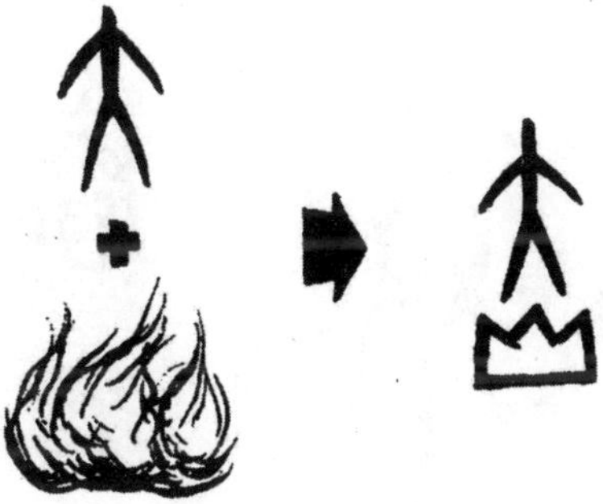

“赤”字原来由“大”、“火”二字组成。因为火是红的，所以本义是“红色”。《史记》：“旗帜皆赤。”又有“空净无物”、“纯净”、“专诚”、“裸露”等义。

甲骨文

金文

小篆

隶书

楷书

草书

行书

简化字 （同楷书）

舂 chōng

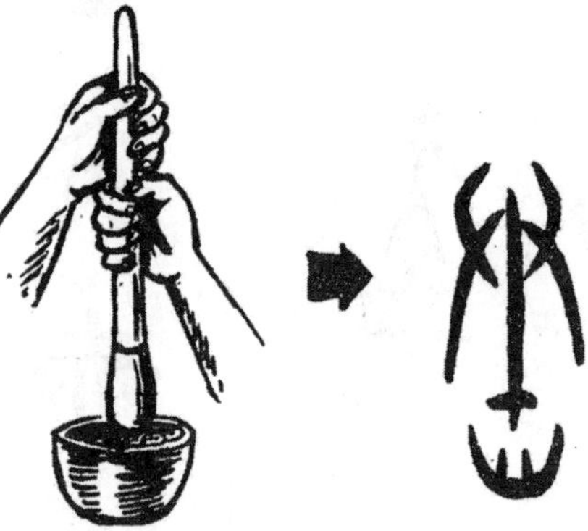

两只手握着“午”(就是“杵”，舂米的木棰)在一个“臼”(舂米的容器)里舂米，意思十分明显。《诗经》：“或舂或揄，或簸或蹂”，就是指捣谷类。

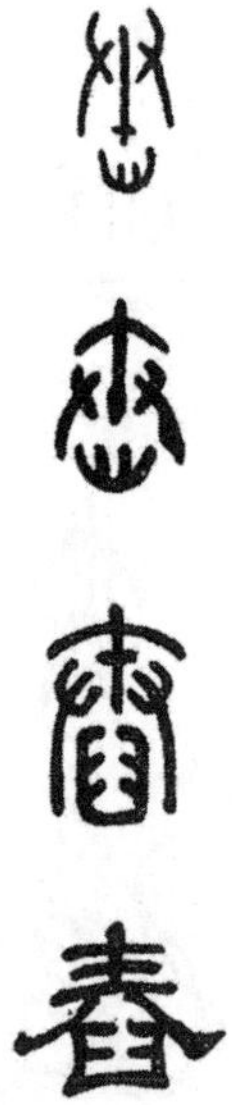

(同楷书)

甲骨文
金文
小篆
隶书
楷书
草书
行书
简化字

虫（蟲）chóng

〔附〕 虺

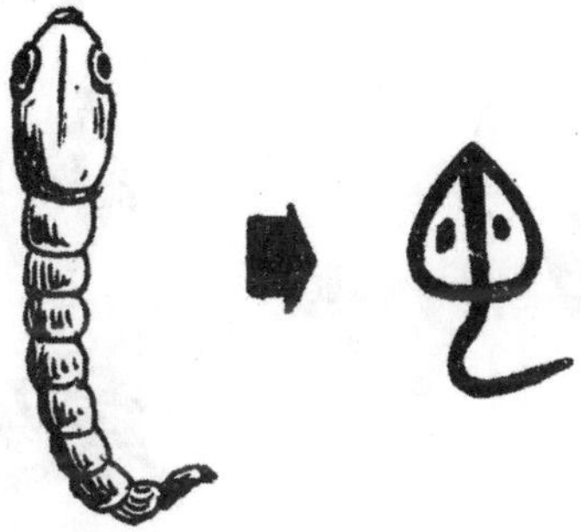

本义为“毒蛇”。字形是一条虫的样子。上端是尖尖的头，有的还有两只眼睛，下面是弯曲的虫身。后来指一般的虫类，《荀子》：“肉腐出虫。”一说为“虺”（音 huǐ）的本字。

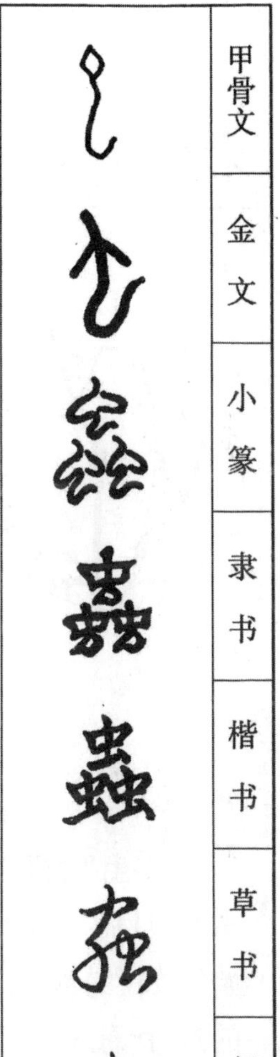

初 chū

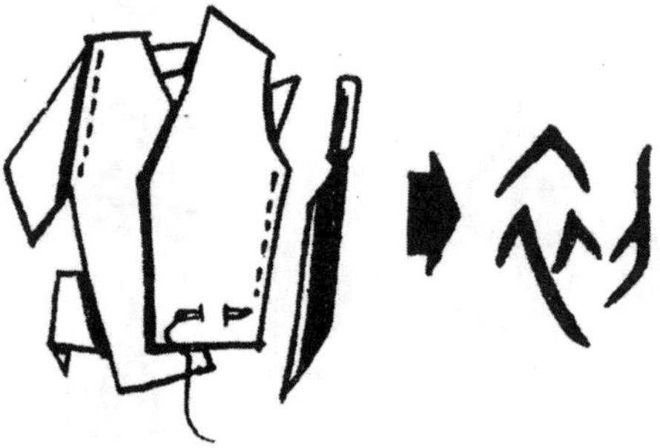

字由“衣”、“刀”组成，表示开始拿剪刀做衣服的时候，本义是“开始”，如《易经》：“初吉终乱”，就是用的这个意义。引申为“本原”、“从前”等。

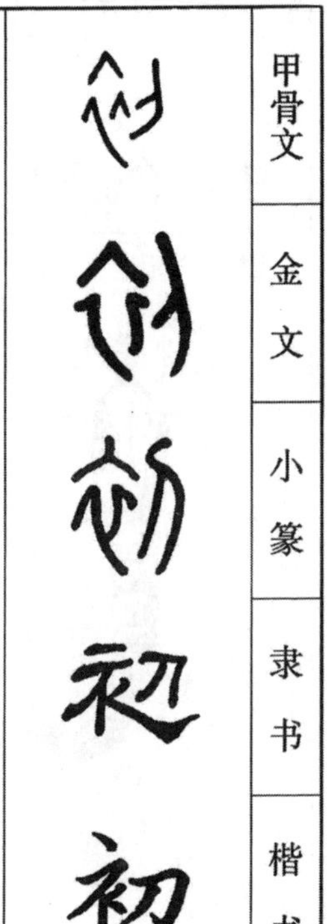

出 chū

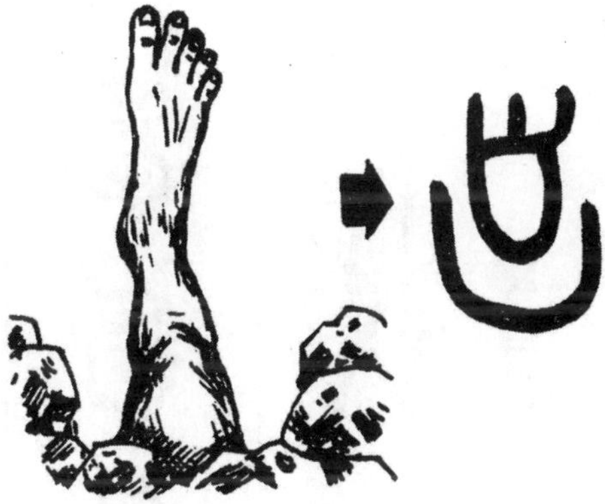

上古人们穴居在山洞里，一只脚从洞口走出来，就是“出”的本义——“由内而外”。如《左传》：“吾见师之出，而不见其人也。”引申为“支出”、“超过”等。

甲骨文	
金文	
小篆	
隶书	
楷书	出
草书	
行书	
简化字	（同楷书）

刍（芻）chú

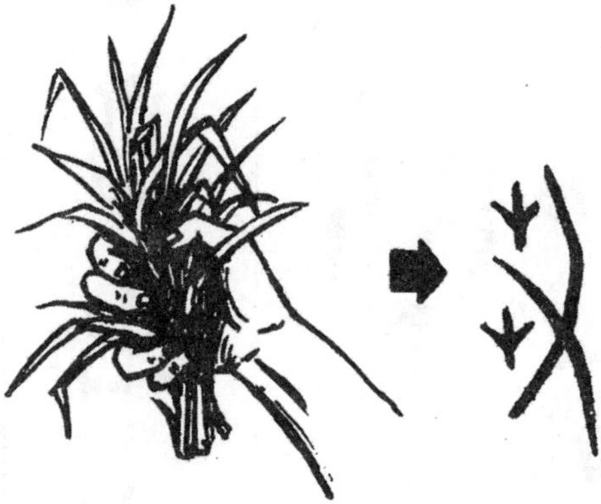

一只手正在拔草，而草是用以饲养牲畜的。所以字的本义是“拔草”、“割草”，如《左传》：“禁刍牧采樵。”也指“饲喂牲口的草”，如《诗经》：“生刍一束”。

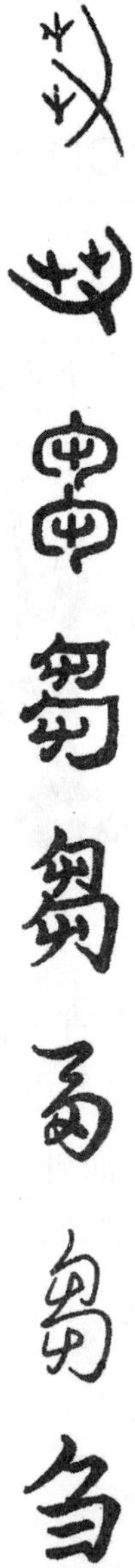

甲骨文
金文
小篆
隶书
楷书
草书
行书
简化字

楚 chǔ

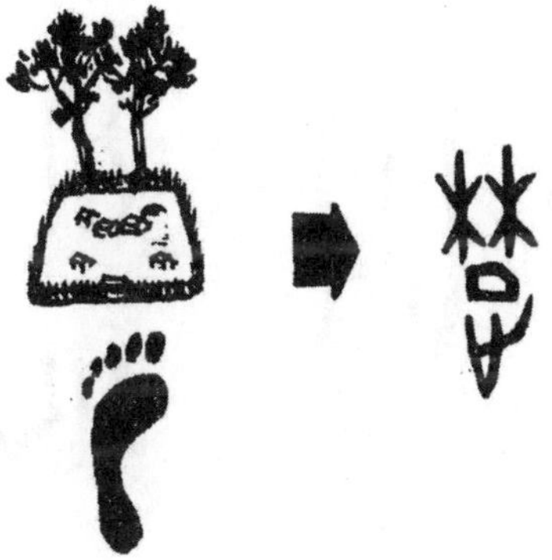

甲骨文“楚”字中间的方形表示人们的聚居地，下面有人来往的足迹（“止”），周围有林木。本义是一种又名“荆”的丛生灌木。一说“足”或“疋”（shū）为声符。

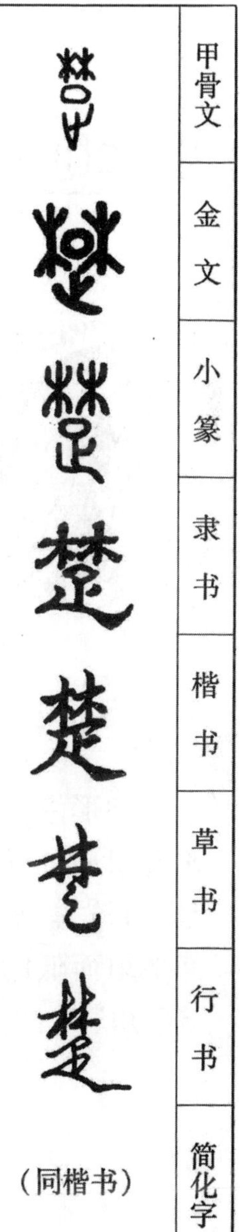

川 chuān

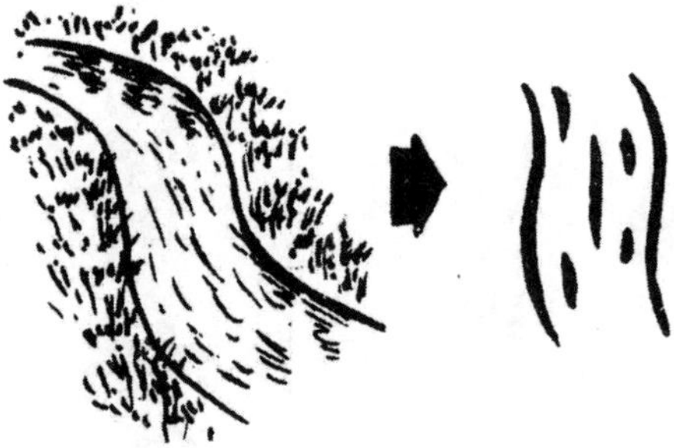

字形像一条弯曲的河流，有的在水流间还可以看到一些波浪。本义是“河流”。后来也指“山间或高原间平坦而低的地带”。《尚书》：“若济巨川”。

甲骨文

金文

小篆

隶书

楷书

草书

行书

简化字

（同楷书）

吹 chuī

“吹”字由“口”、“欠”两部分组成。“欠”是“打呵欠”的意思(参见“欠”字条)。为了表示“合口出气”义,就再加上“口”旁。又有“以气拂物”义,如《诗经》:“风其吹女。”

字体	字形
甲骨文	
金文	
小篆	
隶书	
楷书	吹
草书	
行书	
简化字	(同楷书)

春 chūn

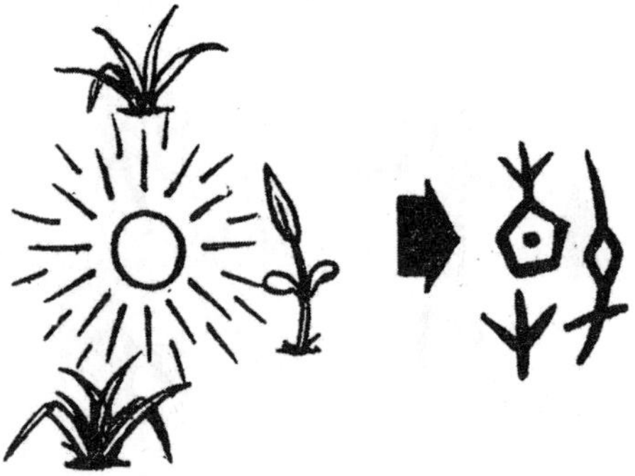

“春”字原来由“日”、“艸”（草）和“屯”三部分构成。“屯”是“春”的最早的写法（参见“屯”字条）；再加上太阳和春草，更表明了春回大地的意思。《荀子》：“春耕、夏耘、秋收、冬藏。”

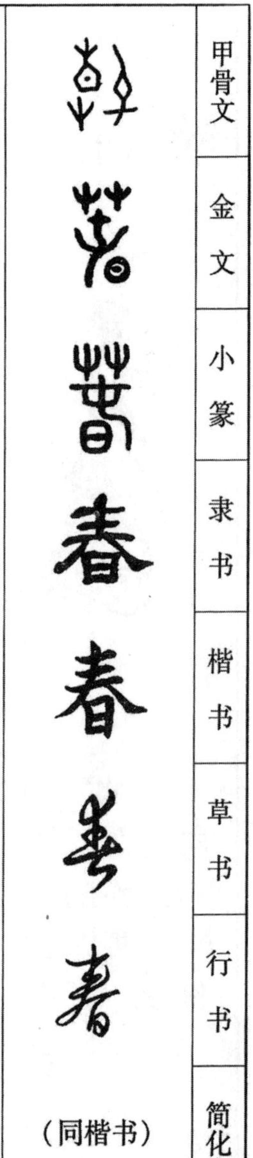

此 cǐ

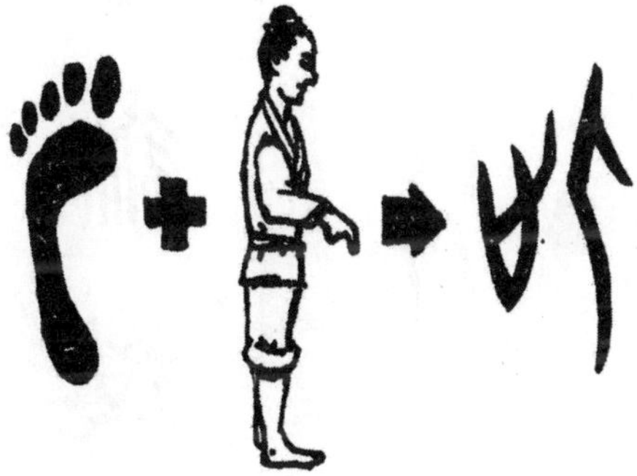

字的右边原是人形，左边是一只脚（“止”）。“人所站的地方”——“这里”、“此处”，就是它的本义。“止”同时也表声。《孟子》：“彼一时，此一时也。”

（同楷书）

甲骨文
金文
小篆
隶书
楷书
草书
行书
简化字

从（從）cóng

〔附〕 纵

一个人在前面走，另一个人跟着在后面走。字的本义就是“跟随”，如《论语》：“子路（人名，即仲由）从而后”。后来字形添上了“彳”、“止”，表示行动。在古籍中也通“纵”。

甲骨文

金文

小篆

隶书

楷书

草书

行书

简化字

大 dà

〔附〕 太

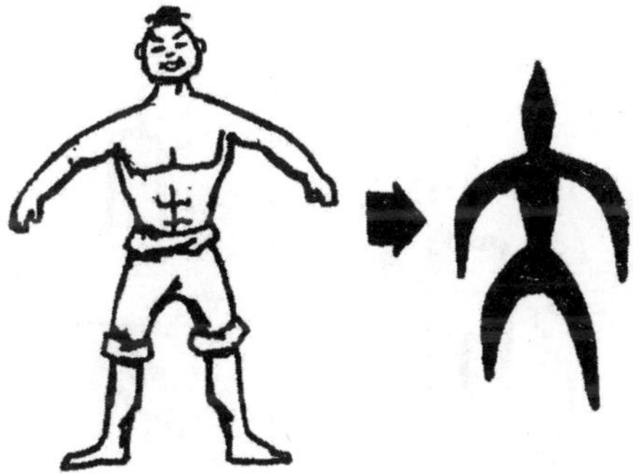

“大”字在甲骨文和金文中像一个直立的人形。古代人早就把人类看做“万物之灵”，是伟大的，所以用以表示“大”义。甲骨文和金文中，“大”、“太”二字常通用。

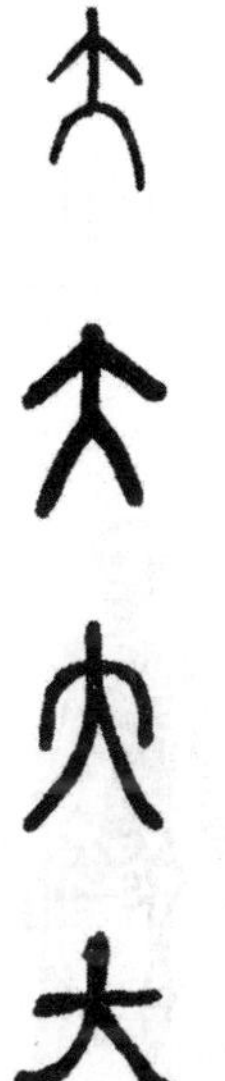

（同楷书）

甲骨文

金文

小篆

隶书

楷书

草书

行书

简化字

歹 dǎi

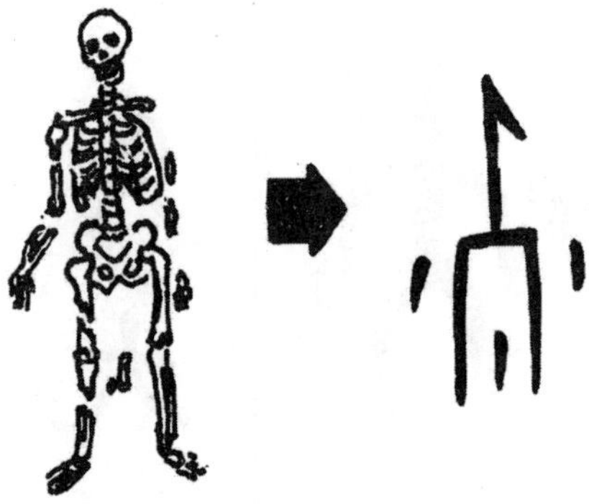

像一个人的部分残骨。《说文》："歺，列骨之残也。"原作"歺"，音 niè 或 è；后与音 dǎi 的"歹"混同。楷书"歹"旁的字，一般都与"死亡"、"坏"的意思有关。

甲骨文

金文

小篆

隶书

楷书

草书

行书

简化字

（同楷书）

丹 dān

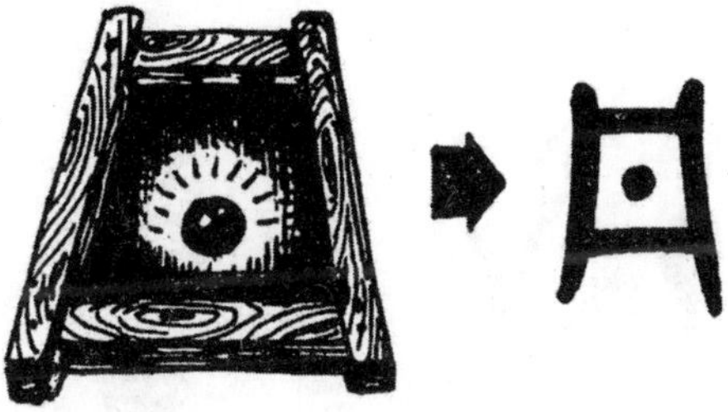

“丹”的本义是“硃砂”。《尚书》:“砺砥砮（音 nǔ,石制的箭镞）丹”。这种矿物是从矿井中采得的，所以甲骨文和金文的字形都是在井形中间加一圆点。引申为“红色”（比“赤”色浅）和“精炼的成药”。

甲骨文

金文

小篆

隶书

楷书

草书

行书

简化字

（同楷书）

单（單）dān

〔附〕 战

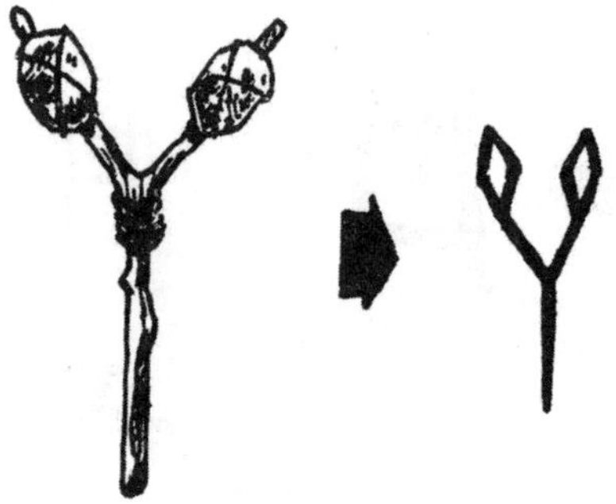

原是一种原始的武器，用一段树桠在两端缚上石块制成。金文铭文通“戰”（战），如“攻单（战）无敌”。马王堆汉墓帛书乙本《老子》也有“善单（战）者不怒”的文字。

甲骨文

金文

小篆

隶书

楷书

草书

行书

简化字

旦 dàn

本义是“天亮”、“早晨”。甲骨卜辞:“旦至于昏不雨”。较早的字形是太阳刚刚升起但是还未离开地面的样子,形象地描绘出日出的状态;后来下面改为一横画。

甲骨文

金文

小篆

隶书

楷书

草书

行书

简化字 (同楷书)

刀 dāo

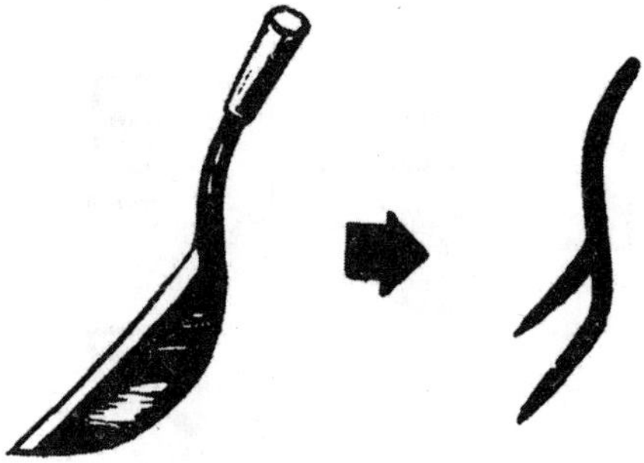

字形最初像一把刀的样子，上面是刀柄，下面是刀身。隶书以后逐渐变得不那么形象了。《庄子》："良庖岁更刀。"古代有一种钱币，形状似刀，也叫"刀"。

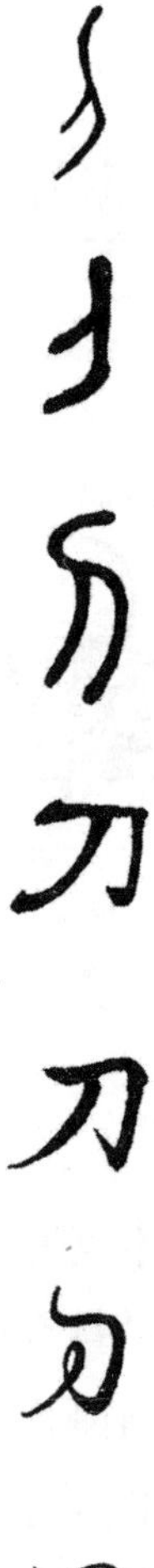

甲骨文

金文

小篆

隶书

楷书

草书

行书

简化字（同楷书）

稻 dào

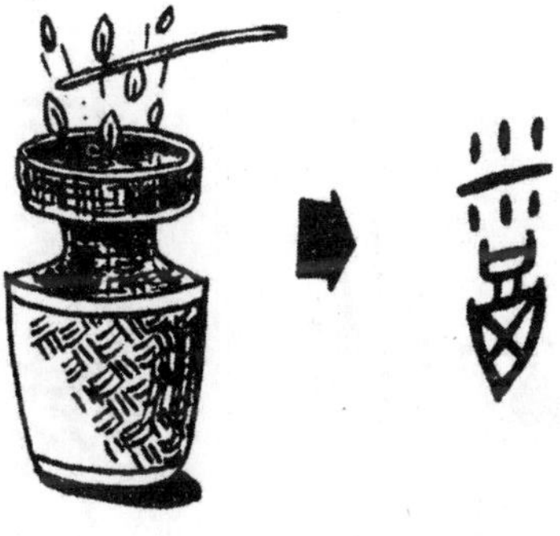

甲骨文“稻”字上部是“米”字（参见“米”字条），下部是装稻米的筐形物。甲骨卜辞：“我受稻年。”金文上部有旗，表示迎风打稻；并有用手舂米状。小篆后演变成形声字。

（同楷书）

甲骨文
金文
小篆
隶书
楷书
草书
行书
简化字

德 dé

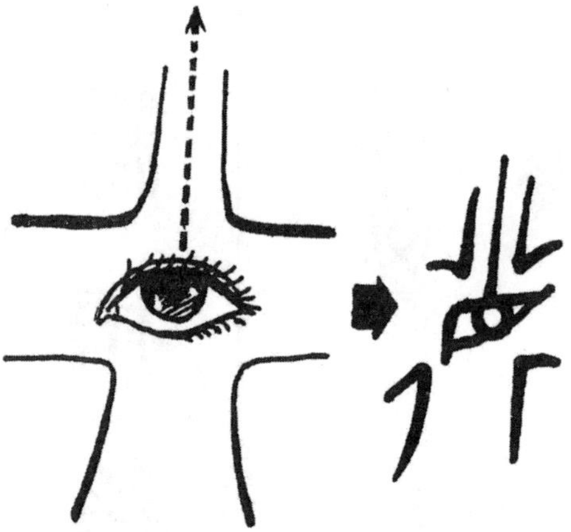

甲骨文"德"字中的"彳"或"行"表示道路、方向；"直"用眼睛直视的样子表示正直。金文又加上"心"。——按正直的准则去做、去想，就是"德"。本义是"道德"。《易经》："君子进德修业。"

（同楷书）

得 dé

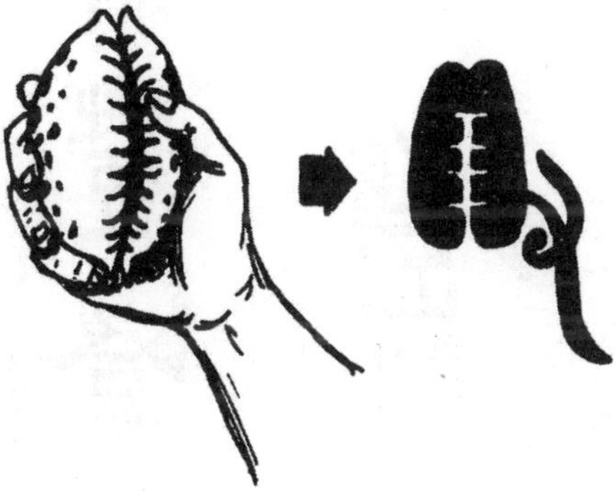

字形像一只手拿到了“贝”。“贝”是古代的一种货币，表示珍贵的东西（参见“贝”字条），所以就是“取得”、“获得”的意思。又有“贪得”义，如《论语》：“戒之在得”。

甲骨文

金文

小篆

隶书

楷书

草书

行书

简化字（同楷书）

登 dēng

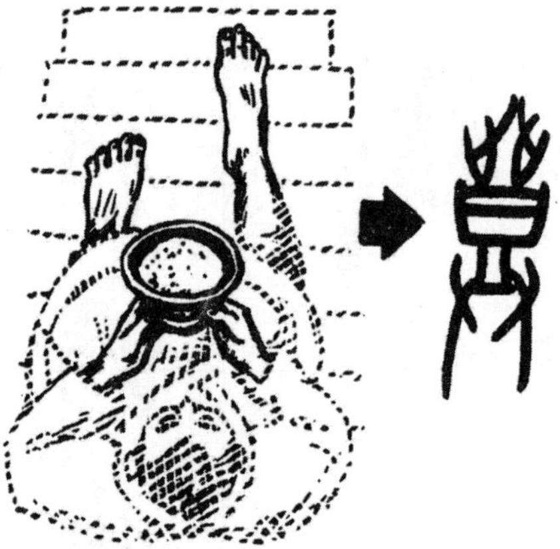

“登”是古代一种瓦制祭器的名称，形状似“豆”（不是豆类的豆，参见“豆”字条）。《诗经》：“卬（áng，我）盛于豆，于豆于登。”字形是“豆”的上方有一双脚，下面有一双手，表示捧着祭器登上祭台，所以又有“登高”义。

帝 dì

〔附〕 禘

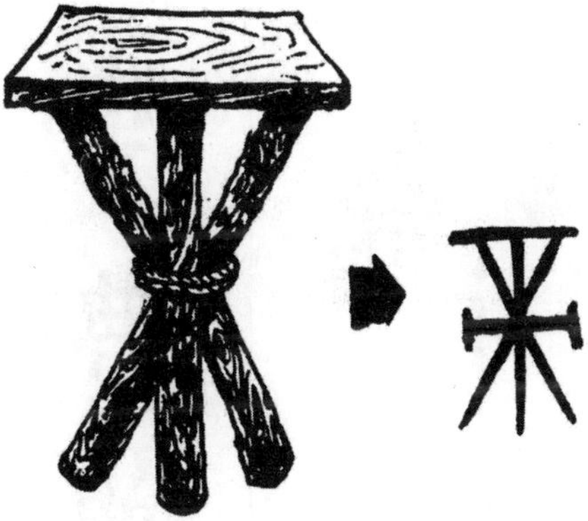

“帝”原是“禘”(音 dì)的本字。“禘”是古代的一种隆重的对上天或宗庙的祭祀仪式。甲骨卜辞有“帝于岳”、“帝下乙”等记载。字形像架几段木材作为祭台的样子。后来多假借为帝王的“帝”字。一说字源为花蒂。

(同楷书)

甲骨文

金文

小篆

隶书

楷书

草书

行书

简化字

典 diǎn

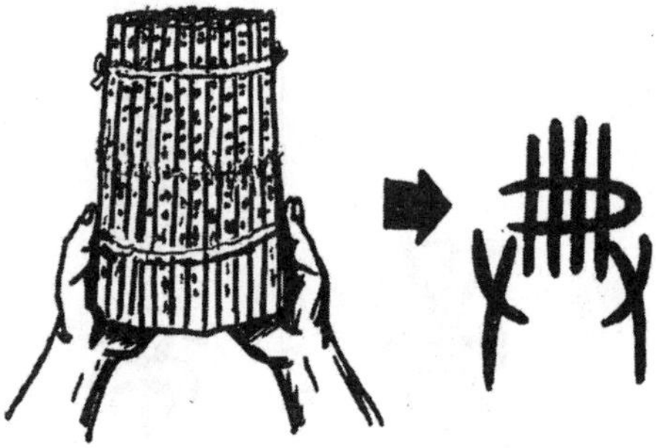

甲骨文的字形是两只手捧着“册”(参见“册”字条),表示这是重要的文献或书籍。《尚书》:“有典有则,贻厥子孙。”引申为“准则”、“制度”、“法则”等义。

甲骨文

金文

小篆

隶书

楷书

草书

行书

简化字 (同楷书)

奠 diàn

〔附〕 郑

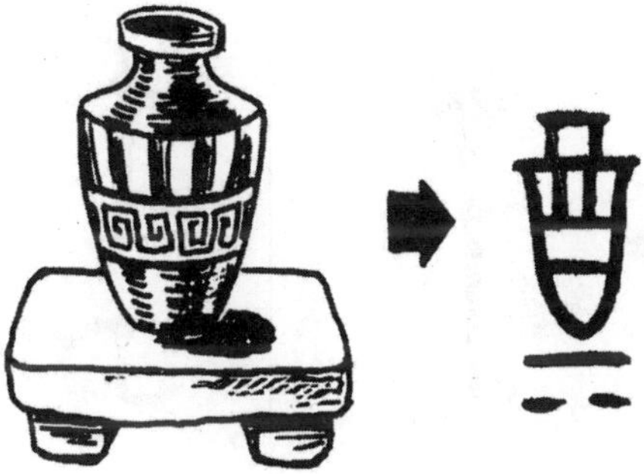

把酒坛放置在平台或桌子上，以祭祀死者，这是“奠”字的本义。《说文》：“奠，置祭也。”又有“放置”、“设置”和“定”义，如“奠定”、“奠基”等。古文通“郑”。

甲骨文

金文

小篆

隶书

楷书

草书

行书

简化字

（同楷书）

丁 dīng

〔附〕 钉

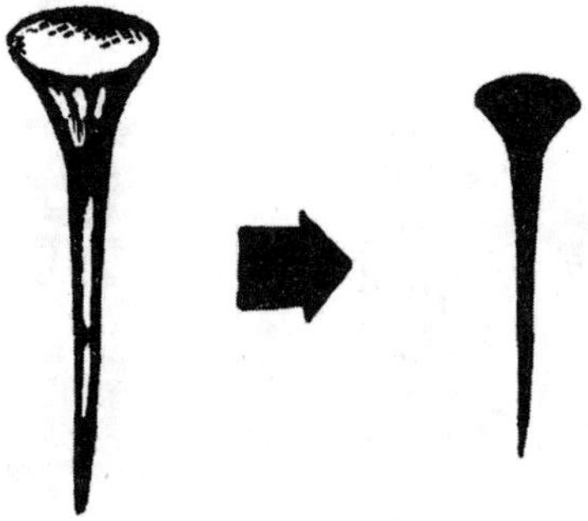

“丁”是“钉”的本字。字形有的像由上朝下看的钉头，有的像从侧面看的钉子。《晋书》：“又以侃所贮竹头作丁装船。”“丁”的本义后来不存，多用作天干第四位；又有“壮年男子”、“人口”等义。

甲骨文

金文

小篆

隶书

楷书

草书

行书

简化字 (同楷书)

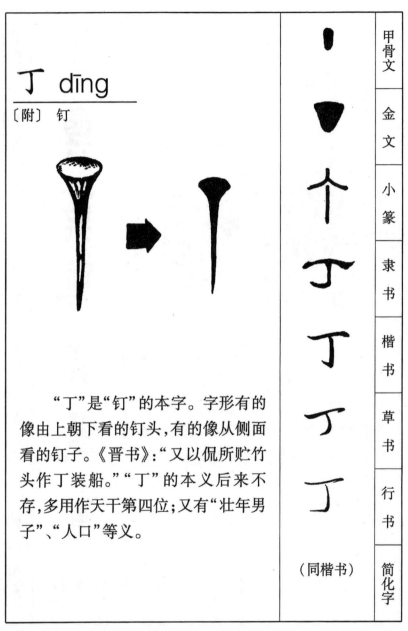

鼎 dǐng

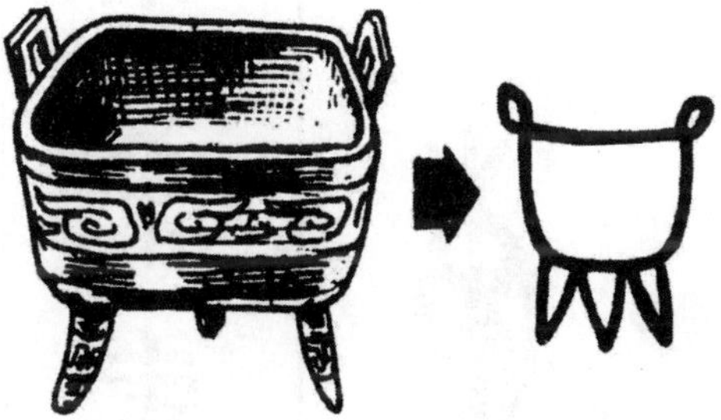

“鼎”是古代煮食物用的器皿，有三足两耳；后来作为传国的重器，如“问鼎”比喻图谋夺取政权。在甲骨文和金文中，“鼎”字是一个十分形象的象形字。有时借为“贞”字。

（同楷书）

甲骨文

金文

小篆

隶书

楷书

草书

行书

简化字

东（東）dōng

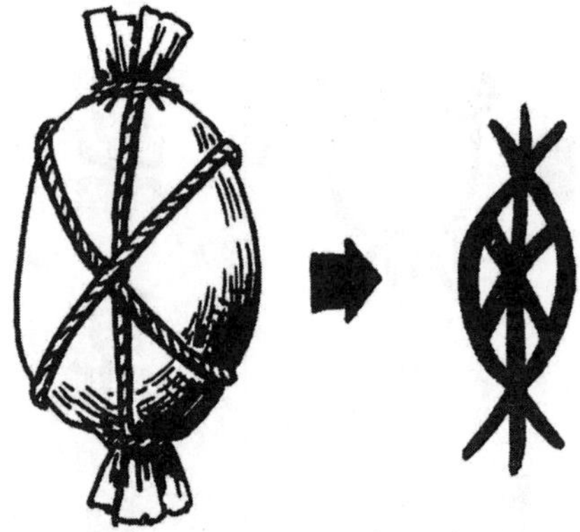

"东"字原来是指一种袋子——
"橐"（音 tuó）。这种袋子的特点是
没有底部，装盛了东西之后用绳子从
两端扎紧。后来专用以指方向。《诗
经》："东方未明，颠倒衣裳。"

甲骨文	♯
金 文	東
小 篆	東
隶 书	東
楷 书	東
草 书	东
行 书	东
简化字	东

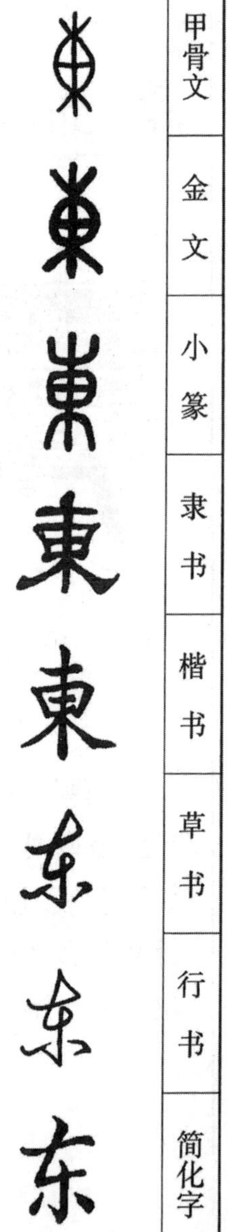

冬 dōng

〔附〕 终

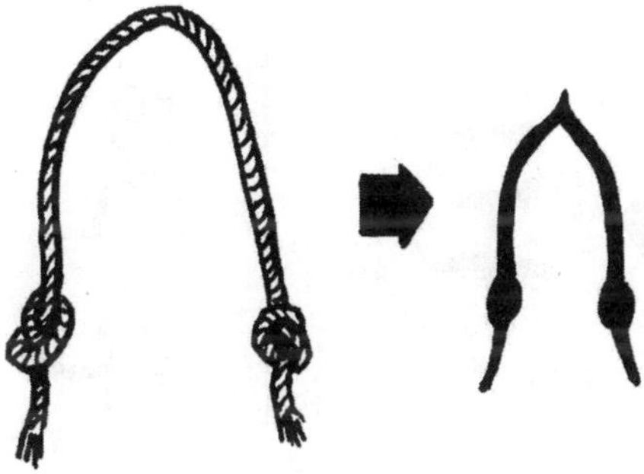

“冬”是“终”的本字。最早的字形是在一条绳子的两端各打一个结，表示“终了”的意思。马王堆汉墓帛书甲本《老子》：“飘风不冬（终）朝，暴雨不冬（终）日。”

甲骨文

金文

小篆

隶书

楷书

草书

行书

简化字 （同楷书）

斗 dǒu

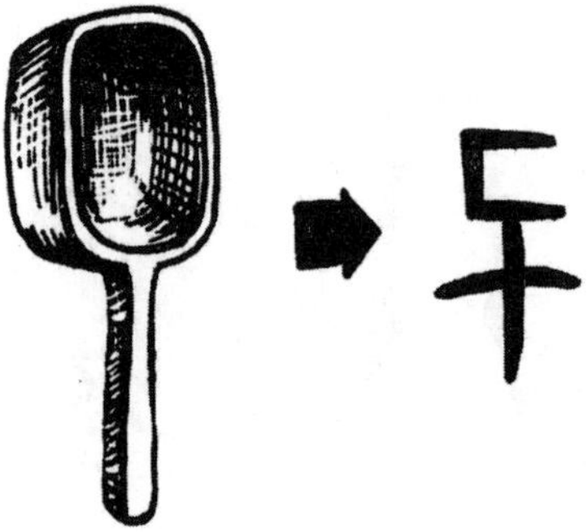

“斗”是古代盛酒的器皿。《诗经》:“酌以大斗。”后来又是容量单位,十升为一斗。甲骨文和金文的字形像一把有长柄的勺子。简化字把“鬥(鬭、閗)”也简化为“斗”。

甲骨文
金文
小篆
隶书
楷书
草书
行书
简化字

(同楷书)

豆 dòu

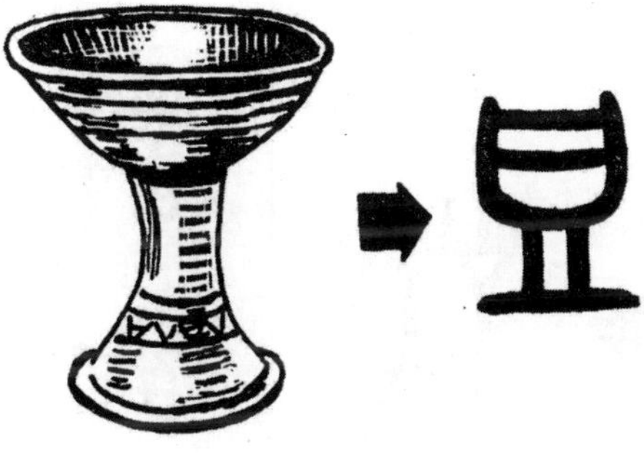

这是古代一种盛食物的器皿，有高足，多用于祭祀。《尔雅》：“木豆谓之豆，竹豆谓之笾（biān），瓦豆谓之登。”至于植物中的豆类，古称“菽”，汉以后才叫“豆”。

（同楷书）

- 甲骨文
- 金文
- 小篆
- 隶书
- 楷书
- 草书
- 行书
- 简化字

对（對）duì

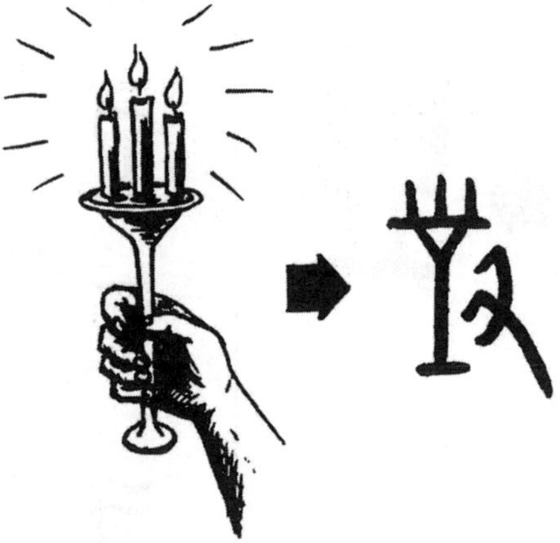

一只手拿着点燃的蜡烛，下面有烛座，表示“向着”的意思。引申为“应答”，如《诗经》：“听言则对，诵言如醉。”金文铭文中常有“对扬”（“对答称扬”）的词语。

队（隊）duì

〔附〕 坠 隧

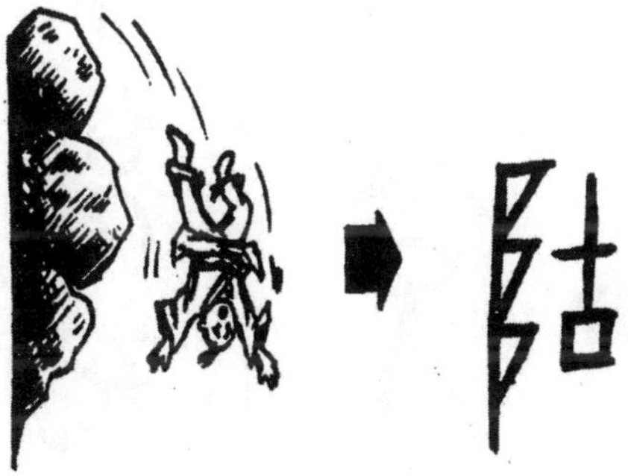

“队”是“坠”的本字。甲骨文的字形是一个倒置的“人”或“子”从土山上坠落下来的险状；金文把人形改为动物形。《荀子》：“星队（坠），木鸣，国人皆恐。”古籍有时借为“隧”。

甲骨文 | 金文 | 小篆 | 隶书 | 楷书 | 草书 | 行书 | 简化字

兑 duì

〔附〕 悦 锐

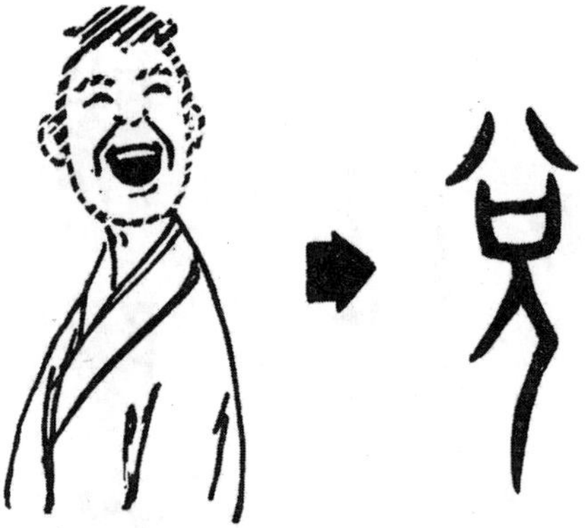

“兑”是“悦”的本字。字形的下半是一个人,上半突出了他的嘴和嘴角的笑纹。《易经》:“兑,说(悦)也。”又通“锐”。《荀子》:“兑(锐)则若莫邪(剑名)之利锋。”

甲骨文

金文

小篆

隶书

楷书

草书

行书

简化字

(同楷书)

盾 dùn

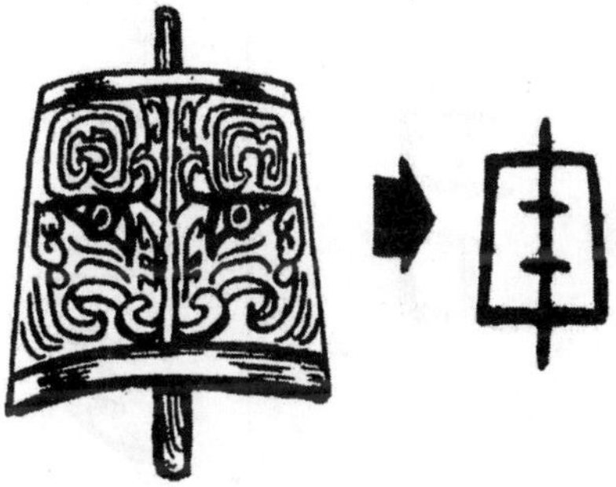

“盾”是古代打仗时用于防卫的武器。甲骨文和金文的字形都是一块长方形或梯形的盾牌的样子，中间是供使用者手执的把手。《韩非子》：“以子之矛，陷子之盾。”

（同楷书）

甲骨文

金文

小篆

隶书

楷书

草书

行书

简化字

多 duō

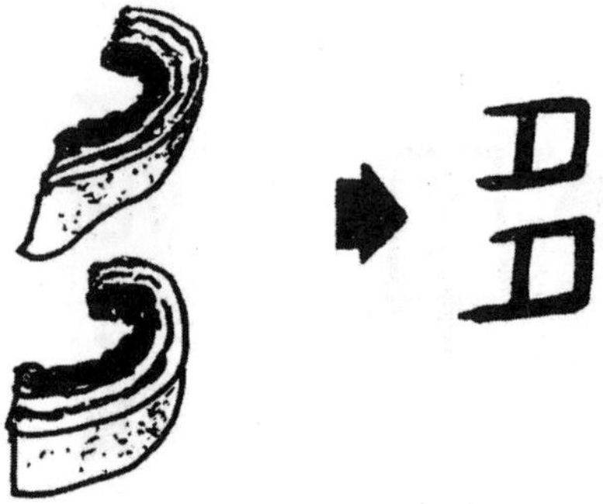

“多”字原是并放着两块肉的样子(而不是小篆到楷书由两个“夕”构成)。这种用两三个同样的事物以表示“众多”义的构字法,还可以在“品”、“林”、“森”等字看到。《尔雅》:“多,众也。”

甲骨文	
金文	
小篆	
隶书	
楷书	
草书	
行书	
简化字	(同楷书)

儿（兒）ér

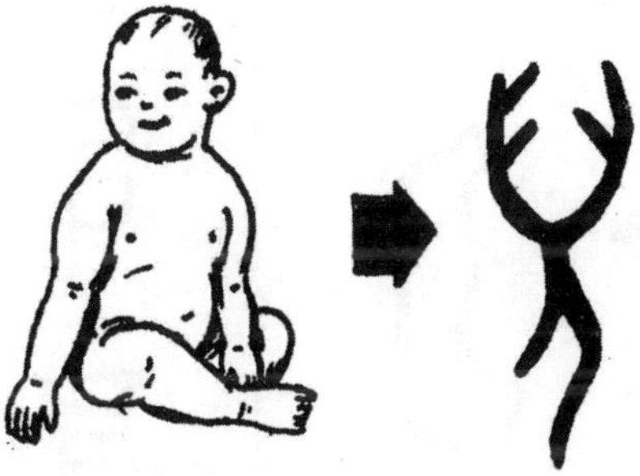

甲骨文

金文

小篆

隶书

楷书

草书

行书

简化字

字形像一个婴儿的形状：上部是婴儿的头，囟门尚未闭合，这是初生儿的特点。《说文》："儿，孺子也。……像小儿头囟未合。"《史记》："今拜大将，如呼小儿。"

耳 ěr

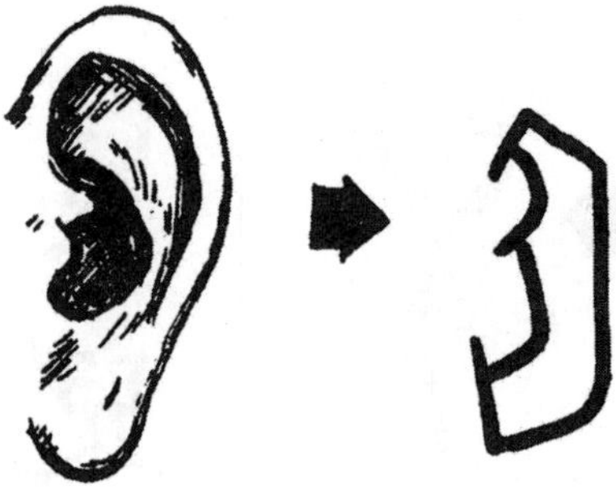

甲骨文“耳”字十分形象地描绘出一只耳朵的样子；小篆之后逐渐变得不那么像了。《说文》：“耳，主听者也。”古文中“耳”字常假借为语气助词，义为“而已”。《史记》：“与父老约法三章耳。”

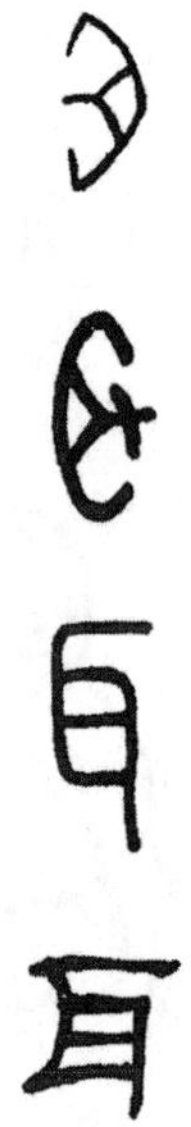

（同楷书）

甲骨文

金文

小篆

隶书

楷书

草书

行书

简化字

尔（爾）ěr

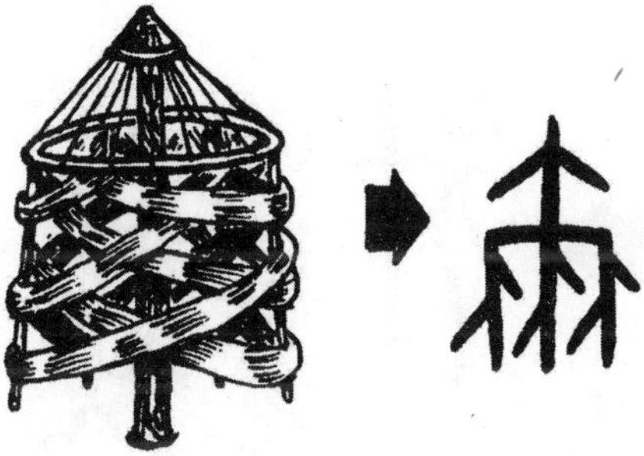

原来是缠绕蚕丝的架子。后来这个字常用作代词和助词，于是本义写作“檷”（今音 nǐ）。“爾”的简体字“尔”，早在战国时期就出现了，如金文铭文：“毋忘尔邦”。

甲骨文

金文

小篆

隶书

楷书

草书

行书

简化字

伐 fá

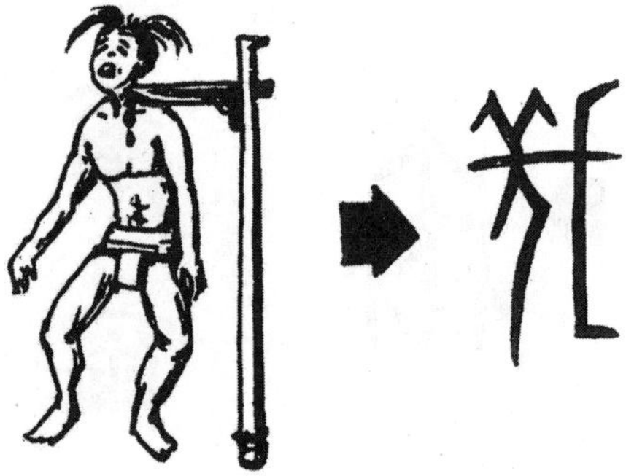

本义是“砍杀”，如甲骨卜辞“伐三人”。后来引申为“攻打”、“征伐”，如《左传》：“遂伐楚。”字形是一把“戈”（古武器名）正砍在一个人颈上的情状。

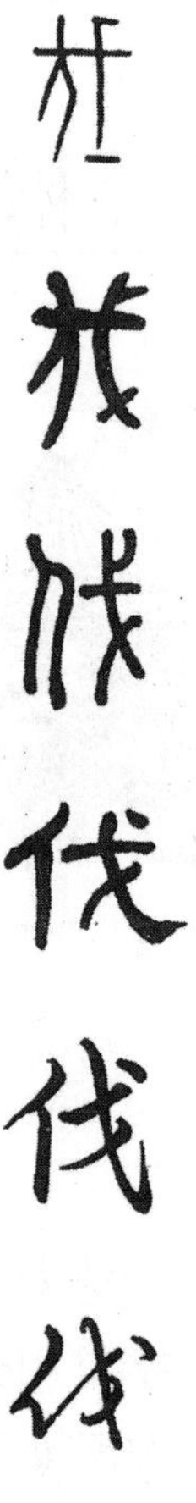

（同楷书）

甲骨文

金文

小篆

隶书

楷书

草书

行书

简化字

凡 fán

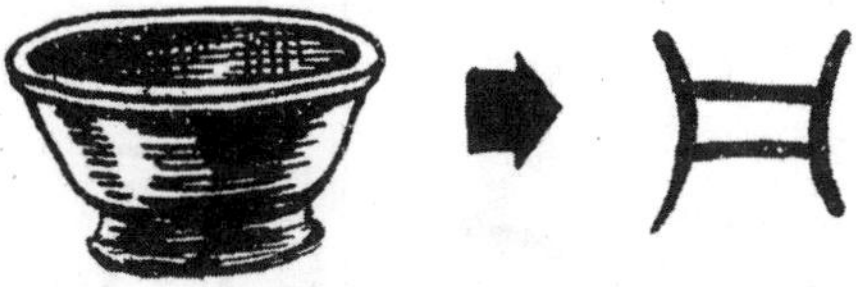

这是最早的“盘”字。像一个高足盘子的形状。甲骨卜辞“盘庚”也作“凡庚”可证。后来本义不存,多用于“大都”、“总共”的意义;又引申为“平常”、“平凡”义。(参见“般”字条)

甲骨文	
金文	
小篆	
隶书	
楷书	
草书	
行书	
简化字	(同楷书)

反 fǎn

〔附〕 攀　返

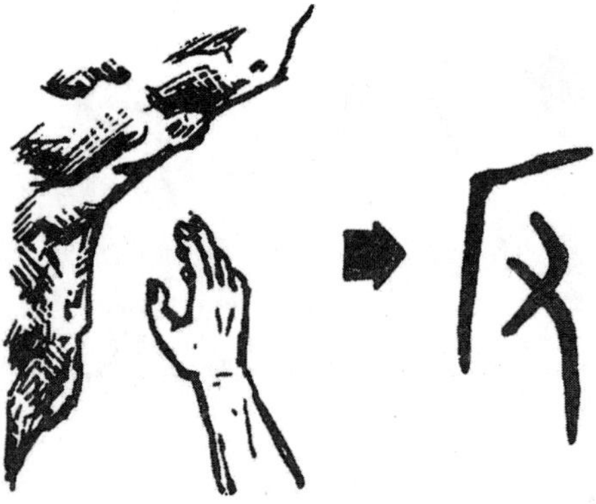

一只手正向着崖边攀登，这就是“攀”字的本字。后来本义不存，假借为“相反”、“反叛”等意思。又引申为“返回”，这种意义又写作“返”。

甲骨文
金文
小篆
隶书
楷书
草书
行书
简化字 （同楷书）

方 fāng

〔附〕 枋

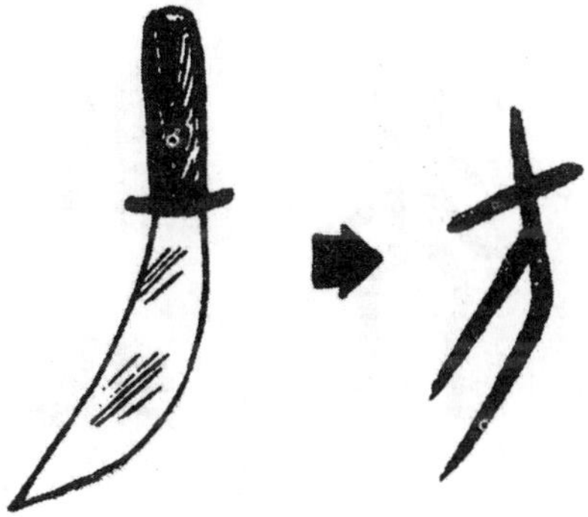

“方”是“枋”的本字，意义是“刀柄”。甲骨文和金文的字形都是一把刀的形状，在刀柄的地方有一短横，是指事符号。后来多用作方圆的“方”。一说象耒（农具名）之形。

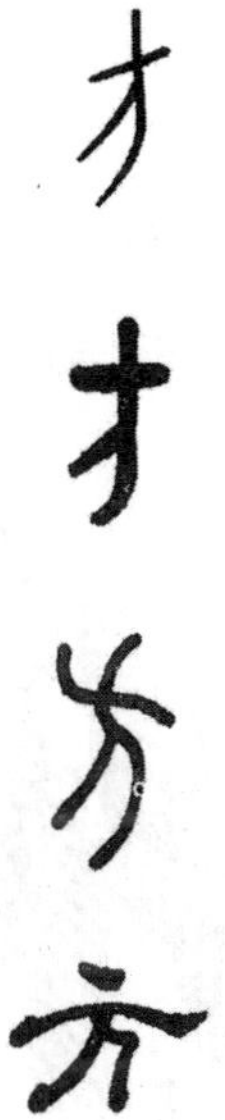

甲骨文
金文
小篆
隶书
楷书
草书
行书
简化字

（同楷书）

非 fēi

〔附〕 飞 诽

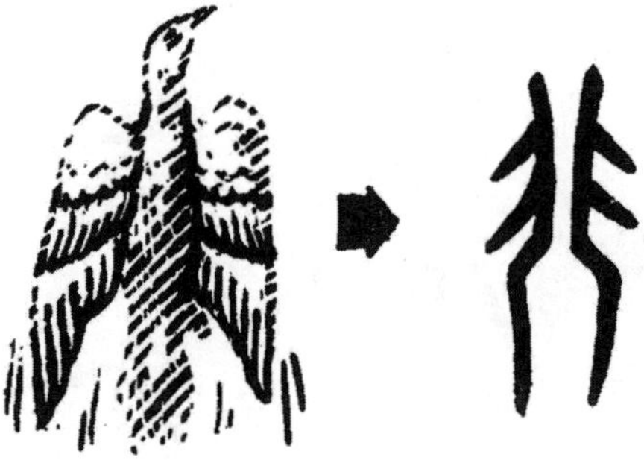

像鸟在天空中展翅高飞的样子，突出了鸟的双翅，是“飞”字的最初字形。阜阳汉简《诗经》：“匽匽(燕燕)于非”。后来假借为表否定的“非”字。通“诽”。

甲骨文

金文

小篆

隶书

楷书

草书

行书

简化字 （同楷书）

分 fēn

用刀把一件东西剖分为两半，这就是“分”字的本义。这个意义一直沿用到现在。《说文》：“分，别也。从八从刀，刀以分别物也。”《易经》：“物以群分。”

甲骨文	
金文	
小篆	
隶书	
楷书	
草书	
行书	
简化字	（同楷书）

丰(丯,豐) fēng

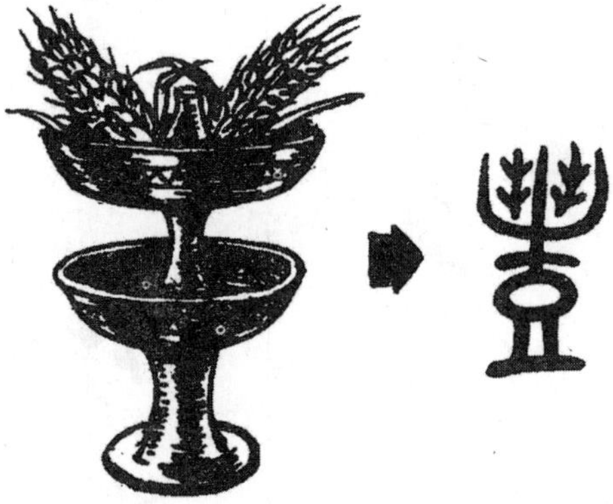

原为两个字:一是“豐”,是古代盛放祭品的器皿,《仪礼》:“饮酒实于觯,加于豐”,引申为“丰盛”等义;另一是“丯”(旧字体),像一棵植物萌发枝叶的样子,本义是“丰茂”。这两字常通用,现合并为“丰”。

甲骨文
金文
小篆
隶书
楷书
草书
行书
简化字

凤(鳳) fèng

〔附〕 风

甲骨文和金文“凤”字像一只凤凰,特别突出它美丽的尾部的羽毛;有的字体右上角有一个“凡”字,表示它的读音。也借为“风”,例如甲骨卜辞:“今日不凤。”

字体	字形
甲骨文	
金文	
小篆	鳳
隶书	鳳
楷书	鳳
草书	鳳
行书	鳳
简化字	凤

缶 fǒu

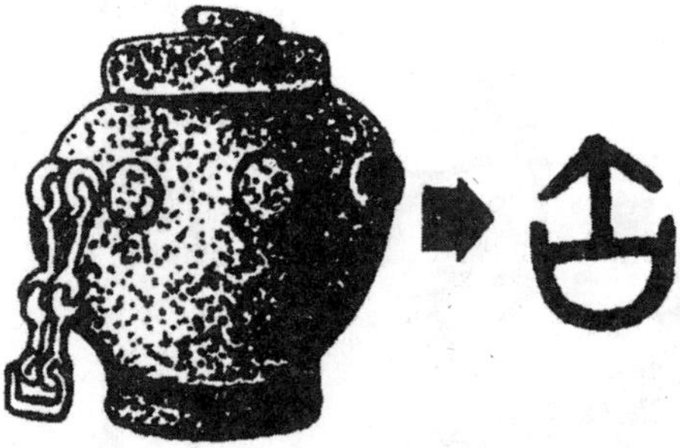

字形是一个盛液体的瓦器的样子，上部是盖子，下部是容器。《左传》："具绠（gěng，绳子）缶，备水器。"汉字中以"缶"为偏旁的大都与瓦器有关，例如"缸"、"罐"、"陶"等字。"缶"又是一种古乐器。

甲骨文

金文

小篆

隶书

楷书

草书

行书

简化字（同楷书）

夫 fū

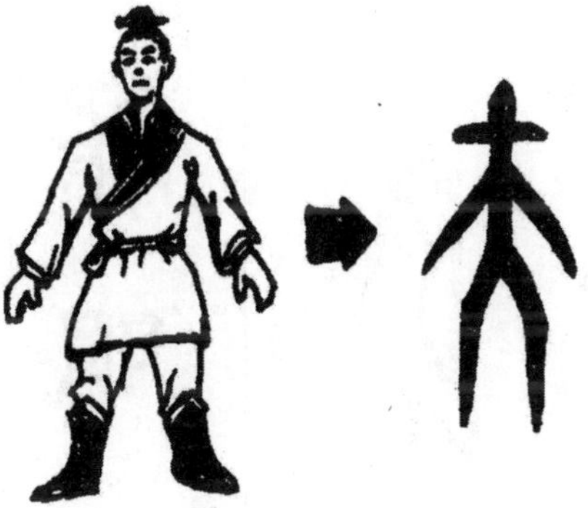

这是一个正面直立的人形，头部有一短横，表示男子成年之后用簪子把头发束起来。本义是“成年的男子”，如《盂鼎》：“庶人六百又五十又九夫。”引申为“已婚的男子”。

甲骨文 | 金文 | 小篆 | 隶书 | 楷书 | 草书 | 行书 | 简化字

简化字：（同楷书）

服 fú

一只大手抓住了一个人，使他屈服，这就是“服”字的本义——“降服”、“使服从”。后来有的字体加“凡”字表示声旁；金文“凡”旁讹变为“舟”；隶书再讹变为“月”。

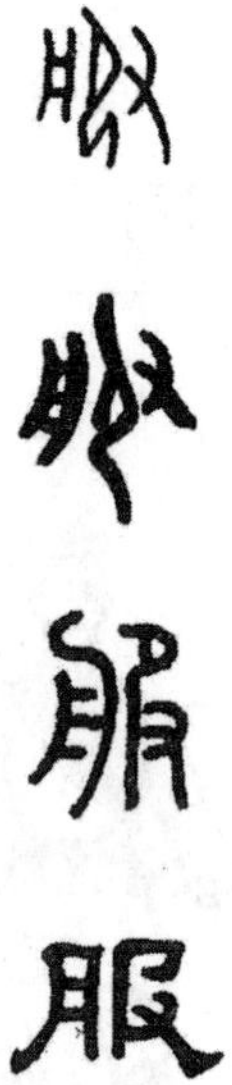

(同楷书)

甲骨文 | 金文 | 小篆 | 隶书 | 楷书 | 草书 | 行书 | 简化字

弗 fú

〔附〕 拂 弼

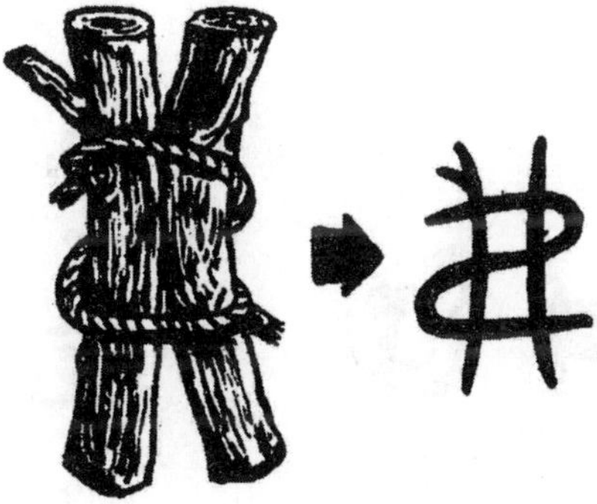

“弗”是“拂”的本字。“拂”表“矫正”义时读 bì,通“弼”。《荀子》:“从命而不拂。”《说文》:“弗,矫也。”字形像用绳索把两根木材矫直。后来“弗”多用于否定义。

甲骨文	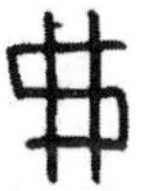
金文	
小篆	
隶书	
楷书	
草书	
行书	
简化字	(同楷书)

孚 fú

〔附〕 俘 孵 稃

“俘”的本字。字形是一只大手（“爪”）捉住了一个小人（“子”），本义是“军所获也”（《说文》）。甲骨卜辞有“克孚二人”等记载。古籍也通“孵”、“稃”。

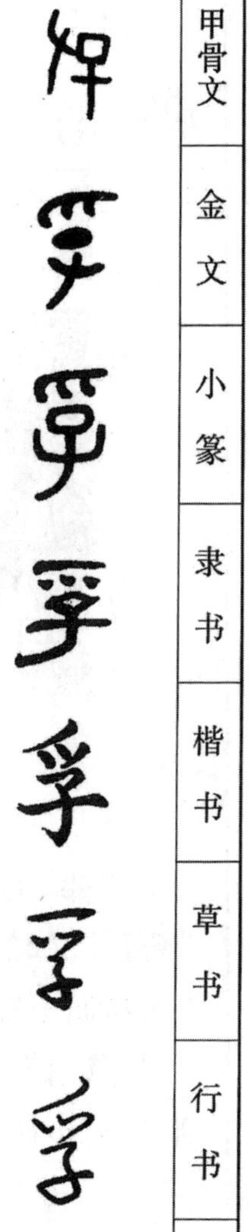

福 fú

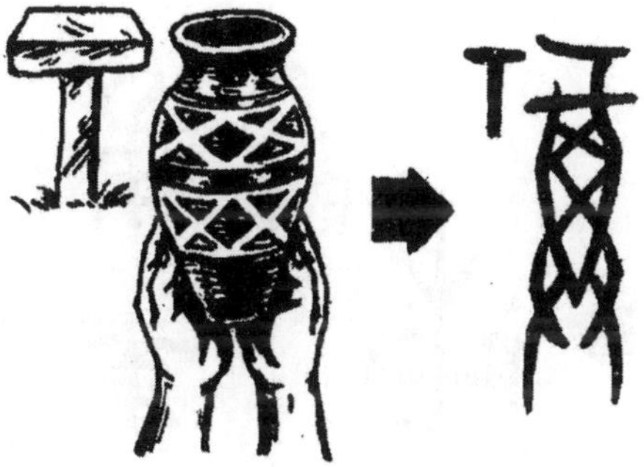

甲骨文“福”字是双手捧着一个大酒坛，在祭台（“示”）前求神赐福的样子；后来省略了手形，逐渐演变成现在的字形。《老子》：“祸兮福之所倚，福兮祸之所伏。”

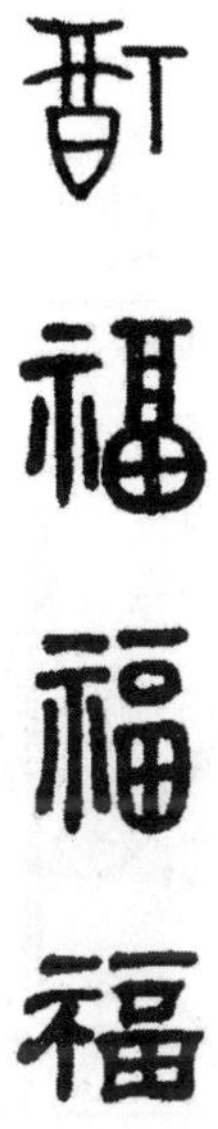

（同楷书）

甲骨文 | 金文 | 小篆 | 隶书 | 楷书 | 草书 | 行书 | 简化字

甫 fǔ

〔附〕 圃

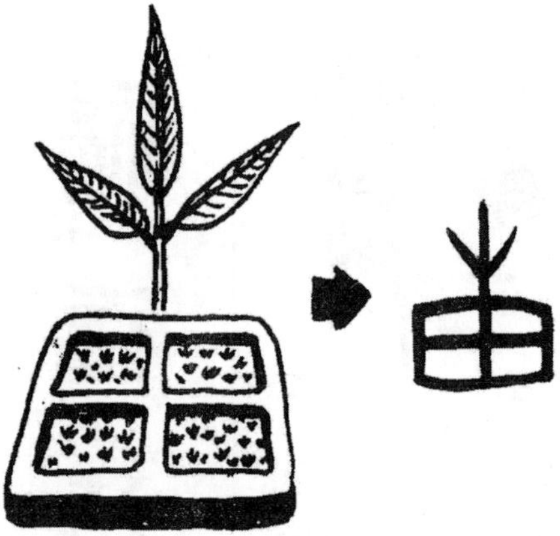

在“田”上长出了新苗，这就是甲骨文“甫”字的字形，即“圃”的本字。从金文开始分化为两字：一是加“口”成“圃”；一是“田”变为“用”，成“甫”。“甫”为男子的美称，又有“刚”、“才”义。

甲骨文 · 金文 · 小篆 · 隶书 · 楷书 · 草书 · 行书 · 简化字

（同楷书）

父 fù

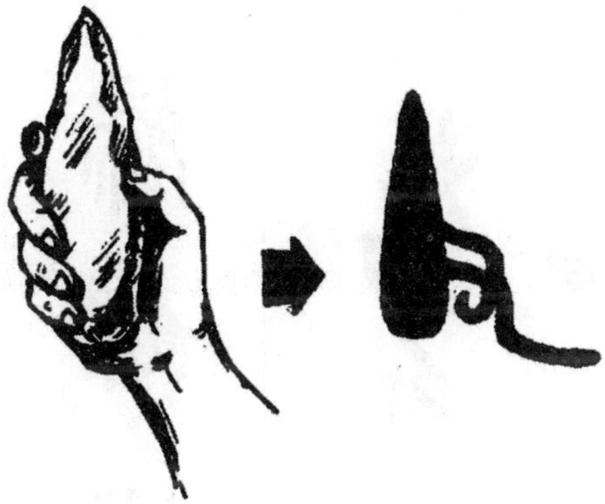

原是一只手拿着一把石斧的形状,表示从事劳动的男人,例如“田父”就是“农夫”。后来常指“父亲”;也作为男性长辈的通称,如“祖父”、“伯父”、“叔父”。一说为“斧”之初文。

甲骨文
金文
小篆
隶书
楷书
草书
行书
简化字

(同楷书)

妇（婦）fù

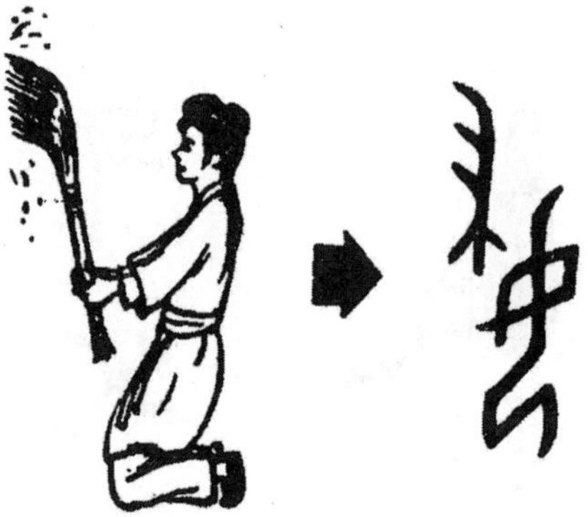

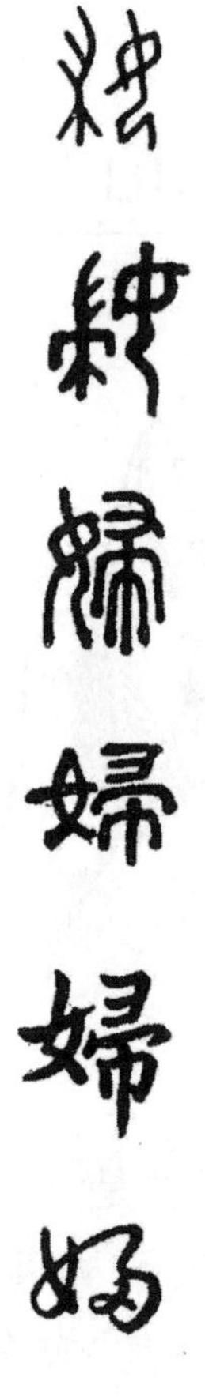

甲骨文 金文 小篆 隶书 楷书 草书 行书 简化字

一个妇女手持扫帚在打扫，这是家里主妇的日常工作，所以“妇”是“已婚的女子”的意思。《礼记》：“有妇人哭于墓前而哀。”甲骨文有时以“帚”为“妇”字，如“多帚”。

复(復,複) fù

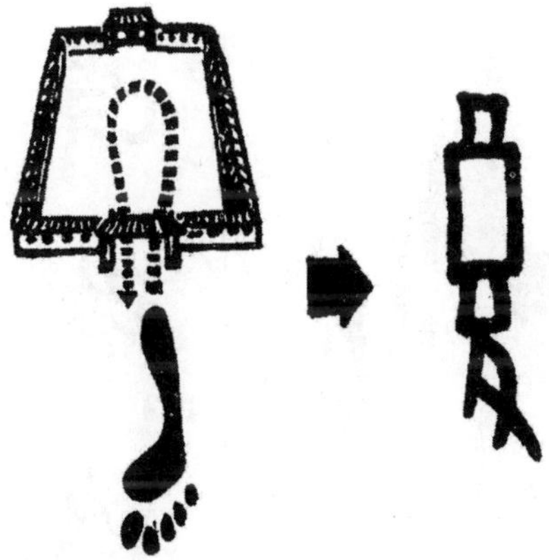

本义是“走旧路”。《说文》：“复,行故道也。”甲骨文“复”字的上部可以看做是一个村邑;下部是一只脚,表示再来到这个地方。“复”字后来多写做“復”。简化字又恢复为“复”,并把“複”字也合并为“复”。

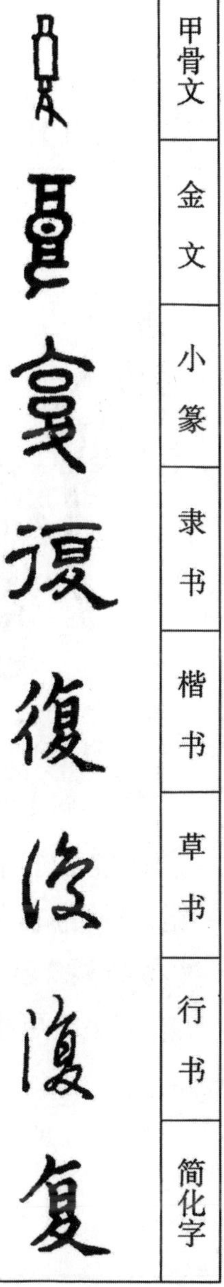

改 gǎi

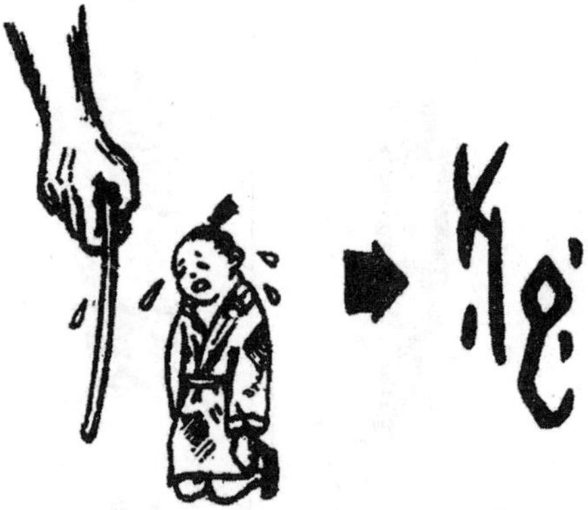

一个小孩跪着；旁边有一只手，拿着棍子打他，要他改正所犯的过错。字的本义是“改变”、“更正”。《易经》：“君子……有过则改。”《说文》：“改，更也。”

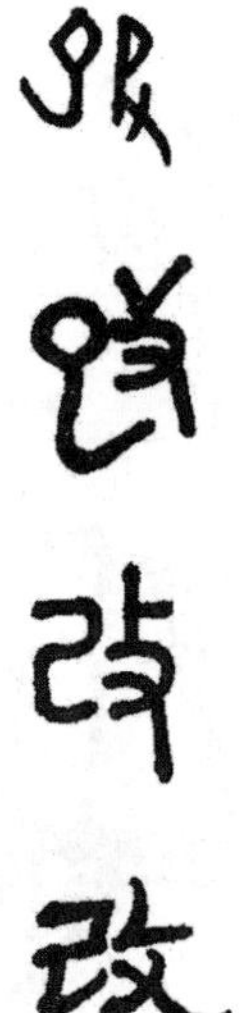

（同楷书）

甲骨文
金文
小篆
隶书
楷书
草书
行书
简化字

干 gān

本义是一种原始武器：用树杈制成的叉状武器，用它可以叉住野兽或敌人的颈部。古籍中“干”也指盾。现在还有“大动干戈”的成语。简化字以“干”代“幹”、“乾”。

（同楷书）

甲骨文

金文

小篆

隶书

楷书

草书

行书

简化字

甘 gān

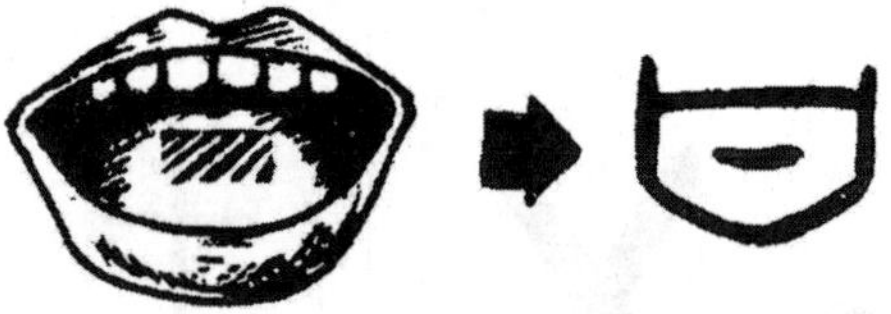

本义是“甜”。《说文》:“甘,美也。”《诗经》:“谁谓荼苦？其甘如荠。”字的外框原是“口”,中间的短横是指事符号,表示嘴里对食物有甘甜的感觉。一说短横表示食物。

甲骨文

金文

小篆

隶书

楷书

草书

行书

简化字 （同楷书）

高 gāo

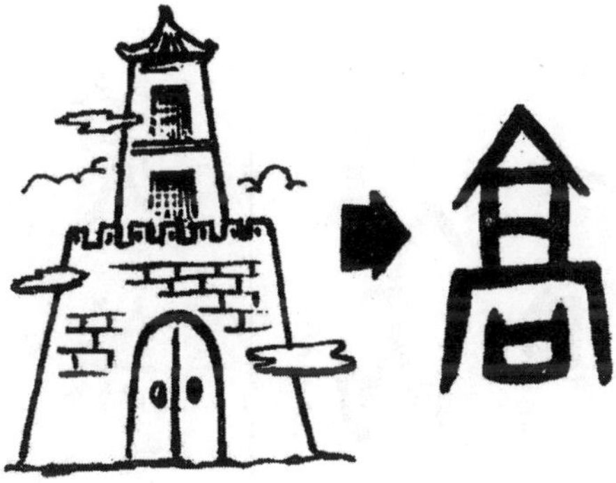

一座高高的楼阁，上部是尖顶，中间是城楼，下层的建筑物中间还有一个门口。字义就是用高楼表示“高”的意思。《说文》：“高，崇也。象台观高之形。”

甲骨文

金文

小篆

隶书

楷书

草书

行书

简化字

（同楷书）

羔 gāo

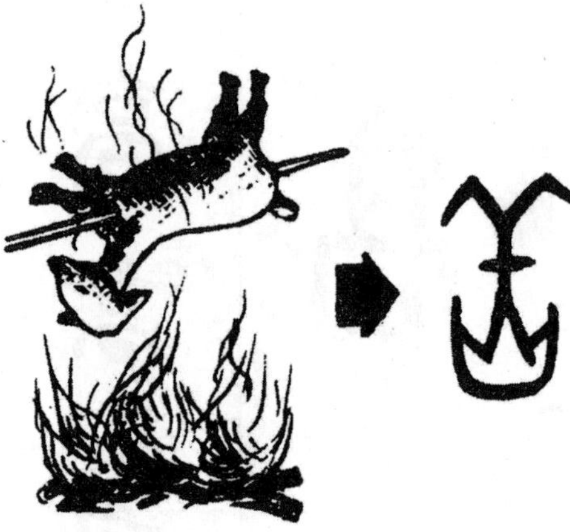

字形的上部是“羊”，下部是“火”，表示用火烤羊。最美味的烤羊是用小羊肉，因而“羔”字指“小羊”。《说文》：“羔，羊子也。”

甲骨文

金文

小篆

隶书

楷书

草书

行书

简化字（同楷书）

告 gào

〔附〕 牿

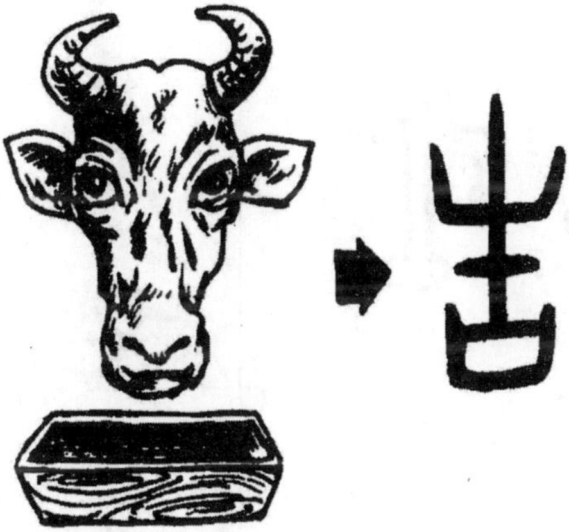

“告”是“牿”的本字。“牿”(今音 gù)就是养牛马的圈。字形是在一头牛的下面有一个食槽,表示这是饲养牲口的地方。《易经》:“僮牛之告”,今本“告”作“牿”。

字体	
甲骨文	
金文	
小篆	
隶书	
楷书	
草书	
行书	
简化字	(同楷书)

戈 gē

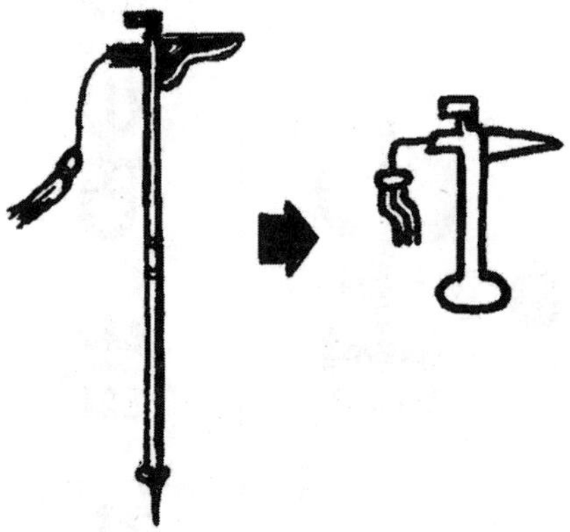

“戈”本是古代的一种武器名。有长柄，上端有横刃，可以用来横击、钩持，盛行于商代和战国时期。《诗经》：“王于兴师，修我戈矛”。

（同楷书）

甲骨文 | 金文 | 小篆 | 隶书 | 楷书 | 草书 | 行书 | 简化字

各 gè

〔附〕 格

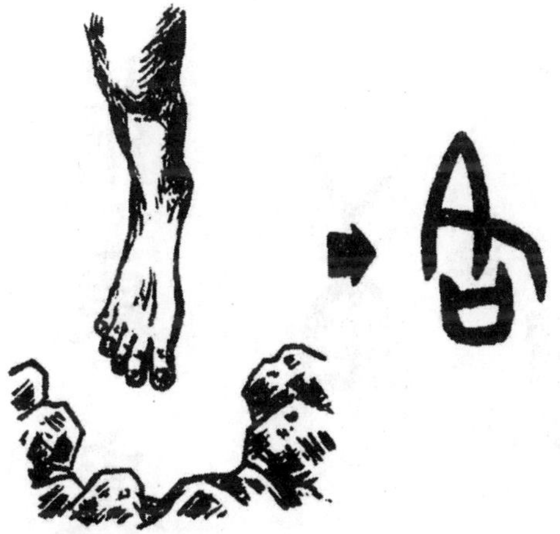

一只脚正从外面走到门口(“口”)来,字的本义是“来”、“到”的意思,如金文铭文:“王各于周庙。”后来这个意思一般写作“格”,如《尚书》:“光被四表,格于上下”。

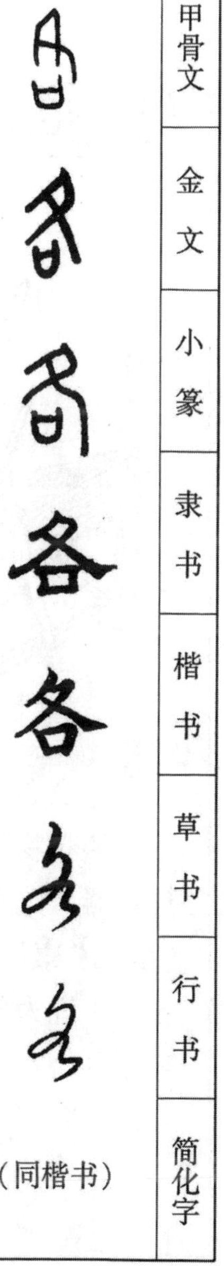

庚 gēng

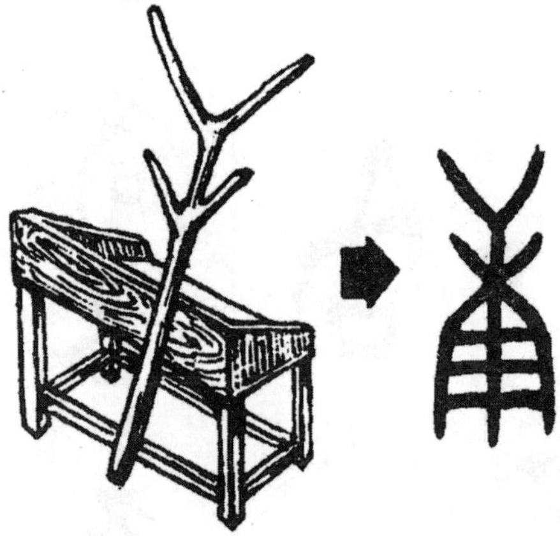

本义是"脱谷的农具"。字形是一个架状物，中间有一把上端开叉的打谷器。这可以从"康"字得到旁证（参见"康"字条）。后多用作天干名。一说为乐器名。

甲骨文

金文

小篆

隶书

楷书

草书

行书

简化字　（同楷书）

更 gēng

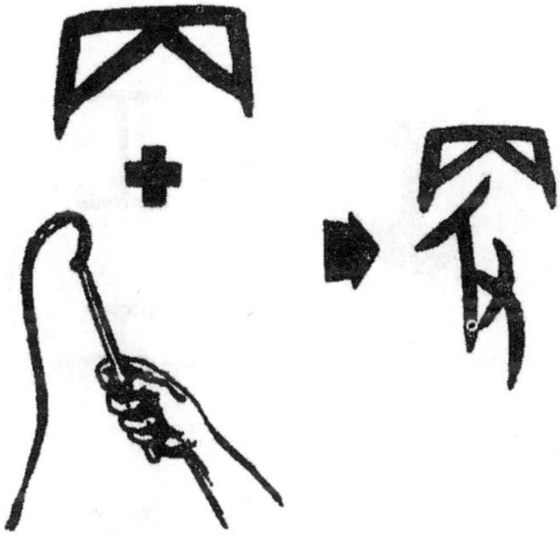

字的下半是一只手拿着鞭子，表义；上半是“丙”（参见“丙”字条），表音。《说文》：“更，改也。”意思是用鞭子教训人，使之改正。又有“替代”、“连续”等义。

（同楷书）

甲骨文
金文
小篆
隶书
楷书
草书
行书
简化字

工 gōng

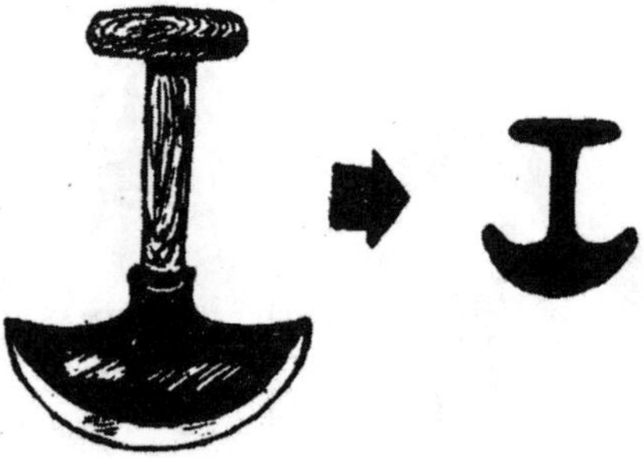

从较早的金文中，“工”字可以看出是一把刀具的样子，它的刃部呈弧形。本义是“工具”。引申为“做工的人”；再引申为“精巧”、“善于”的意思。

（同楷书）

甲骨文
金文
小篆
隶书
楷书
草书
行书
简化字

弓 gōng

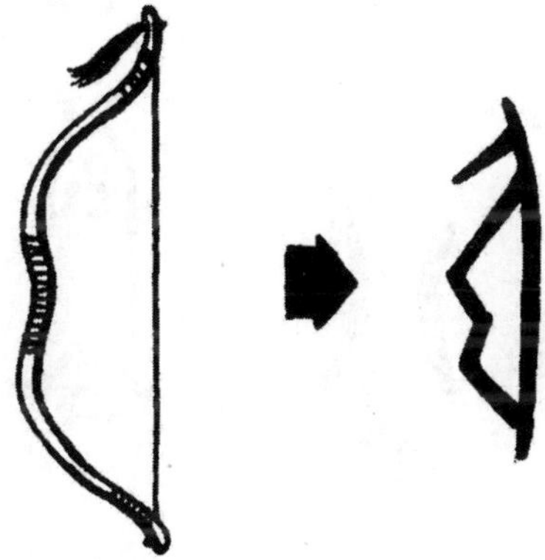

甲骨文"弓"字是十分形象的一把弓的形状；金文省略了弓弦，逐渐演变为现在的样子，已经不太容易从字形看出弓状来了。《诗经》："既张我弓，既挟我矢"。

公 gōng

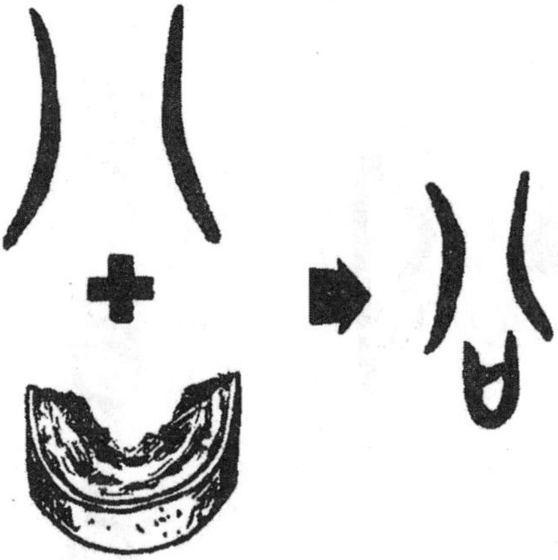

字的上部“八”是分的意思(参见“八”字条);下部的“口”表示所分的物品(参见“品”字条)。用平分东西表示“公”的意思——“公有”、“公平”。

(同楷书)

甲骨文
金文
小篆
隶书
楷书
草书
行书
简化字

宫 gōng

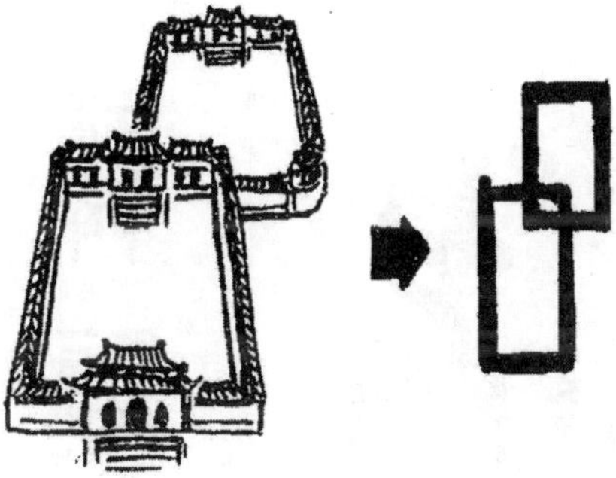

早期的甲骨文字形是两个相连的建筑物；后来加上了屋宇的义符“宀”，就更明确地表达了字义。《说文》：“宫，室也。”秦代之后专指帝王的宫殿。

甲骨文

金文

小篆

隶书

楷书

草书

行书

简化字

（同楷书）

龚（龔）gōng

〔附〕 恭

“恭”字的本字。字形像两只手向着一条龙高高地举起，表示“恭奉”、“恭敬”的意思。睡虎地秦墓竹简《为吏之道》：“龚敬多让。”到了小篆才开始有上“共”下“心”的“恭”字。

甲骨文 | 金文 | 小篆 | 隶书 | 楷书 | 草书 | 行书 | 简化字

共 gòng

〔附〕 供

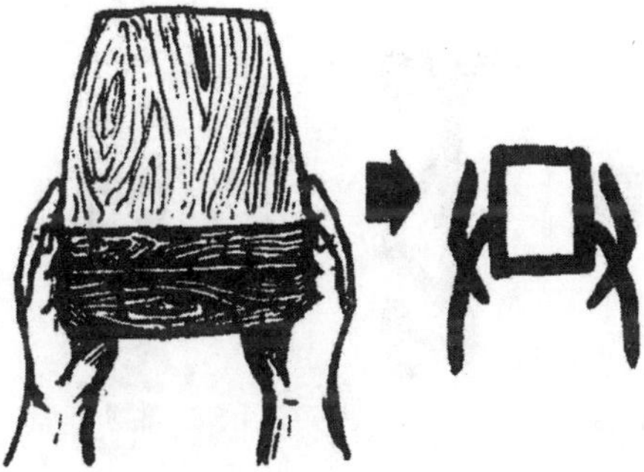

甲骨文“共”字是两手捧着一个方形物(金文有的是两根柱形物),表示“供奉”的意思。“共”和“供”为古今字。一说“共”的本义为“玉璧”,即“珙”(gǒng)。

甲骨文

金文

小篆

隶书

楷书

草书

行书

简化字

(同楷书)

苟 gǒu

〔附〕 儆 警 敬

“苟”(原读 jì)是“儆”、“警”的本字。字形像一只狗蹲踞在地上，竖起了双耳。本义是“警惕”。金文铭文中有借“苟”为“敬”的，意思是“敬肃”。后与从艸(草)句声的“苟”(音gǒu)混同。

(同楷书)

甲骨文 | 金文 | 小篆 | 隶书 | 楷书 | 草书 | 行书 | 简化字

遘 gòu

〔附〕 冓 觏 逅

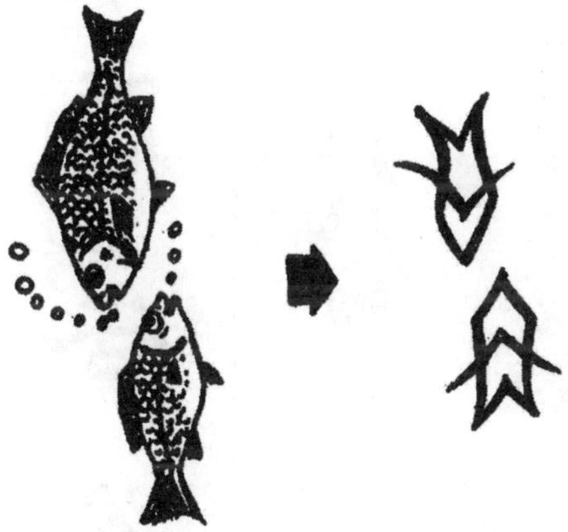

本字作“冓”。本义是“相遇”。字形像两条鱼头对头遇见的情状。甲骨卜辞有“今日不冓雨”、“其冓小风”等文字。这个意义后来写作“遘”、“逅”或“觏”。

甲骨文

金文

小篆

隶书

楷书

草书

行书

简化字 （同楷书）

谷 gǔ

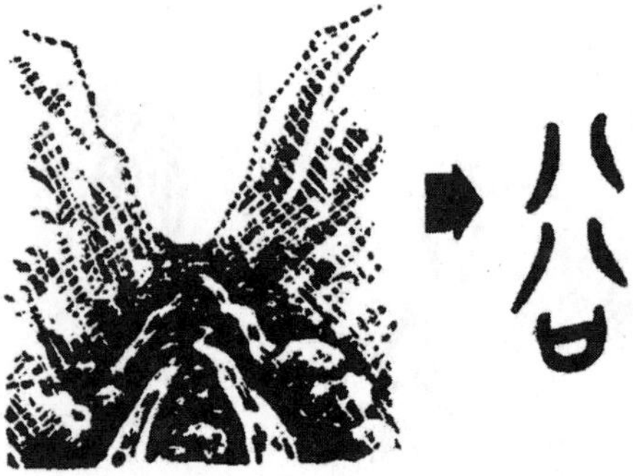

“谷”字上部的几条斜线表示水流，下面的“口”表示山口。本义是“两山之间的狭长地带或流水道”。“谷”、“穀”原为两个不同的字，但古籍常通用，现合并为“谷”。

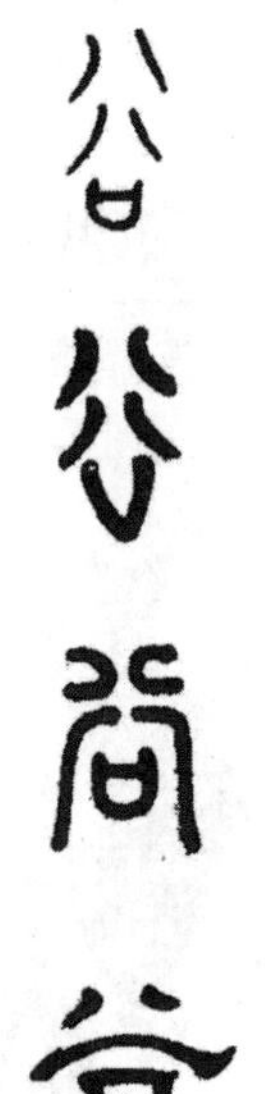

甲骨文	
金文	
小篆	
隶书	
楷书	
草书	
行书	
简化字	（同楷书）

鼓 gǔ

这是一幅十分形象的“击鼓图”：一只手握着鼓槌，正在敲着一面大鼓；鼓的中间是圆形的鼓面，上端有装饰物，下面是鼓座。《诗经》：“子有钟鼓。”

甲骨文

金文

小篆

隶书

楷书

草书

行书

简化字 （同楷书）

盥 guàn

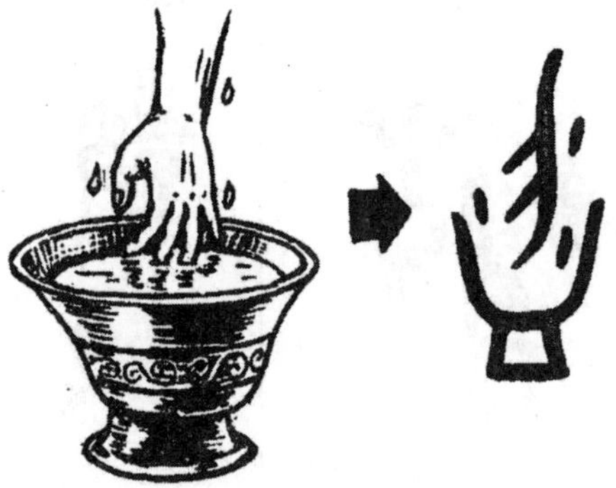

一只手在一个器皿里洗濯，旁边有水。本义是“洗手”。《左传》：“奉匜（yí，古代舀水器具，形状似瓢）沃盥。”现代汉语还有“盥洗室”这个词。

甲骨文
金文
小篆
隶书
楷书
草书
行书
简化字

光 guāng

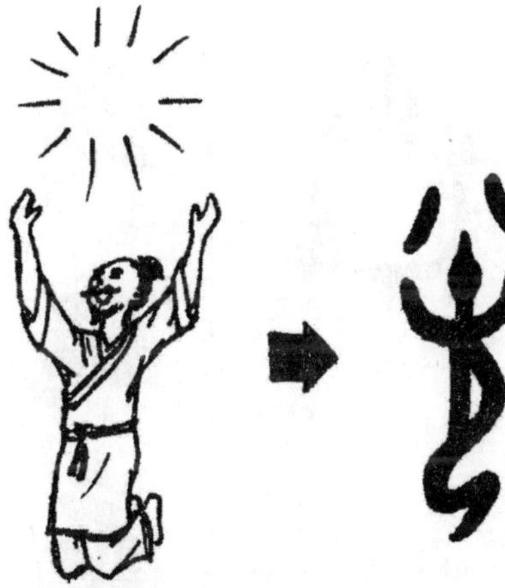

一个跪坐着的人，头上有火，本义是“明亮”的意思。《说文》：“光，明也。从火在人上，光明意也。”《易经》：“刚健笃实辉光。”又有“照耀”义。《尚书》：“惟公德明光于上下。”

（同楷书）

甲骨文

金文

小篆

隶书

楷书

草书

行书

简化字

龟（龜）guī

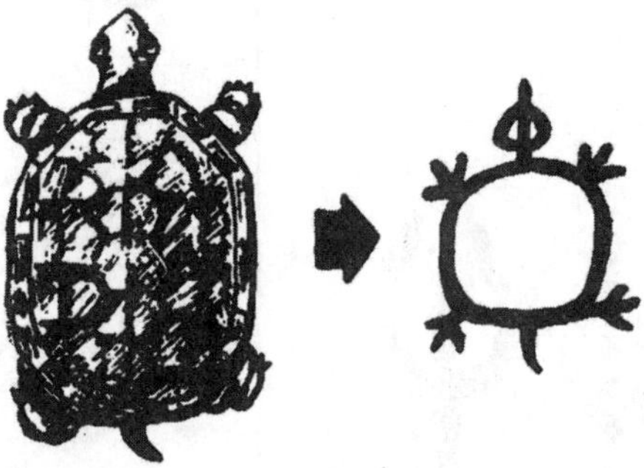

这是一个典型的象形字，字形酷似一只乌龟，只是有的字体是正视的形状，有的是侧视的形状而已。古人灼烧龟甲以问卜，甲骨卜辞：“丙午卜，其用龟？”

甲骨文
金文
小篆
隶书
楷书
草书
行书
简化字

鬼 guǐ

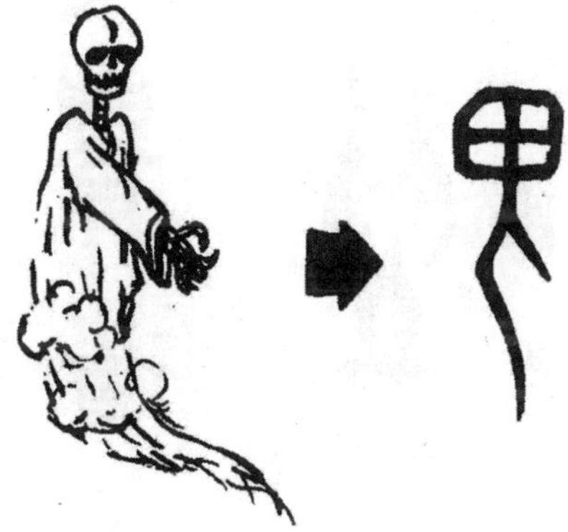

古人认为人死后会变成灵魂不灭的精灵，所以"鬼"字下部是人形；上部是怪异的头部。《楚辞·国殇》："身既死兮神以灵，魂魄毅兮为鬼雄。"

甲骨文
金文
小篆
隶书
楷书
草书
行书
简化字（同楷书）

贵（貴）guì

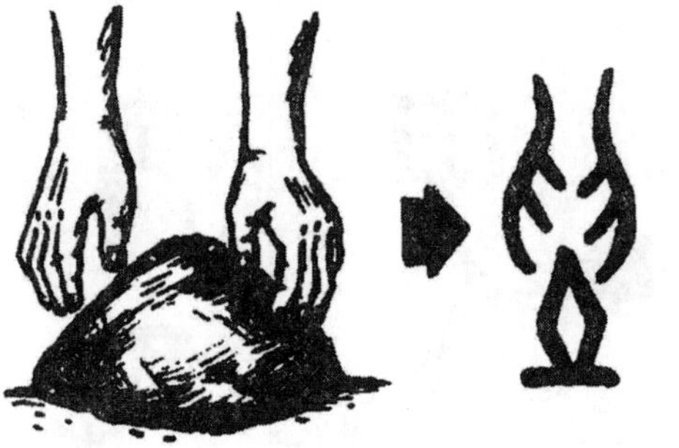

土地能生长万物，是最可宝贵的，所以甲骨文“贵”字像双手捧土的情状。小篆以后加“贝”旁，“贝”是古代的货币，是财富的象征。《说文》：“贵，物不贱也。”

国(國) guó

〔附〕 或 域

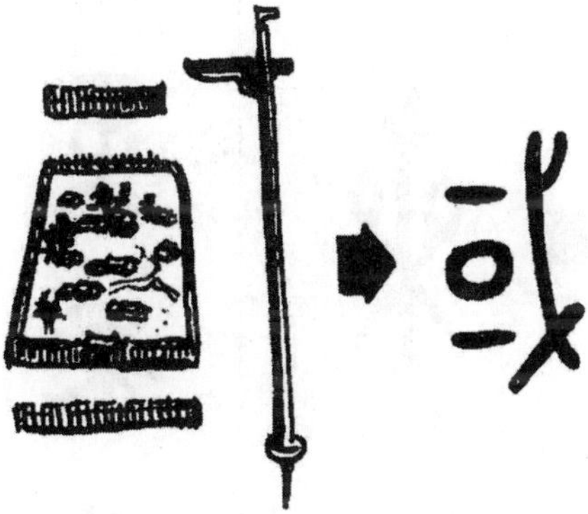

原作“或”。《毛公鼎》:“迺唯是丧我或。”字形像以“戈”(武器)守卫“口”(城邑)。后来在字的周围加方框表示疆域,构成“國”字。又通“域”。《说文》:“域,或又从土。”

果 guǒ

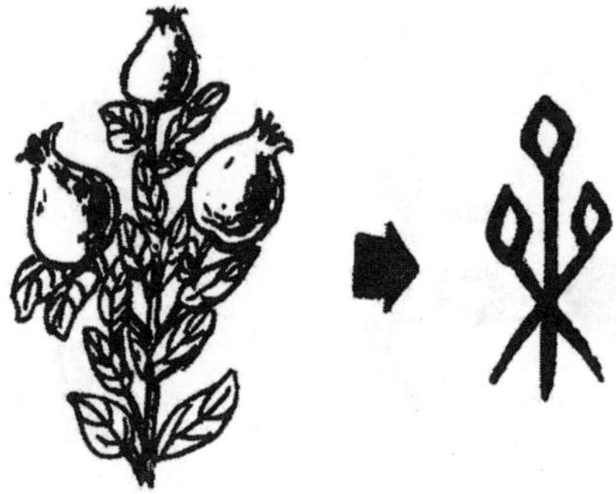

字形像一棵树上结了果实。甲骨文的果结得多，而金文则结得大。到了小篆，字上部的果实形讹变为“田”，意思就不明显了。《管子》：“瓜瓠荤菜百果不备具，国之贫也。”

甲骨文

金文

小篆

隶书

楷书

草书

行书

简化字（同楷书）

亥 hài

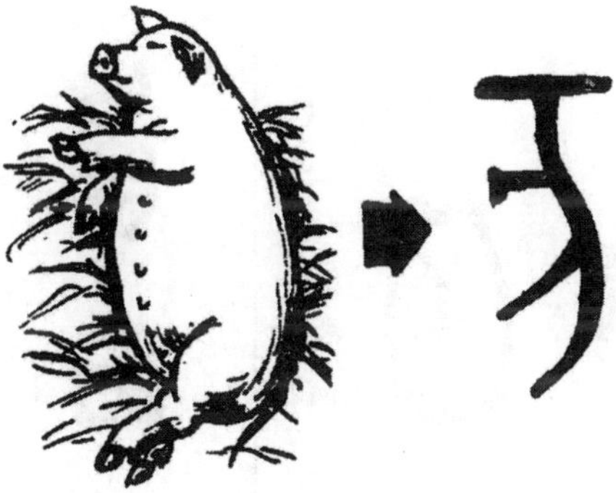

原来的字义是“猪”。字形像一头猪，上端的短横是头；中间是圆圆的背脊线；腿、尾俱全。后来本义不存，只从“亥”的生肖为豕（猪）可以看出来。

（同楷书）

甲骨文
金文
小篆
隶书
楷书
草书
行书
简化字

函 hán

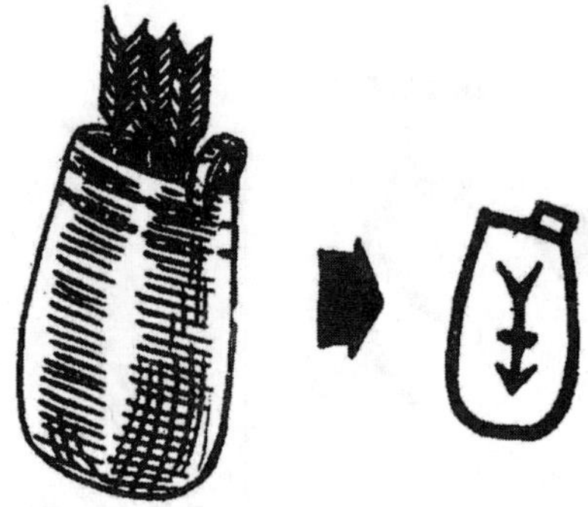

本义是"箭囊"。甲骨文和金文的字形都是一个长方形或椭圆形的囊状物,在一边有一个可挂在腰带上的小环。后引申为"封套"、"信件"等。

甲骨文

金文

小篆

隶书

楷书

草书

行书

简化字

(同楷书)

好 hǎo,hào

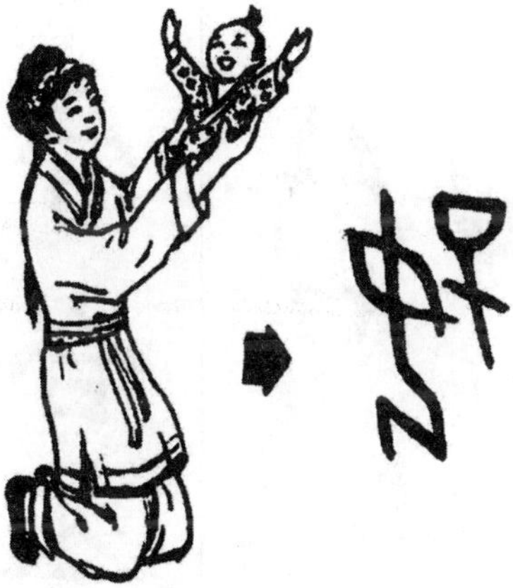

一个妇女抱着一个孩子,新的生命诞生了,当然被人们认为是一件好事。一说指女子貌美。《说文》:“好,美也。”以上义项读 hǎo。引申为“爱好”、“喜欢”义(常为动词)时读 hào。

甲骨文

金文

小篆

隶书

楷书

草书

行书

简化字 (同楷书)

合 hé, gě

〔附〕 盒

古文“合”字上部是一个圆锥形的盖子，下部是一个圆形的容器，表示器皿相合。本义为“闭合”。疑为“盒”字之初文。引申为“融洽”、“聚合”等义。又用作量词，十“合”（音gě）为一升。

（同楷书）

甲骨文 | 金文 | 小篆 | 隶书 | 楷书 | 草书 | 行书 | 简化字

何 hé

〔附〕 荷

一个人手握锄柄，张大了嘴，用肩扛锄，向前走去。这就是“何”字的本义——“荷”（hè）。《诗经》有“何戈与祋（音 duì，古兵器）”、“何蓑何笠”句，都以“何”作“荷”。

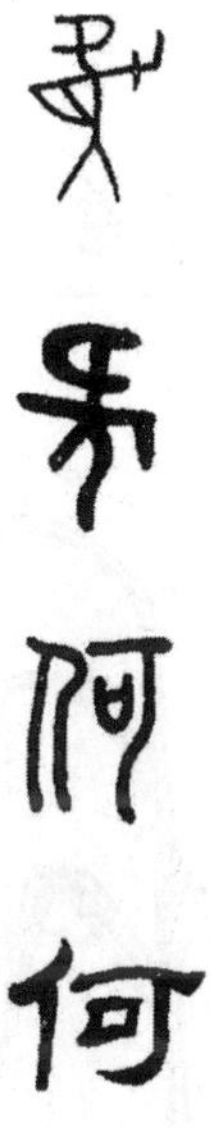

（同楷书）

甲骨文

金文

小篆

隶书

楷书

草书

行书

简化字

禾 hé

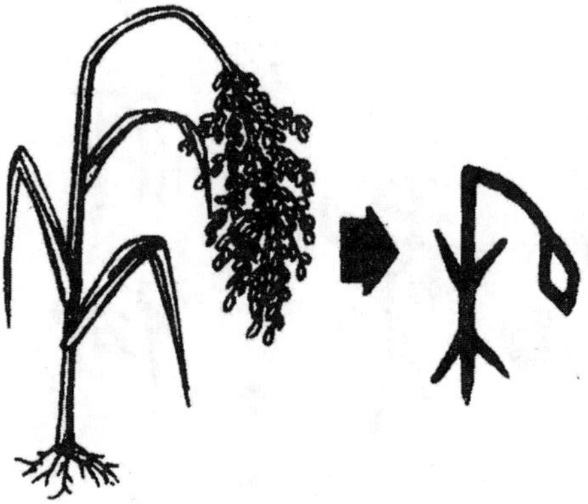

字形像一株已经成熟的庄稼，沉甸甸的谷穗把上端压弯了，向下低垂。本义是“谷子”。后引申为其他粮食作物。甲骨卜辞：“禾有及雨？”《诗经》：“十月纳禾稼。”

简化字：（同楷书）

和 hé，hè

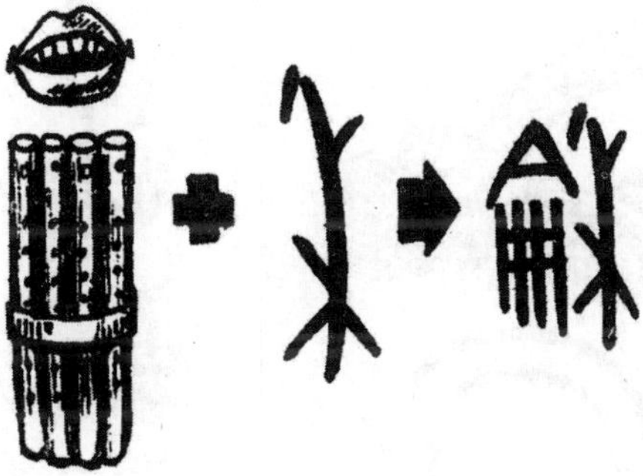

原作"龢"，是一种古乐器。字由"龠"（音 yuè，古乐器名，表义）和"禾"（表声）构成。《尔雅》："大笙谓之巢，小者谓之和"，已写作后起字"和"了。用于"唱和"义时读 hè。

甲骨文

金文

小篆

隶书

楷书

草书

行书

简化字（同楷书）

虹 hóng

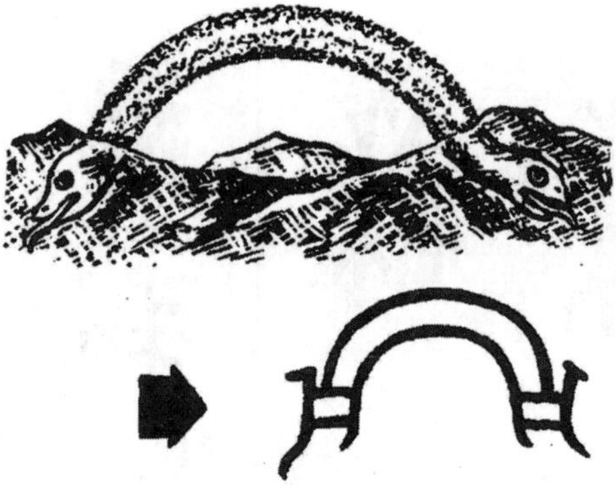

甲骨文“虹”字像彩虹状。由于古人认为虹是龙蛇类的活物，所以在两端各加了一个蛇头。卜辞：“亦有出虹自北，饮于河。”石鼓文以后变为形声字。

	甲骨文
虹	石鼓文
虹	小篆
虹	隶书
虹	楷书
虹	草书
虹	行书
（同楷书）	简化字

侯 hóu

〔附〕 候

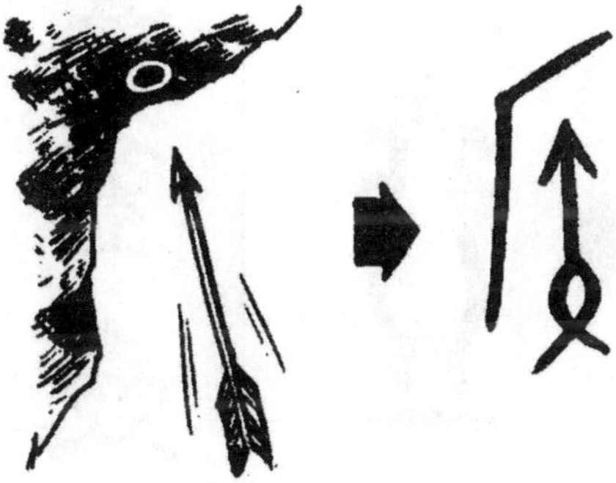

本义是“箭靶”。《诗经》:“终日射侯”。字原作“矦”,“矢”是箭,“厂”是山崖或靶布,箭头正向上面的靶子射去。小篆在“矦”上加“人”。后又派生出“候”(hòu)字。

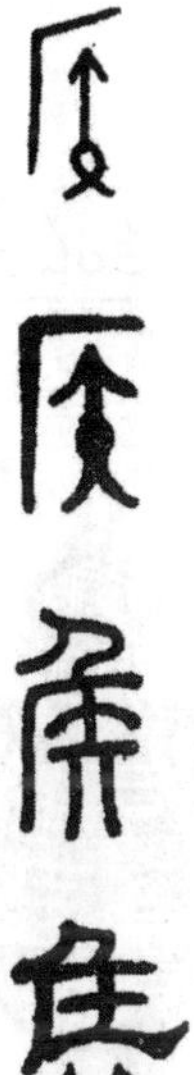

(同楷书)

甲骨文

金文

小篆

隶书

楷书

草书

行书

简化字

壶(壺) hú

〔附〕 瓠

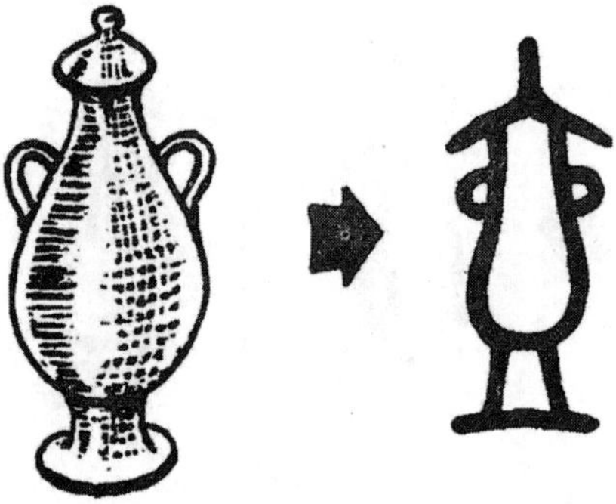

这是一把酒壶的样子，十分形象：上端有尖形的壶盖，中间是圆圆的壶身，下面是壶底，有的字形还有两耳。也通“瓠”字，《诗经》：“七月食瓜，八月断壶。”

虎 hǔ

字形是头朝上、尾朝下的一只野兽状，有着张大的嘴，锋利的牙齿和脚爪；甲骨文有些字形还有条纹的身子，突出了老虎的特征。甲骨卜辞："王其禽(擒)虎？"

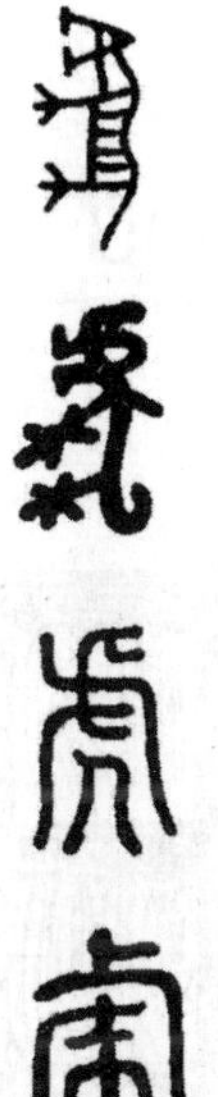

甲骨文 金文 小篆 隶书 楷书 草书 行书 简化字

（同楷书）

户 hù

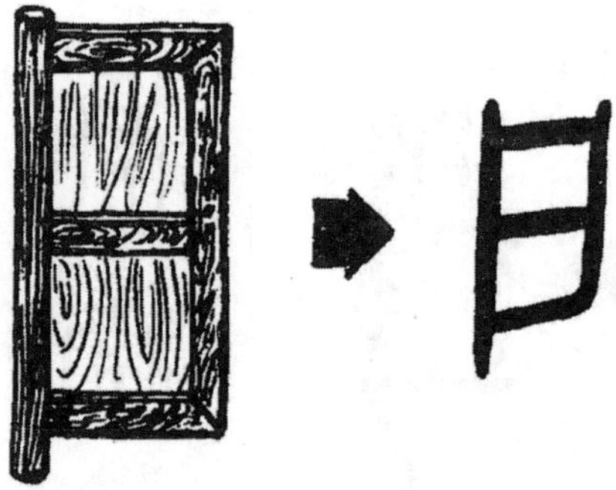

甲骨文字形像一扇门的样子，本义是“一扇门”。《说文》：“半门曰户。”《诗经》：“西南其户。”经过小篆和隶书，形状越来越不像了。意思也引申为“住户”等。

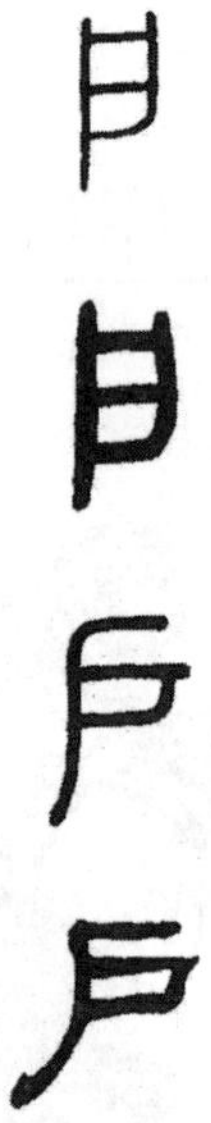

甲骨文

金文

小篆

隶书

楷书

草书

行书

简化字

（同楷书）

画（畫）huà

〔附〕 划

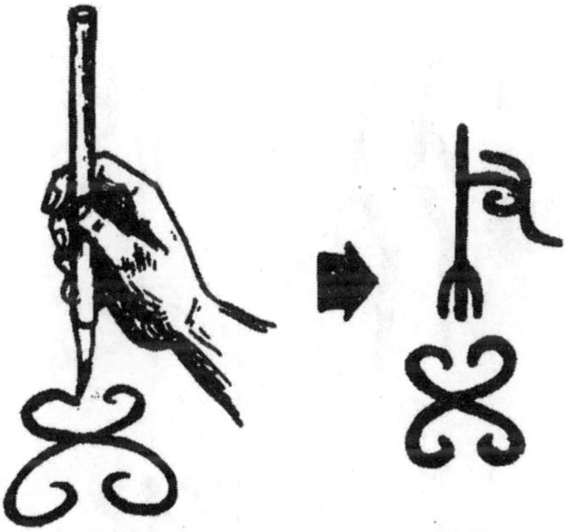

甲骨文的字形像一只手握笔，描画出一些花纹线条来；金文字形的下部多改为“田”，表示字义用于画田界。《孙子兵法》：“画地而守之。”后又分化出“劃”（“划”）字。

甲骨文 | 金文 | 小篆 | 隶书 | 楷书 | 草书 | 行书 | 简化字

化 huà

两个人形，其中一个正立，一个倒立，像耍杂技或变魔术那样，表示“变化”的意思。《庄子》：“北冥有鱼，……化而为鸟。”引申为“造化”（自然界生成万物）、“死亡”、“融解”等义。

甲骨文	
金文	
小篆	
隶书	
楷书	化
草书	
行书	
简化字	（同楷书）

黄 huáng

〔附〕 璜

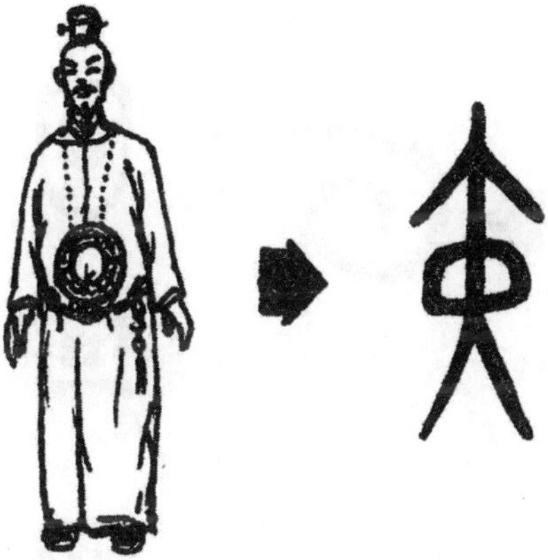

“黄”是“璜”的本字。像一个人在胸前带着佩玉(原指比玉稍次一些的美石)——璜。后来借为表示颜色名的“黄”,本义不存。一说源自“珩”(今音 héng),亦指佩玉。

甲骨文

金文

小篆

隶书

楷书

草书

行书

简化字 (同楷书)

回 huí

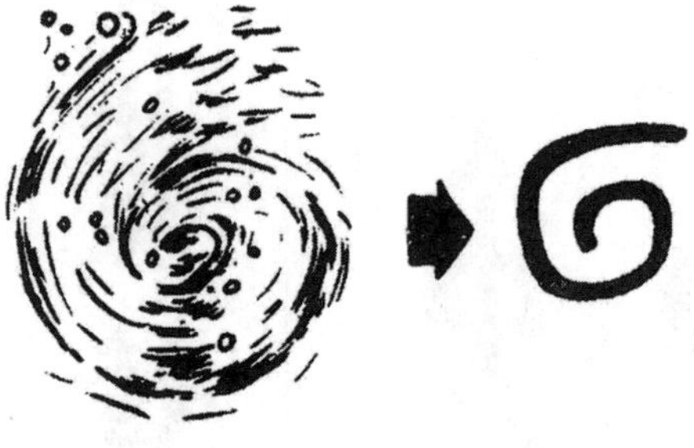

古文字形像水流回旋的样子,本义是“旋转”。《荀子》:“水深而回。”后来“回”多用于“还”、“回来”义,于是另造“洄”字以表示本义。又,后起字“逥”(廻),现合并为“回”。

(同楷书)

甲骨文

金文

小篆

隶书

楷书

草书

行书

简化字

会（會）huì

〔附〕 脍

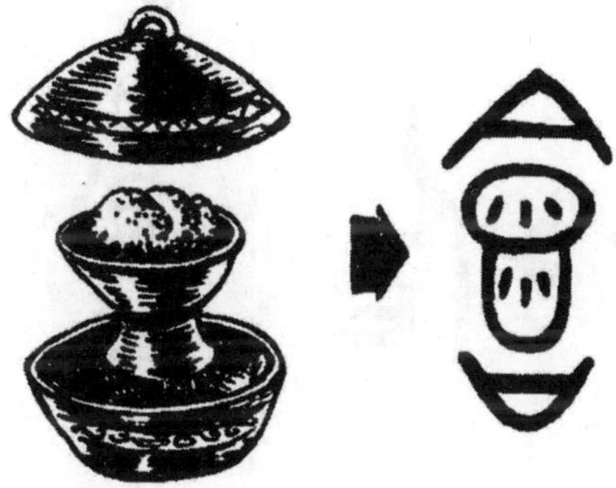

“会”是“脍”（音 kuài，细切的肉或鱼）的本字。字的上部是盒盖，下面是食器，中间装着的就是“脍”。也指食器的盖，如《仪礼》：“启簋（音 guǐ，古时盛黍稷的器皿）会。”

甲骨文

金文

小篆

隶书

楷书

草书

行书

简化字

昏 hūn

〔附〕 婚

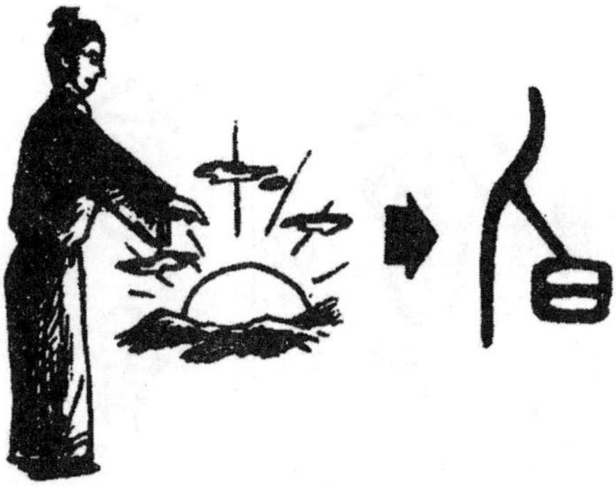

甲骨文“昏”字像太阳落到了人的手臂的高度，表示到了“天暮的时候”，这就是字的本义。如甲骨卜辞：“至昏不雨。”引申为“昏暗”等义。“婚”字原来也写作“昏”，如《诗经》：“宴尔新昏。”

字体	
甲骨文	
金文	
小篆	
隶书	
楷书	
草书	
行书	
简化字	（同楷书）

火 huǒ

〔附〕 伙

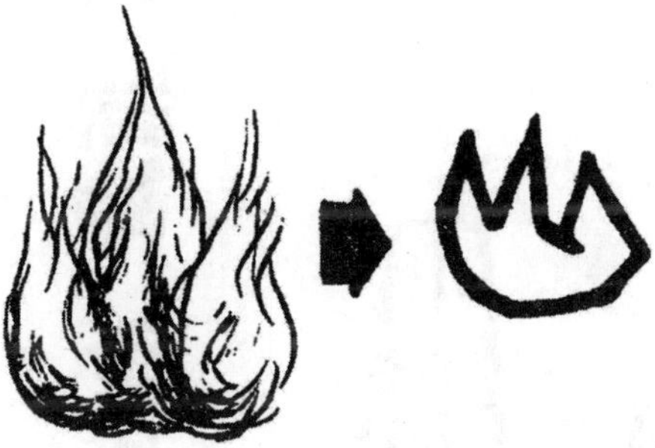

甲骨文“火”字像一团火的样子，是用轮廓线来表现的；金文以后就不太象形了。“火”又是古时兵制单位，如《新唐书》：“十人为火，火有长。”这个义项后来也写作“伙”。

甲骨文
金文
小篆
隶书
楷书
草书
行书
简化字 （同楷书）

霍 huò

大雨突然来临,三只鸟(表示许多鸟)奋力飞起,霍然有声。《说文》的解释是:“飞声也”。后来鸟的数目逐渐简化为两只,最后简化为一只。引申为“迅速”义,如枚乘《七发》:“霍然病已。”

字体	字形
甲骨文	
金文	
小篆	
隶书	
楷书	
草书	
行书	
简化字	(同楷书)

获（獲，穫）huò

〔附〕 隻（只）

原作“隻”。字形像一只手抓住了鸟，本义是“捕获”。甲骨卜辞：“贞：王往逐麋，隻。”金文铭文：“战，隻兵铜。”小篆加“犬”旁表示捕获禽兽；又加“禾”旁表示农业收获。简化字将“獲”、“穫”合二为一。

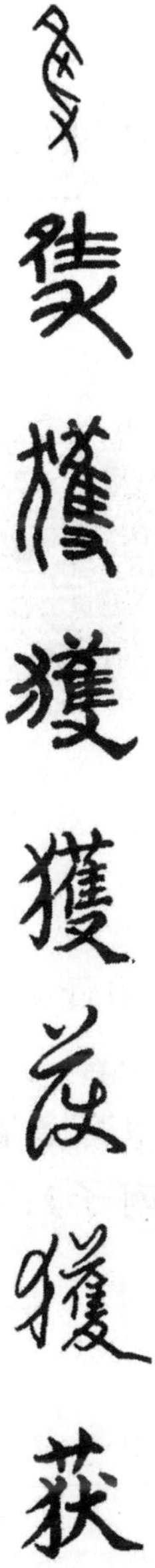

甲骨文 | 金文 | 小篆 | 隶书 | 楷书 | 草书 | 行书 | 简化字

镬(鑊) huò

甲骨文“镬”字的字形是在一个“鬲”(音 lì,古代炊具。参见“鬲”字条)里烹煮着一只鸟(表示禽类)。《淮南子》:“尝一脔肉,知一镬之味。”

甲骨文

金文

小篆

隶书

楷书

草书

行书

简化字

鸡（鷄）jī

在甲骨文和早期的金文中，“鸡”是一个象形字，字形很像一只公鸡；后来演变为形声字，以“隹”或“鸟”为形旁，以“奚”为声旁。《老子》：“鸡犬之声相闻。”

甲骨文 | 金文 | 小篆 | 隶书 | 楷书 | 草书 | 行书 | 简化字

及 jí

字的下方是一只大手，抓住了上方的人，本义是“追上”、“赶上”。《说文》：“及，逮也。”《左传》：“故不能推车而及。”引申为“达到”、“趁着”等义，并用作连词。

甲骨文 | 金文 | 小篆 | 隶书 | 楷书 | 草书 | 行书 | 简化字

（同楷书）

集 jí

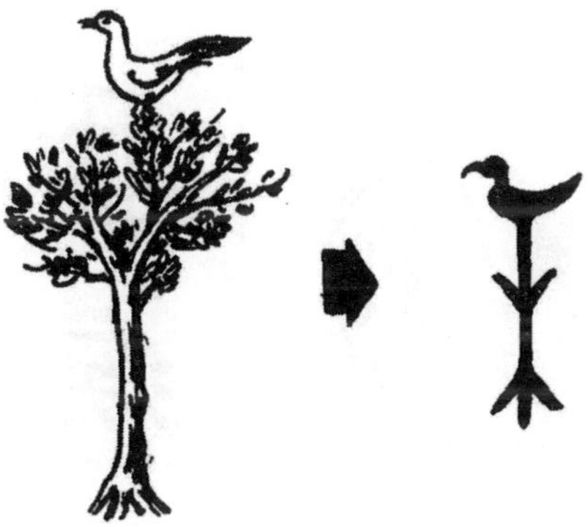

鸟停歇在树上，这就是“集”的本义。《诗经》：“黄鸟于飞，集于灌木”。后来引申为“聚集”、“集合”义。小篆“集”字的“隹”（鸟），有多达三只的。

字体	
甲骨文	
金文	
小篆	
隶书	
楷书	
草书	
行书	
简化字	（同楷书）

疾 jí

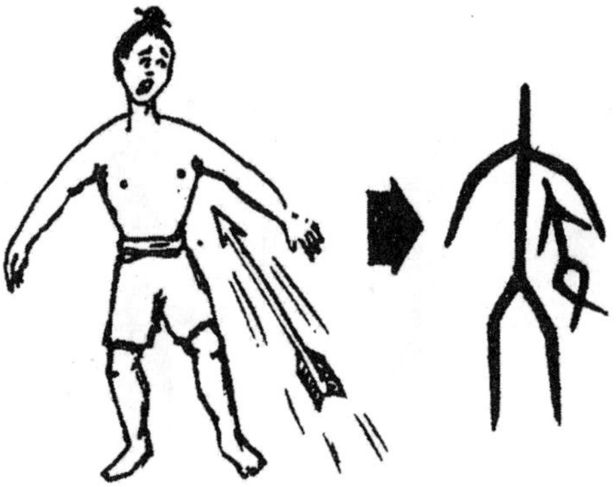

一支利箭向一个人的身体射去，当然伤了人。“疾”的本义是“伤”、“病”。《说文》：“疾，病也。”引申为“痛苦”、“憎恨”。又，箭运行的速度很快，因此又有“迅速”义。

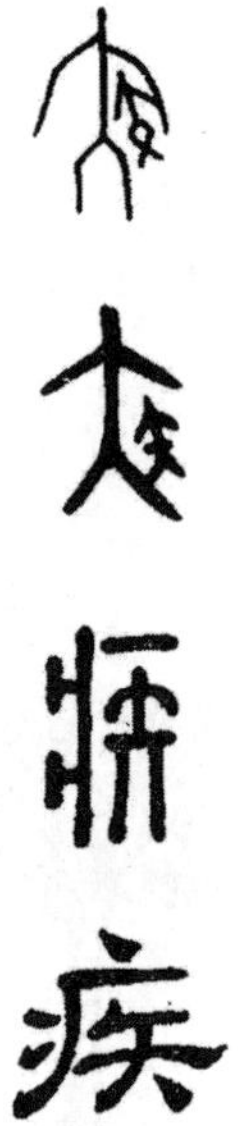

（同楷书）

甲骨文 | 金文 | 小篆 | 隶书 | 楷书 | 草书 | 行书 | 简化字

吉 jí

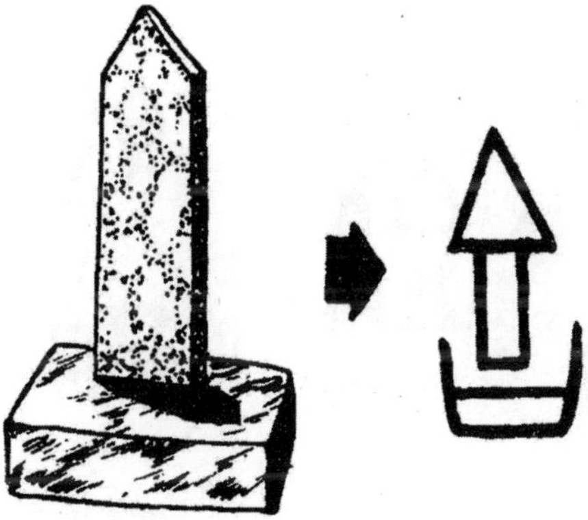

神座（“口”）上面摆着举行隆重仪式时用的礼器——圭，表示有喜庆的事。《易经》：“吉事有祥。”后来圭形变成了“士”，意思是不明显了。

字体	字形
甲骨文	
金文	
小篆	
隶书	
楷书	吉
草书	
行书	
简化字	（同楷书）

即 jí

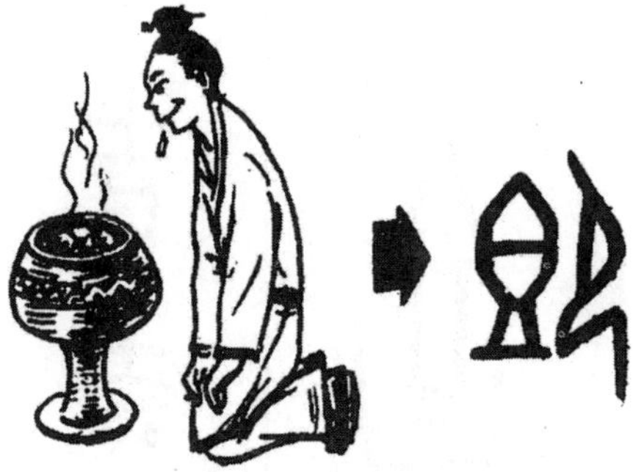

典型的会意字。字形的左边是一个盛食物的器皿，右边是一个跪坐着的人，面向食物，本义是“就食”。引申为“接近”、“靠近”。《诗经》：“来即我谋。”现在还有成语“若即若离”。（参见“既”字条）

甲骨文

金文

小篆

隶书

楷书

草书

行书

简化字

（同楷书）

既 jì

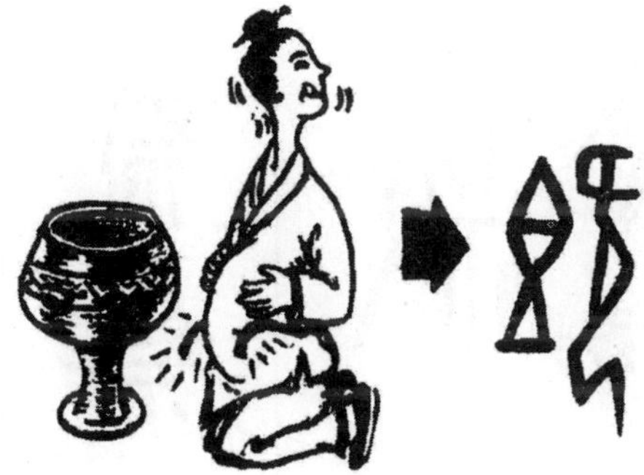

与“即”字正相反。跪坐在食器旁边的人把脸部向后转过去，表示“吃饱”。引申为“完”、“尽”、“已经”等义。韩愈《进学解》：“言未既，有笑于列者。”（参见“即”字条）

甲骨文
金文
小篆
隶书
楷书
草书
行书
简化字（同楷书）

祭 jì

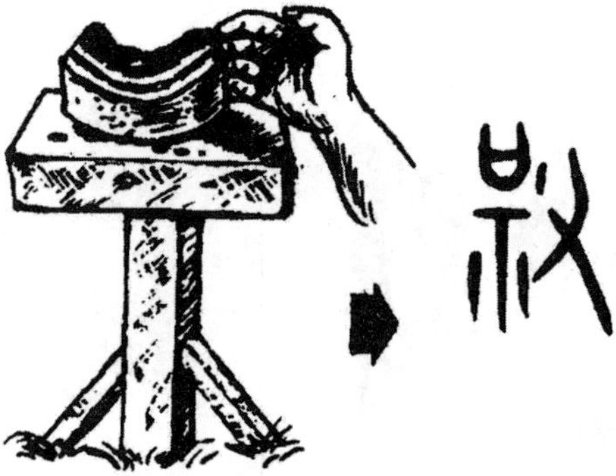

本义是“杀牲以礼拜鬼神”。《说文》:“祭,祀也。从示,以手持肉。”字形是一只手拿着肉,放在祭台上进行拜祭。甲骨文有的字形不从“示”,像手持滴血的肉块,意思是一样的。

（同楷书）

甲骨文 | 金文 | 小篆 | 隶书 | 楷书 | 草书 | 行书 | 简化字

家 jiā

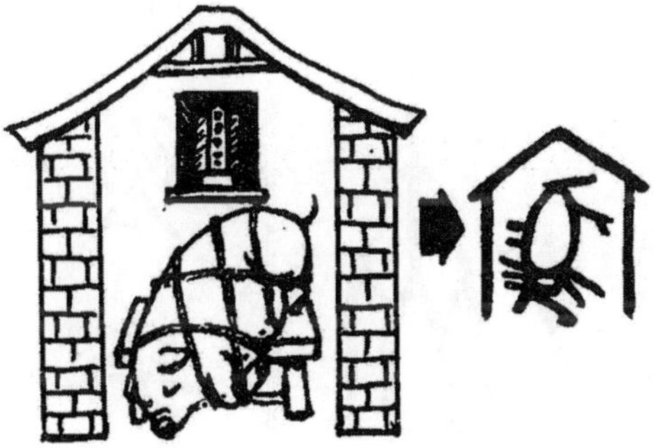

古代王公贵族死后，一般建起“庙”以便经常祭祀；平民百姓是没有“庙”的，往往在屋廊下摆“豕”（猪）祭拜，就是“家”。后引申为“住所”等义。

字体	字形
甲骨文	
金文	
小篆	
隶书	
楷书	
草书	
行书	
简化字	（同楷书）

夹（夾）jiā

本义是“辅佐”。《左传》有“夹辅成王”句。字形像两个较小的人搀扶着一个较大的人。后来本义逐渐消失，引申为“从两旁钳住”等义。

甲骨文

金文

小篆

隶书

楷书

草书

行书

简化字

甲 jiǎ

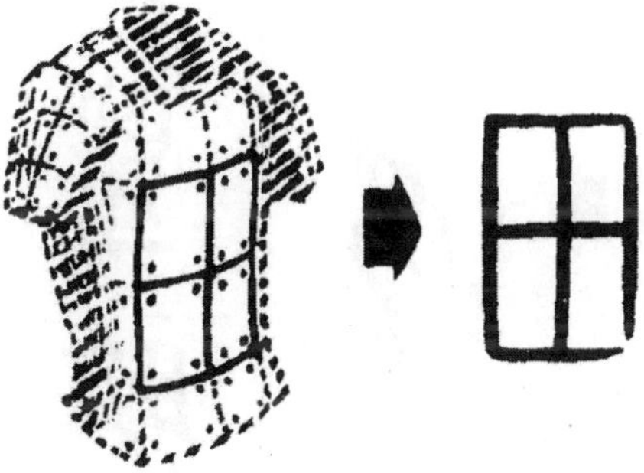

“甲”原是古代军人作战时革制的护身服，如《左传》：“擐甲执兵。”引申指“战士”，如《左传》：“伏甲将攻之。”最初的字形呈方形或圆形，有四甲片；后来简化为十字形。

（同楷书）

甲骨文 | 金文 | 小篆 | 隶书 | 楷书 | 草书 | 行书 | 简化字

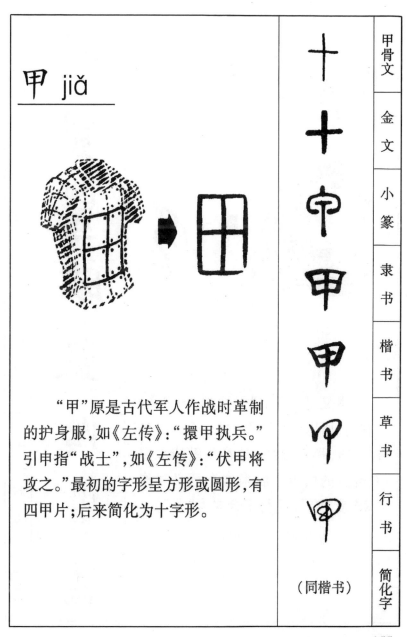

监（監）jiàn

〔附〕 鉴

甲骨文
金文
小篆
隶书
楷书
草书
行书
简化字

本义是“镜子”。贾谊《新书》：“明监，所以照形也”。像一个人跪坐在盆前，睁着眼睛，对着盆里的水照看自己的面容。后来这个意义写作“鑑”或“鑒”（简化字合并为“鉴”）。

见（見）jiàn

〔附〕 现

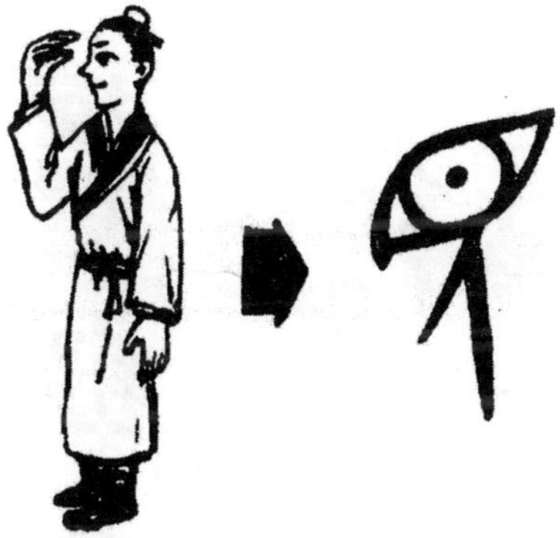

一个人睁大了眼睛看着前面，意思是“看见”。引申为“见解”、“见识”等。还用作助动词，表被动。“见”又是“现”的本字，如《战国策》：“图穷而匕首见。”

甲骨文 金文 小篆 隶书 楷书 草书 行书 简化字

疆 jiāng

〔附〕 强

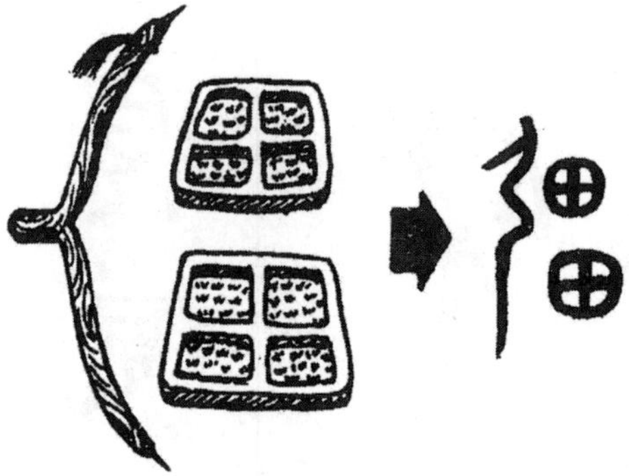

原作“畺”。字的左旁是一把丈量土地用的弓，右边是两块田地。本义是“划分疆界”。《诗经》：“我疆我理，南东其亩。”后来“畺”常通“强”，于是加“土”作“疆”。

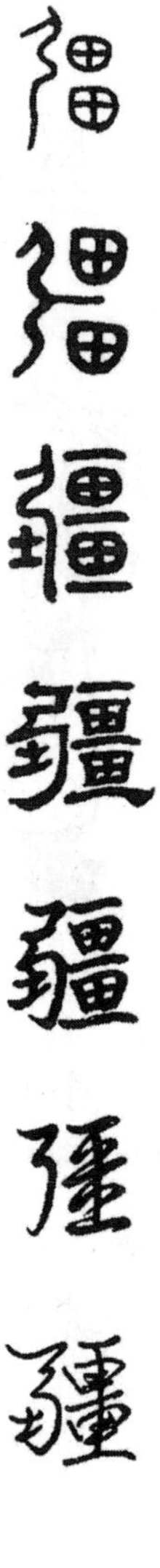

甲骨文

金文

小篆

隶书

楷书

草书

行书

简化字 （同楷书）

降 jiàng,xiáng

字的左边是一座土山（“阜”），右边是两只方向朝下的脚，表示“从高处向低处走”的意思，音 jiàng。《左传》：“公降一级而辞焉。”后来引申为“投降”、“降服”义，音 xiáng。

（同楷书）

甲骨文

金文

小篆

隶书

楷书

草书

行书

简化字

交 jiāo

〔附〕 蛟

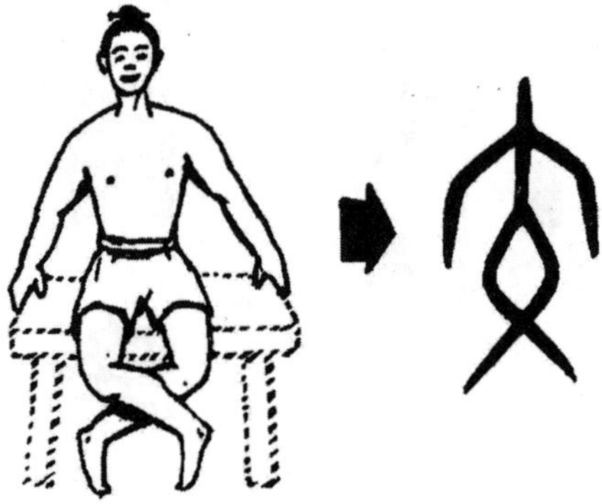

字形像一个人两腿交叉的情状，本义是“交叉”或“交错”。《说文》：“交,交胫也。从大,象交形。”其他的意义都是从这个本义引申而来的。又通“蛟”。《汉书》：“……则见交龙于上。”

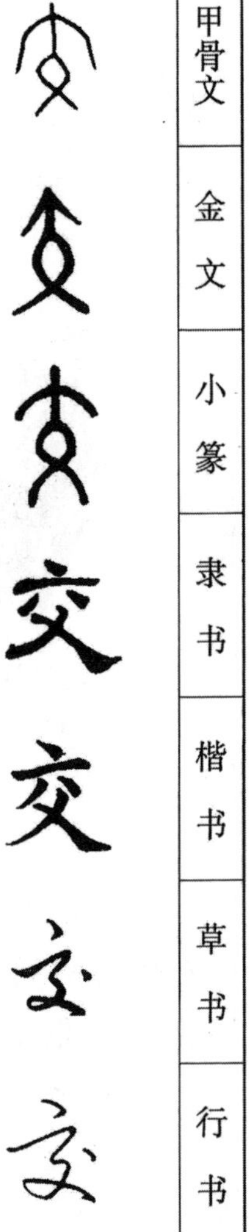

角 jiǎo

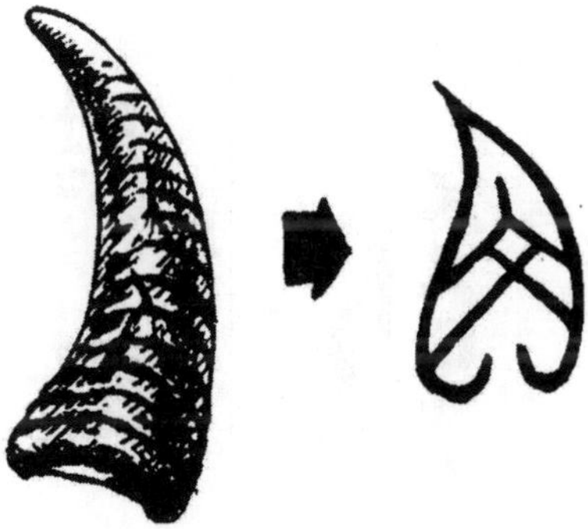

这是一个象形字，像一只割下来的兽角，角上还有天然的纹理。《易经》：“羝羊触藩，羸（léi，困住）其角。”“角”又是古代的酒器名和乐器名。

教 jiào

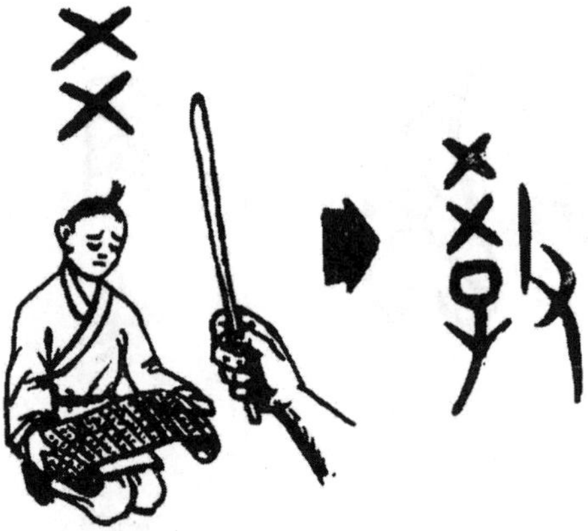

老师的手拿着教鞭，正在督促着一个孩子学习知识。字上方的“爻”（音 yáo）字是声符。《孟子》：“饱食煖衣，逸居而无教，则近于禽兽。”

（同楷书）

甲骨文
金文
小篆
隶书
楷书
草书
行书
简化字

解 jiě

〔附〕 懈

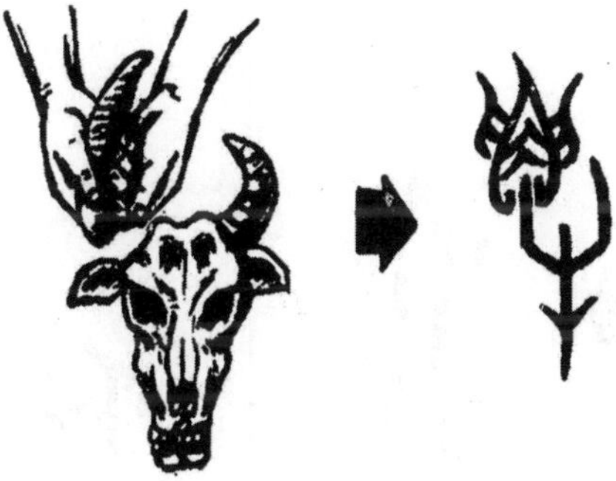

甲骨文和金文的字形由“牛”、“角”和两只手构成，意思是用手剖解牛角。小篆把手形换成“刀”。“解”在古籍中通“懈”（音 xiè），如《诗经》：“夙夜匪解。”

字体	字形
甲骨文	
金文	
小篆	
隶书	
楷书	
草书	
行书	
简化字	（同楷书）

介 jiè

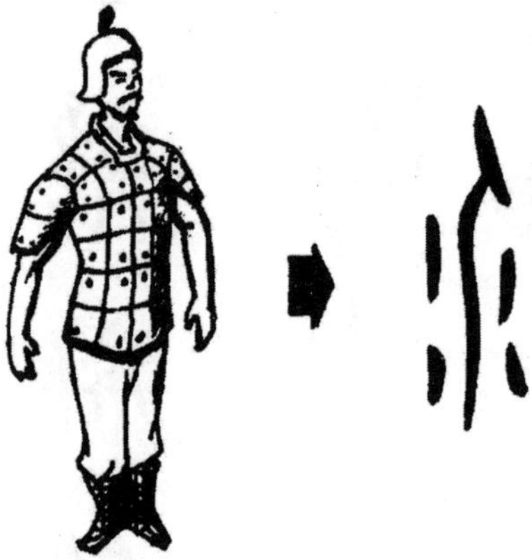

本义是“铠甲”。字形像一个人身上穿着由几片皮革联缀而成的甲衣。贾谊《陈政事疏》：“将士被介胄而睡。”以后字形变得不好解释，字义也有不少发展变化。

（同楷书）

甲骨文
金文
小篆
隶书
楷书
草书
行书
简化字

戒 jiè

〔附〕 诫

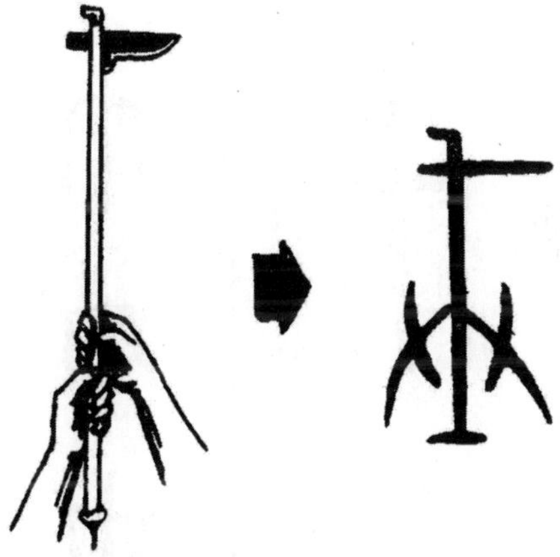

两只手紧握武器（“戈”），表示“防备”、“警戒”的意思，这就是“戒”的本义。《诗经》：“大田多稼，既种既戒。”又有“警告”义，这种意义后来多写作“诫”。

巾 jīn

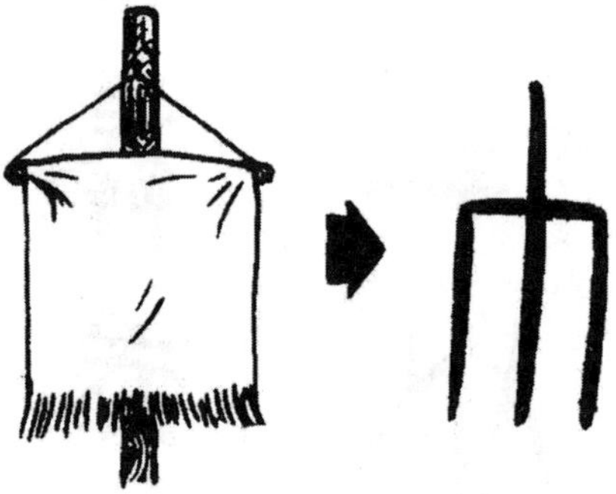

本义是擦抹、包裹或覆盖用的纺织物。《礼记》:“盥卒(洗了手之后),授巾。”“巾帼”是古代妇女的头巾和发饰;后来也代指妇女。

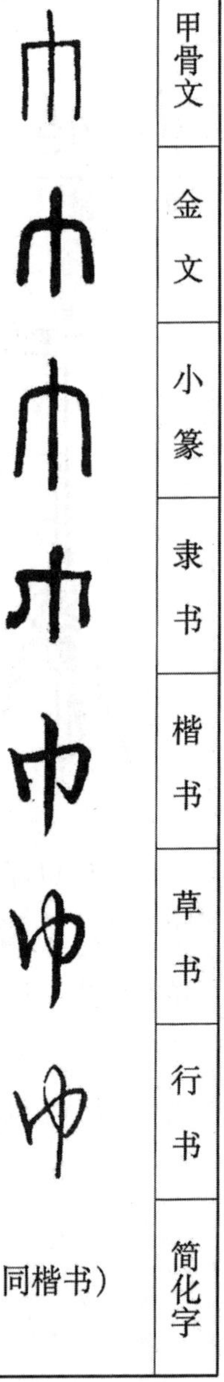

斤 jīn

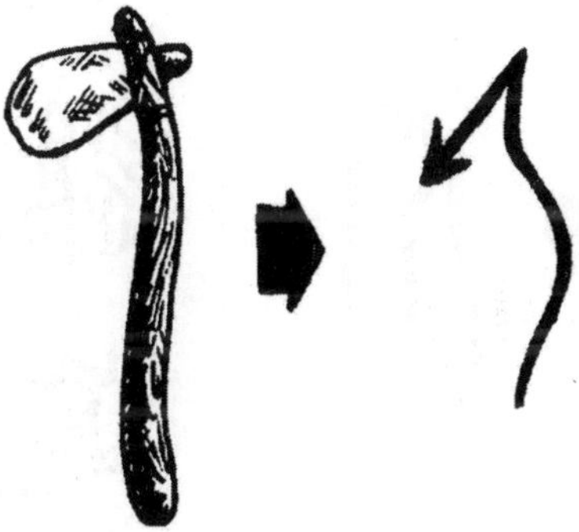

“斤”原指一种砍木的石斧。《说文》:“斤,斫木斧也。”《孟子》:“斧斤以时入山林。”后来多用作重量单位名。“斤斤”是“明察”的意思;引申为“过分计较”,如“斤斤计较”。

甲骨文 | 金文 | 小篆 | 隶书 | 楷书 | 草书 | 行书 | 简化字

（同楷书）

进(進) jìn

甲骨文是一只鸟("隹")加一只脚("止"),表示"前进";金文再加"彳"(音 chì,"行走"的意思);小篆把"彳""止"合成"辵"(音 chuò);隶书又变"辵"为"辶"。《荀子》:"闻鼓声而进。"

甲骨文

金文

小篆

隶书

楷书

草书

行书

简化字

晋 jìn

〔附〕 搢

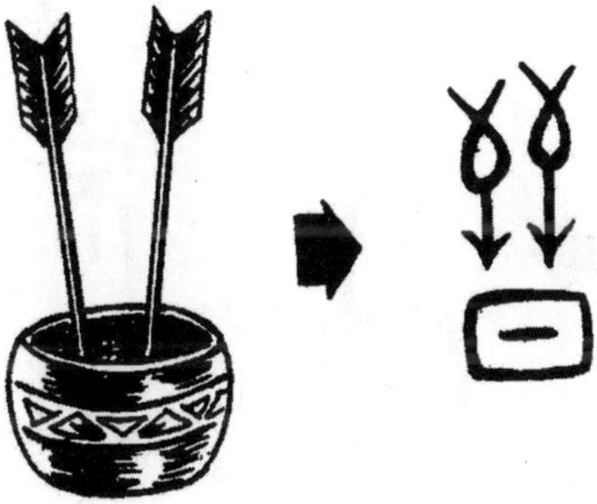

“晋”是“搢”（音 jìn）的本字，意思是“插”。《周礼》：“王晋大圭。”甲骨文和金文“晋”字，像两支箭插在一个长方形或椭圆形的箭筒里的样子。后来，“晋”常用于“进”义。

甲骨文

金文

小篆

隶书

楷书

草书

行书

简化字

（同楷书）

京 jīng

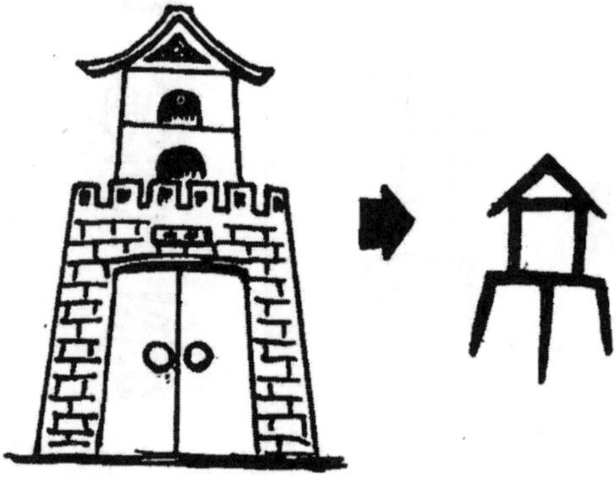

本义是“高冈”。《诗经》:“乃陟南冈,乃觏于京。”由于国都多建在高地上,又引申为“国都”、“首都”。字形像一座高高的城,上面有尖顶,有城楼,下面有城墙。又有“大”义。

甲骨文	
金文	
小篆	
隶书	
楷书	
草书	
行书	
简化字	(同楷书)

晶 jīng

〔附〕 星

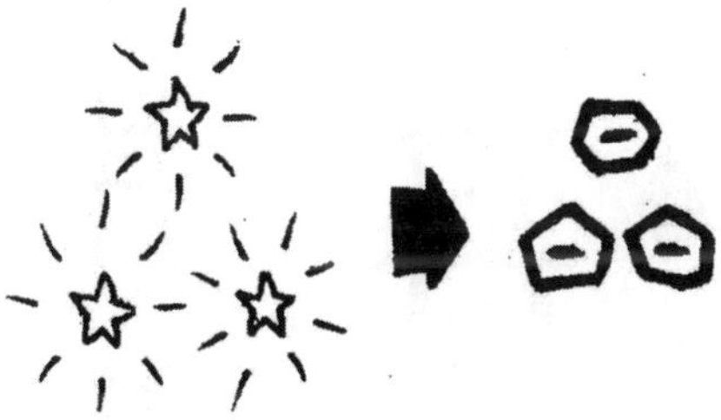

三颗(表示许多)星星在一起,是“星”的本字。甲骨卜辞:“有新大晶并火。”引申为“照亮”义。“日”形是星星而不是太阳。金文未发现“晶”字;但在战国时楚简上可以见到。

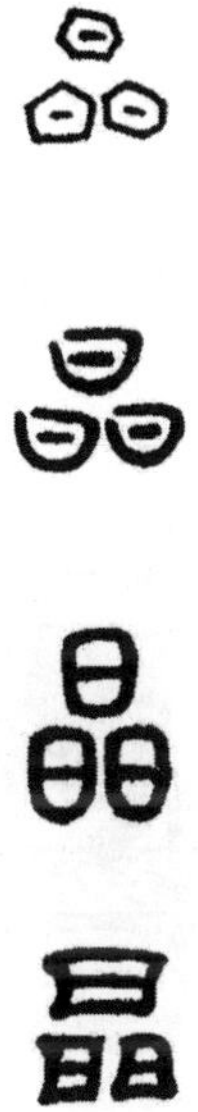

甲骨文

战国文字

小篆

隶书

楷书

草书

行书

简化字 (同楷书)

井 jǐng

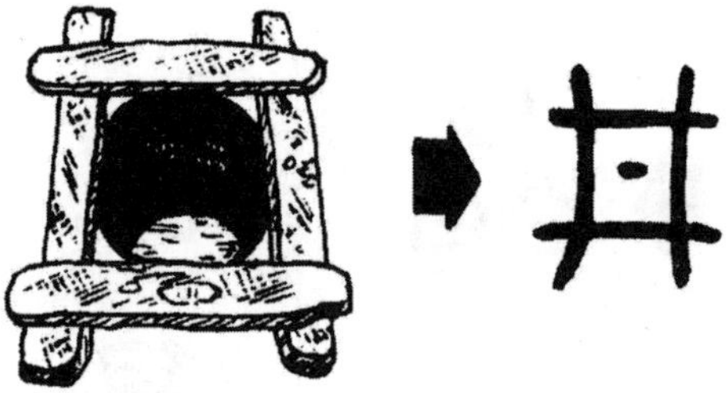

甲骨文“井”字是一口方形的井状，周围是井栏的石条。金文有些字形和小篆在中间加一个点，表示井水所在的地方。《荀子》：“短绠不可以汲深井之泉。”

（同楷书）

甲骨文 | 金文 | 小篆 | 隶书 | 楷书 | 草书 | 行书 | 简化字

竞（競）jìng

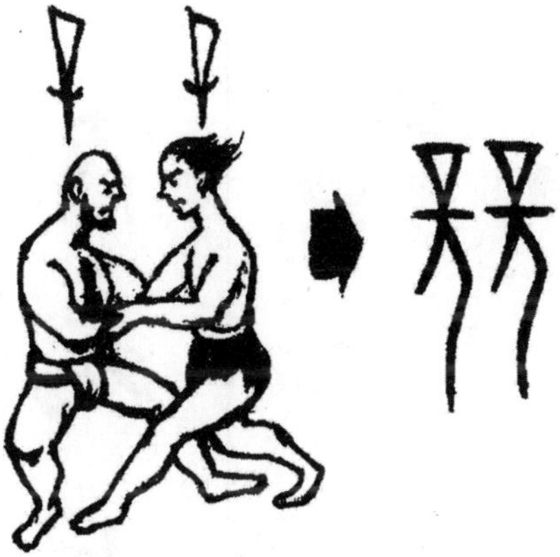

本义是“争逐”。古代贵族常强迫奴隶们角斗，以此取乐。甲骨文“竞”字像两个头上有“辛”（刑刀，参见“辛”字条）标志的奴隶在搏斗的情景。

甲骨文

金文

小篆

隶书

楷书

草书

行书

简化字

九 jiǔ

〔附〕 肘

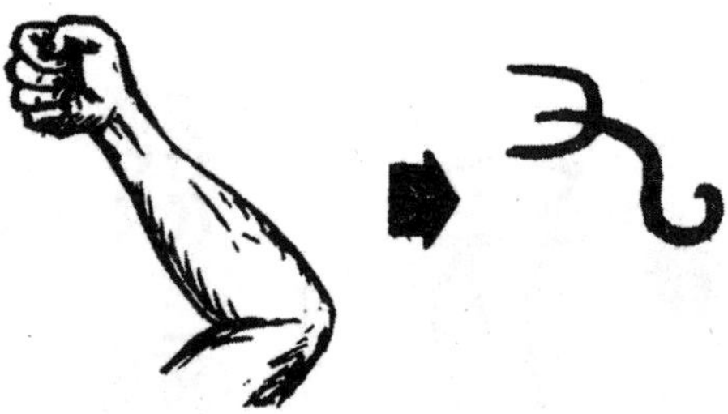

“九”是数目字。在古籍中也泛指多数，如《离骚》：“虽九死其犹未悔。”本义是“肘”，字形像人的肘形，手指已经简化；后本义消亡，于是另造“肘”字。

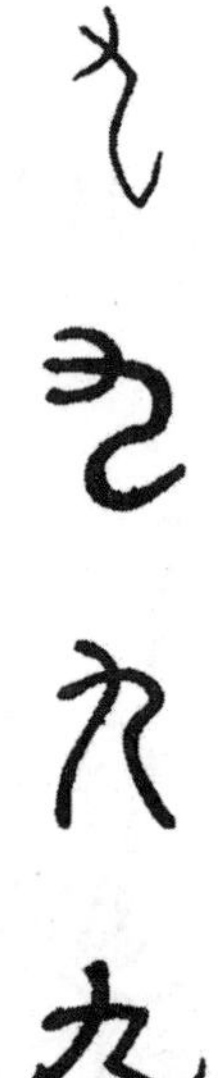

（同楷书）

甲骨文 | 金文 | 小篆 | 隶书 | 楷书 | 草书 | 行书 | 简化字

酒 jiǔ

〔附〕 酉

甲骨文的“酒”字，中间是一个酒瓶，两旁是流出来的酒液（或作水旁）。金文往往用“酉”字代替“酒”字，或者说，“酉”、“酒”二字是通用的，小篆后才分开。

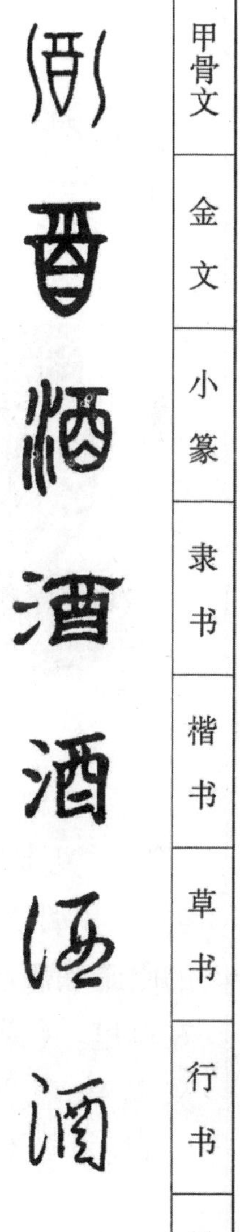

旧（舊）jiù

〔附〕 鸺

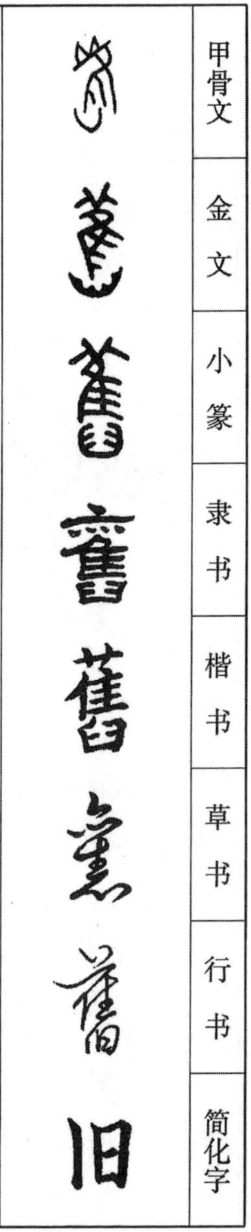

本义是“鸺”（音 xiū，猫头鹰类）。甲骨文的字形像一只有着圆睁的眼睛和翘起的头羽的凶鸟，正蹲踞在巢里。《说文》：“旧，鸱旧，……或从鸟休声。”后来假借为新旧的“旧”，本义不存。

具 jù

〔附〕 俱

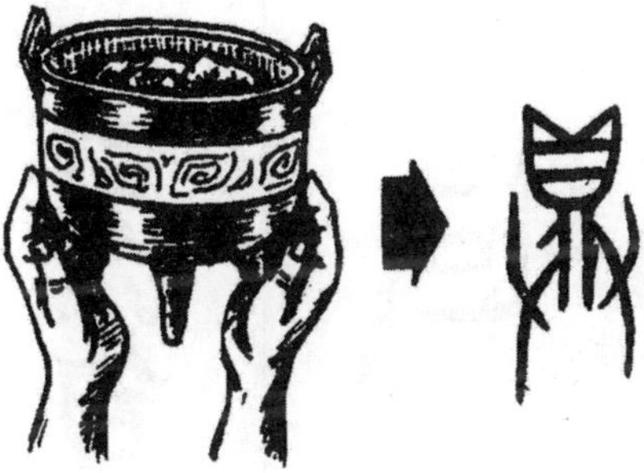

甲骨文"具"字像两只手捧着盛食物的"鼎";金文"鼎"变为"贝",以后又讹变为"目"。本义是"供设食物";作名词用指"饭菜"。《战国策》:"食以草具。"又用作副词,通"俱"。

字体	字形
甲骨文	
金文	
小篆	
隶书	具
楷书	具
草书	
行书	
简化字	(同楷书)

句 jù

〔附〕勾　钩

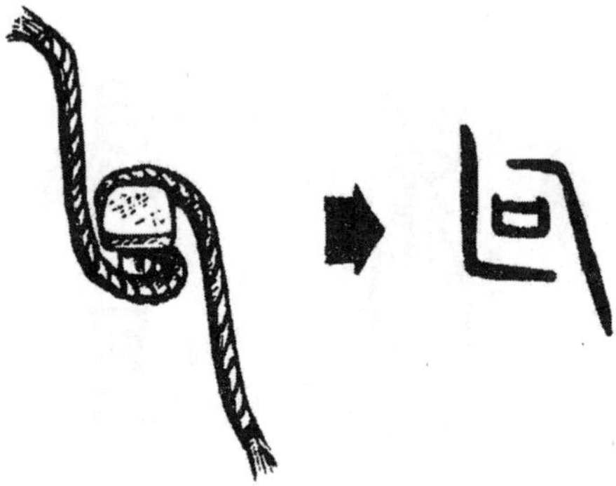

“句”的本义是“弯曲”。《说文》：“句，曲也。”字由“口”、“丩”（“纠”的本字）构成：“口”原是方钉；“丩”像两根绳子纠结在一起，兼表音。古文通“勾”、“钩”。

（同楷书）

甲骨文

金文

小篆

隶书

楷书

草书

行书

简化字

爵 jué

〔附〕 雀

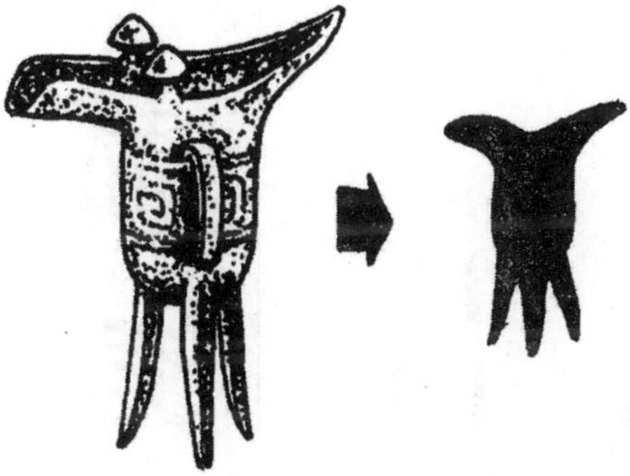

“爵”是古代的一种酒器。原是象形字，十分逼真地再现了这种酒器的样子。《礼记》：“贵者献以爵。”至于“爵位”义，是后起的意思。古籍亦通“雀”。

甲骨文

金文

小篆

隶书

楷书

草书

行书

简化字

（同楷书）

君 jūn

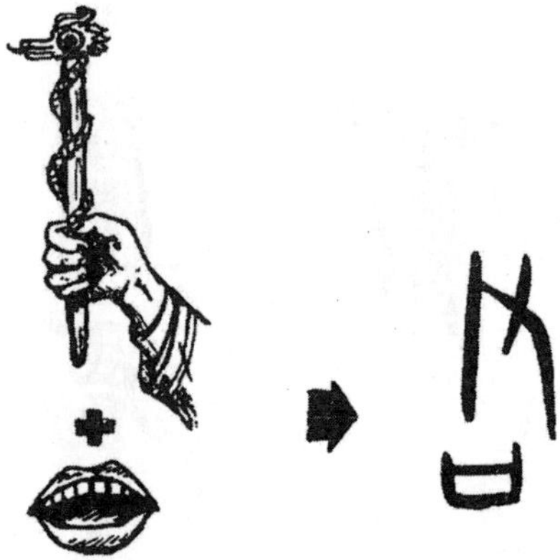

本义是“君主”。《尚书》:“奄有四海,为天下君”。字由“尹”、“口”组成:“尹”是一只手执着表示权力的杖(参见“尹”字条);“口”表示发号施令。

字体	字形
甲骨文	
金文	
小篆	
隶书	
楷书	
草书	
行书	
简化字	(同楷书)

康 kāng

〔附〕 穅

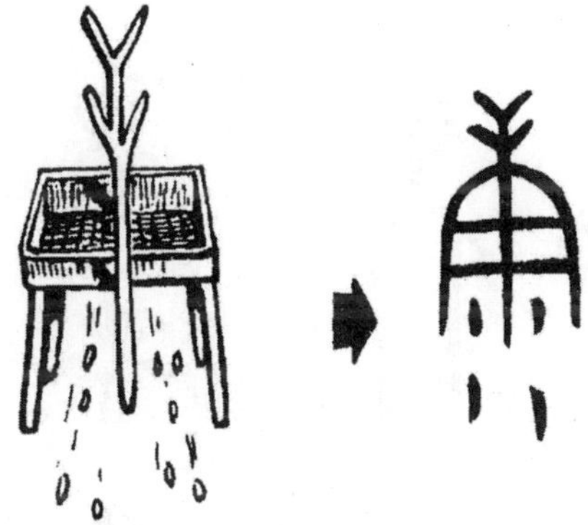

“康”是“糠”（又作“穅”）的本字。《墨子》：“灰、康、粃、杯、马矢，皆谨收藏之。”甲骨文“康”字是在打谷的农具（参见“庚”字条）和一把禾下面，有一些掉下来的谷糠。

甲骨文
金文
小篆
隶书
楷书
草书
行书
简化字

（同楷书）

考 kǎo

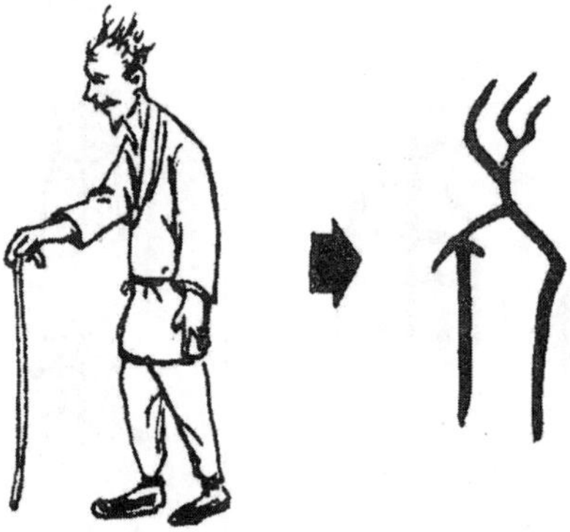

本义同“老”，《说文》：“考，老也”。《诗经》：“周王寿考。”字形像一个头上有几根稀疏头发、背脊稍驼的老人，再加上声符“丂”（音 kǎo）构成。特指已去世的父亲。

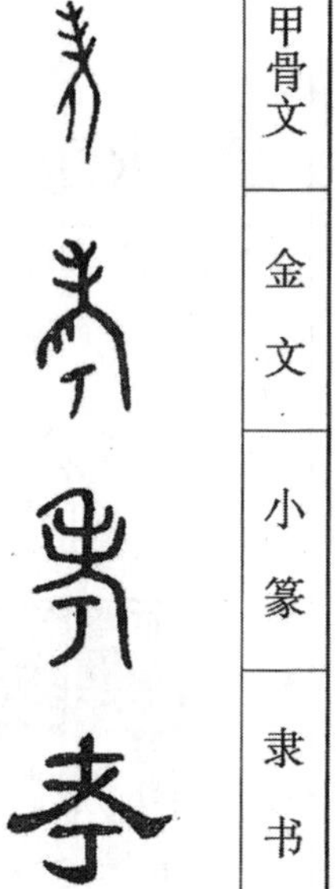

（同楷书）

克 kè

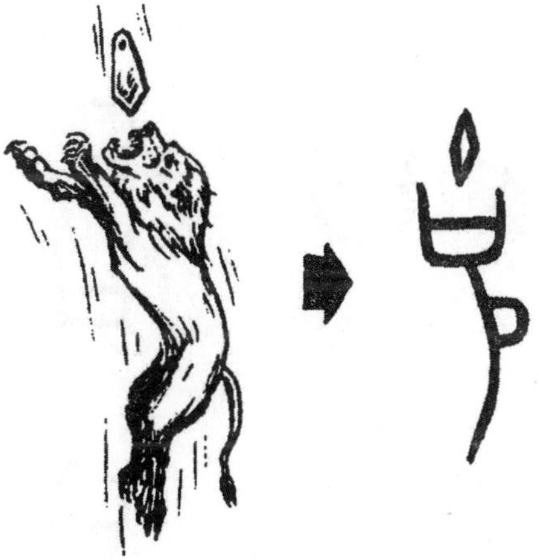

一把石斧，直向一头张着大嘴的猛兽砸去，表示“战胜”的意思。《左传》：“彼竭我盈，故克之。”现代汉语里仍保留这个意思，如“克服”、“攻克”。

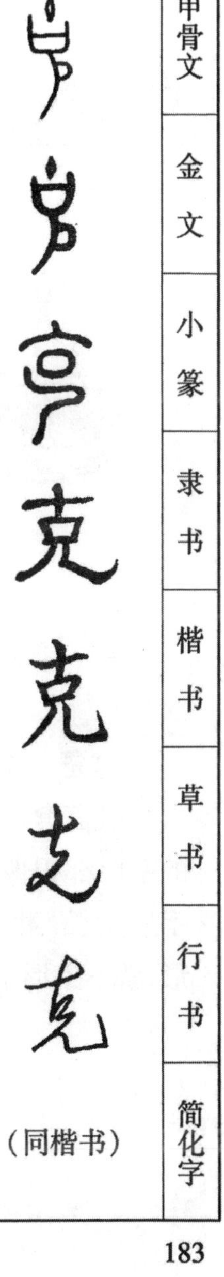

口 kǒu

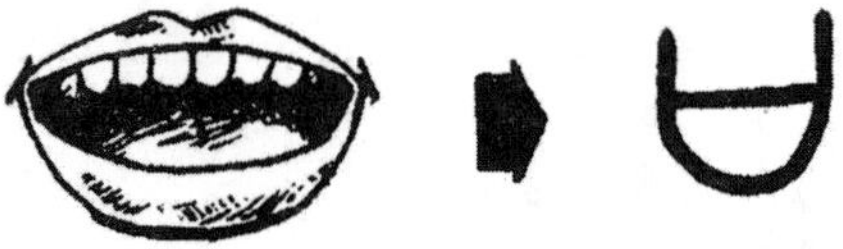

这是一个象形字。《说文》:“口,人所以言食也。象形。”甲骨文和金文的字形都很像人的嘴巴的样子。小篆字形变长,隶书和楷书又变圆形为方形,就不象形了。

甲骨文

金文

小篆

隶书

楷书

草书

行书

简化字 (同楷书)

来（來）lái

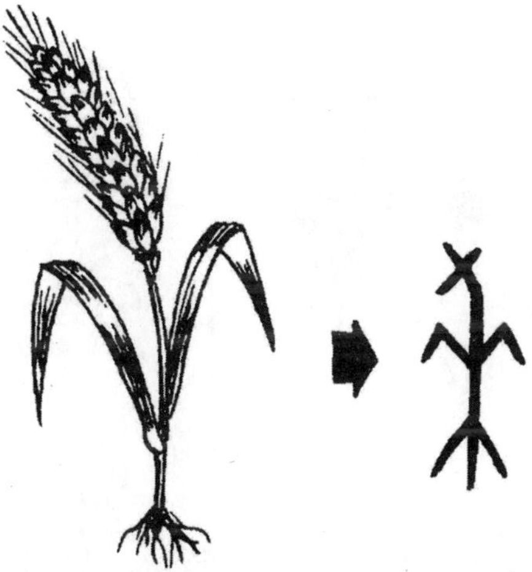

本义是“小麦”。《诗经》：“贻我来牟（麰）。”后来“来”字被假借为来往的“来”，于是另造“棶”字以表示本义。“麰”即大麦。

牢 láo

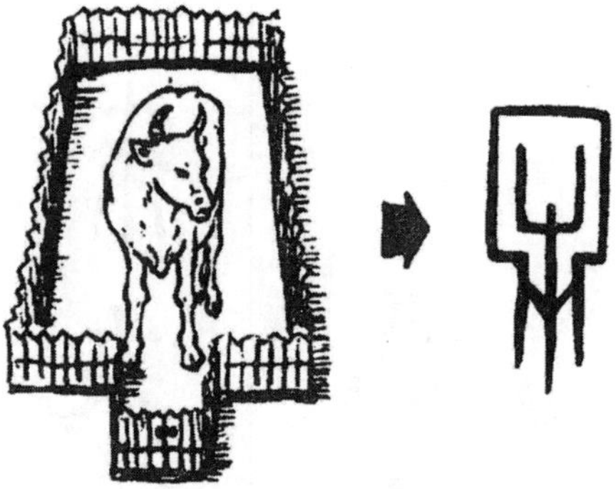

本义是饲养牲畜的栏圈（juàn），成语“亡羊补牢”还保存了这个意思。字形像一头牛被关在栏圈状的地方。“监牢”、“牢固”的“牢”都是引申义。

甲骨文

金文

小篆

隶书

楷书

草书

行书

简化字（同楷书）

老 lǎo

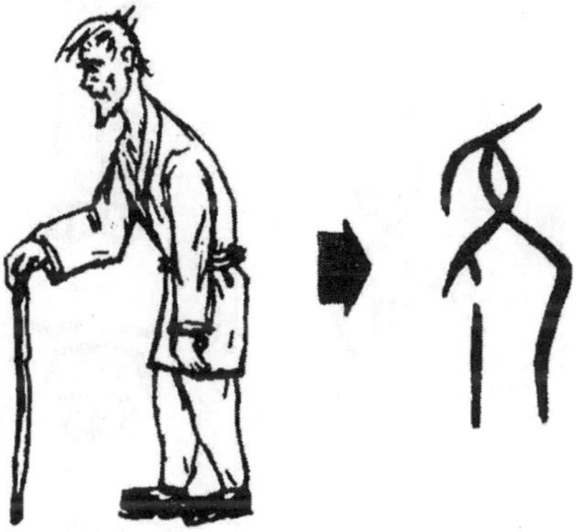

一个驼背人，头上有一缕稀疏的头发，手持拐杖而行，这就是老人的形象。本义是“年岁大”。《后汉书》：“老当益壮。”引申为“历时长久”、“陈旧”等义。

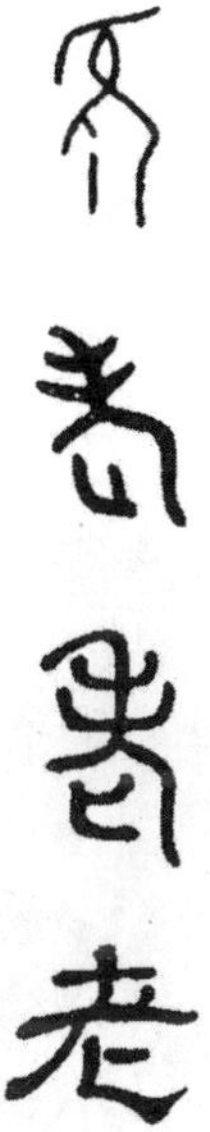

甲骨文
金文
小篆
隶书
楷书
草书
行书
简化字

（同楷书）

雷 léi

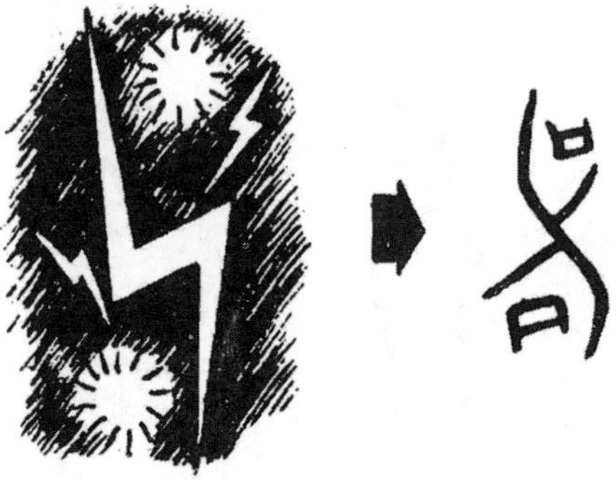

甲骨文“雷”字中间的曲线是打雷时伴随而来的闪电，用圆形表示雷的响声。金文把圆形写成车轮形，并加“雨”，表示雷多在雨天出现。《诗经》：“殷其雷。”

（同楷书）

甲骨文 | 金文 | 小篆 | 隶书 | 楷书 | 草书 | 行书 | 简化字

力 lì

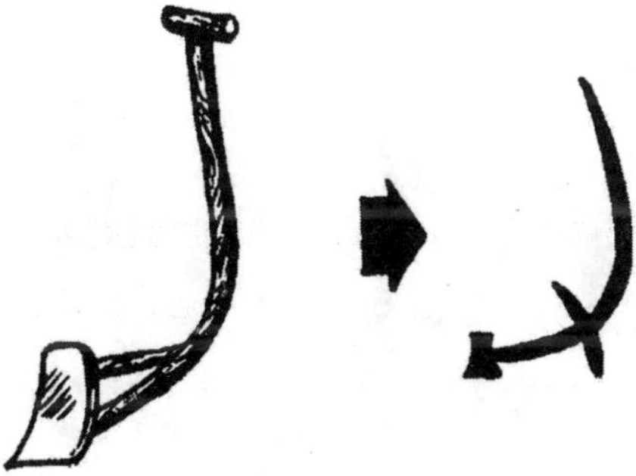

从较早的金文中，可以明显地看出“力”原来是古代一种翻土的农具，也就是“耒”（音 lěi）。耕田需用力，所以借为力量的“力”。《老子》：“胜人者有力。”

甲骨文 | 金文 | 小篆 | 隶书 | 楷书 | 草书 | 行书 | 简化字

（同楷书）

利 lì

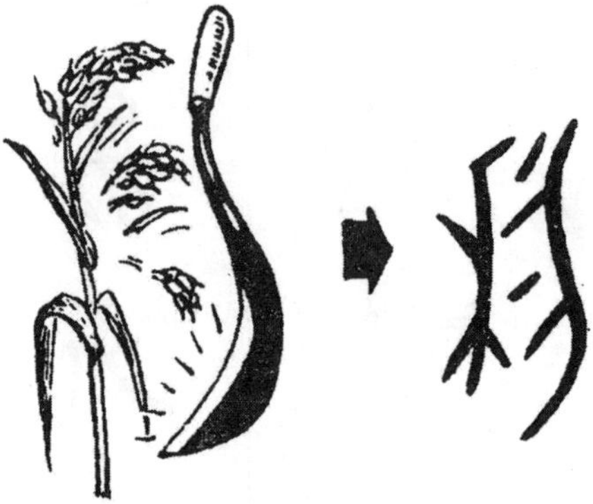

本义是“锐利”、“锋利”。字形像用“刀”割“禾”，谷粒随刀纷纷落下，说明刀是锋利的。《孟子》：“兵革非不坚利也。”后来引申为“利益”、“利润”等义。

甲骨文

金文

小篆

隶书

楷书

草书

行书

简化字

（同楷书）

丽（麗）lì

〔附〕 俪 骊

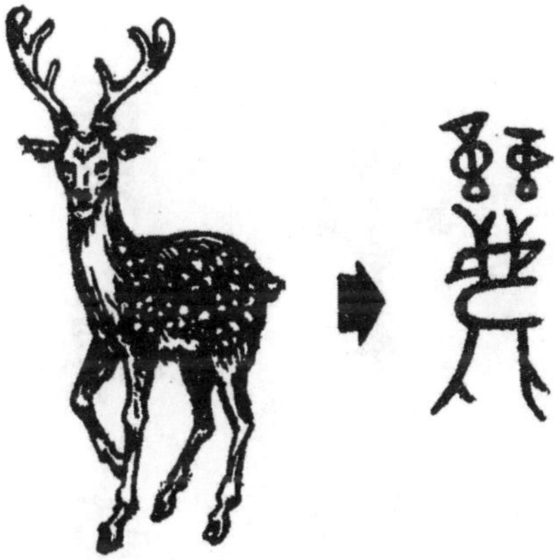

一只鹿，头上长着一对角。（也有的甲骨文字形不从鹿，像两人并行）。本义是“成双”、“成对”。《周礼》：“丽马一圉。”这种意义后来常写作“俪”。又通“骊”。

栗 lì

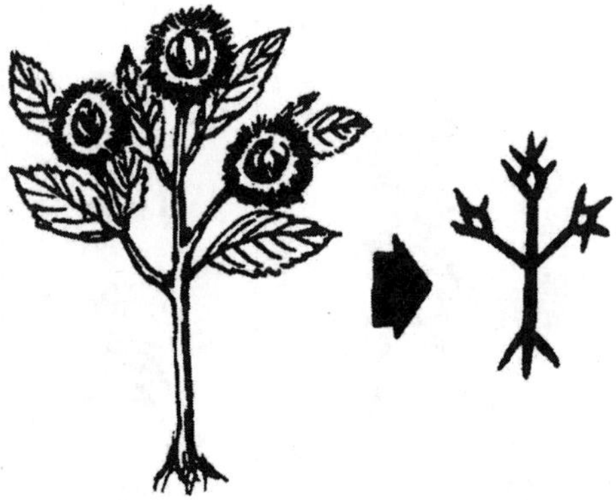

一棵树长着许多带刺的果子，这就是“栗”树。后来假借为因恐惧或寒冷而发抖的意思，《汉书》：“不寒而栗”，通“慄”。现在又将“慄”回复为“栗”。

甲骨文	
金文	
小篆	
隶书	栗
楷书	栗
草书	
行书	
简化字	（同楷书）

鬲 lì

〔附〕隔 膈

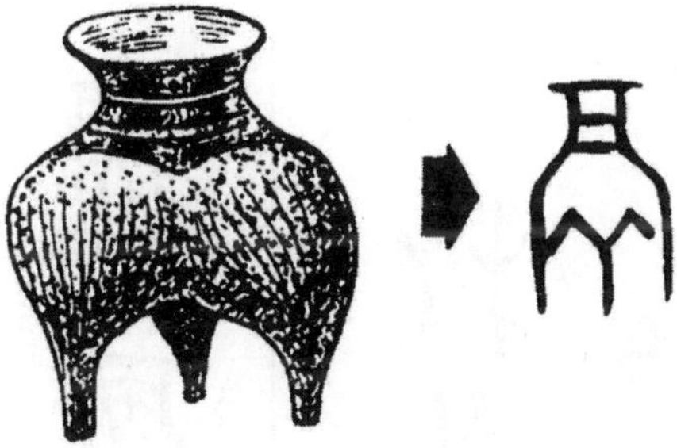

“鬲”是古代的一种炊具，有三足，似鼎，中空处可以烧柴。《说文》：“鬲，鼎属。”通“隔”，如《汉书》：“鬲闭门户。”又通“膈”，如《素问》：“病在鬲中。”

（同楷书）

甲骨文
金文
小篆
隶书
楷书
草书
行书
简化字

历（歷，曆）lì

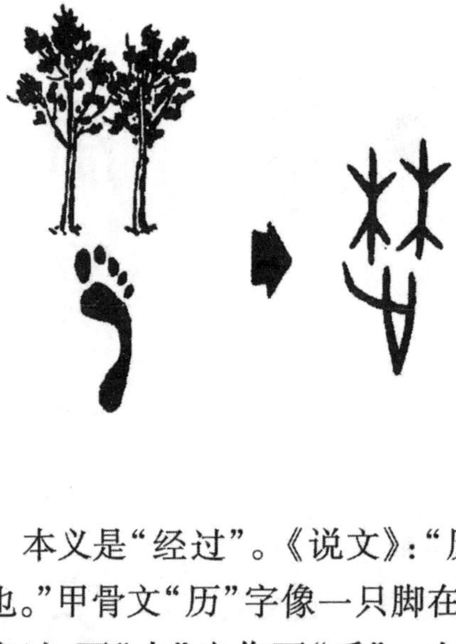

本义是“经过”。《说文》：“历，过也。”甲骨文“历”字像一只脚在林中走过；两“木”也作两“禾”。金文加“厂”表示山崖。后来又分化出“曆”字。现在又将“歷”、“曆”合并简化为“历”。

甲骨文

金文

小篆

隶书

楷书

草书

行书

简化字

立 lì

〔附〕 位

一个人两腿分开，直立在地上。本义是“站立”。《礼记》：“立必方正。”古文通“位”字，如《楚辞·天问》：“登立为帝”；《韩非子》：“将复立于天子。”

甲骨文	（见图）
金文	（见图）
小篆	（见图）
隶书	立
楷书	立
草书	立
行书	立
简化字	（同楷书）

燎 liáo

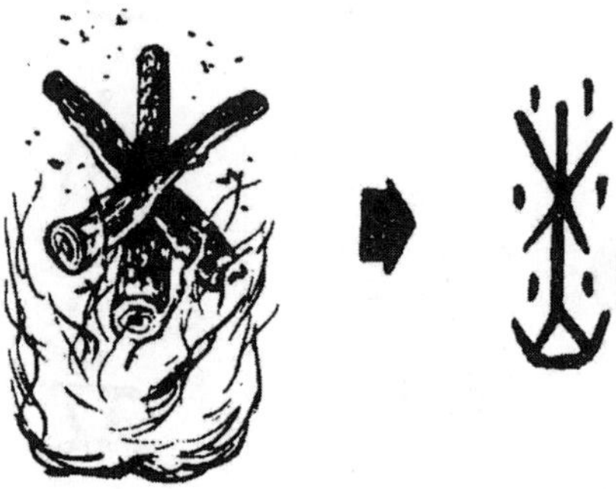

本义是“放火焚烧草木”。原作“尞”，后加“火”旁。《尚书》：“若火之燎于原。”字的上部像一些交错放置的木柴，下面是火，点状物是木柴燃烧时迸发出的火星。

甲骨文

金文

小篆

隶书

楷书

草书

行书

简化字（同楷书）

林 lín

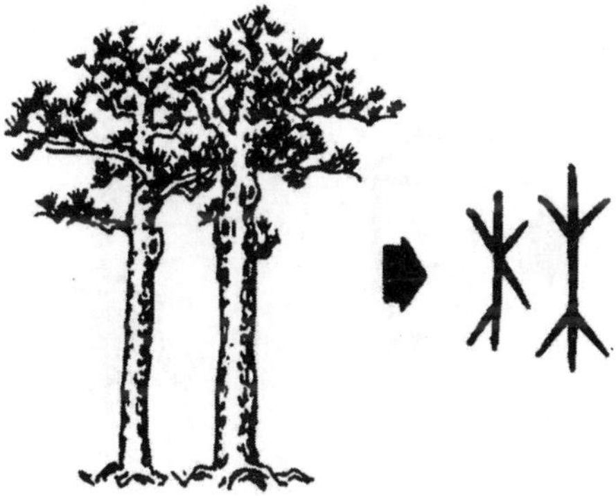

两棵树并排着，表示树木多。《说文》："平土有丛木曰林。"这种把两三个同样的事物放在一起以表示数量多的构字法还有"多"、"品"、"晶"等字。

- 甲骨文
- 金文
- 小篆
- 隶书
- 楷书
- 草书
- 行书
- 简化字：(同楷书)

廪 lǐn

最初的字形作“亩”，后来加“禾”、“广”成“廩”；又写作“廪”。本义是“粮仓”。《诗经》：“亦有高廪。”较早的字形是在大石上架木搭成仓库；上方有一弯新月，表示夜间要把粮食收藏起来。

（同楷书）

甲骨文
金文
小篆
隶书
楷书
草书
行书
简化字

令 lìng

在一个大屋顶下，一个人跪坐着，正在向人们发布命令。《说文》：“令，发号也。”“令”和“命”词义相近，但“令”还有“使”的意思，如“臣能令君胜”（我能使您胜）。

甲骨文

金文

小篆

隶书

楷书

草书

行书

简化字

（同楷书）

六 liù

从甲骨文的字形看，这是一间简陋的房屋，也就是“庐”。如卜辞：“丁卯卜，乍(作)介(庐)于口。”由于音近，借以表示数目“六”，如卜辞：“俘人十有介(六)人。”另外，有一些甲骨卜辞也借“𠆢”(入)为“六”。

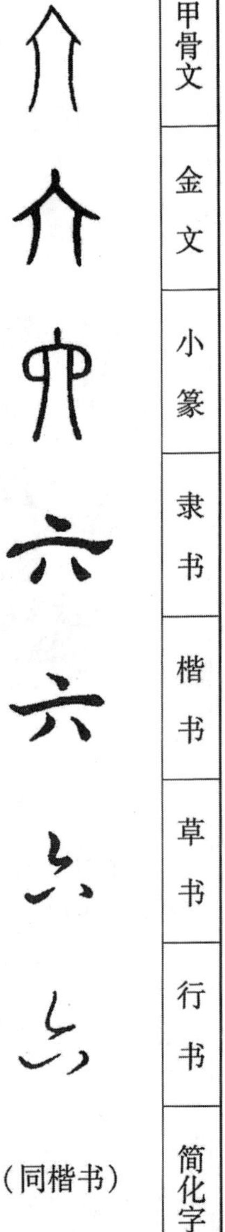

龙(龍) lóng

龙是中国古代传说中的一种神奇动物,头上有角,身上有鳞,还有长长的尾巴。小篆之后就演变得难以看出形象来了。《礼记》:“麟、凤、龙、龟,谓之四灵。”

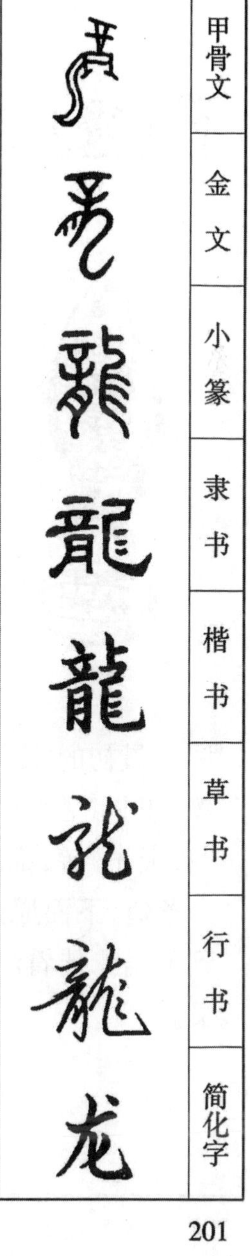

鲁(魯) lǔ

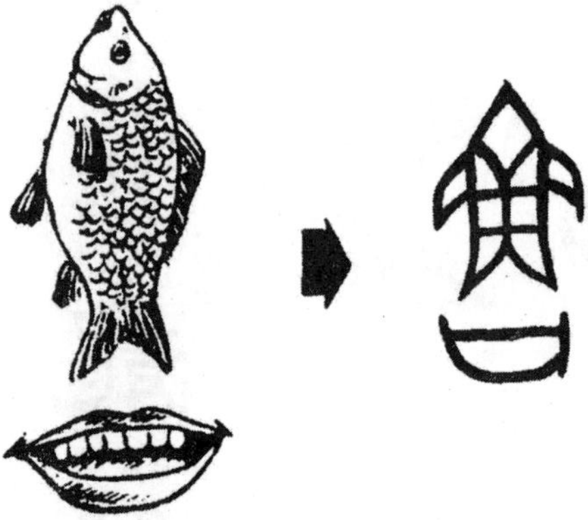

最初的字义是“美好”，甲骨卜辞“王固(占)曰：吉鲁”，金文铭文“鲁天子”等，都用本义。字的上部是一条鱼，下面原是“口”，表示嘴里吃到了美味佳肴。后来多用作“愚钝”义。

甲骨文

金文

小篆

隶书

楷书

草书

行书

简化字

鹿 lù

象形字。甲骨文和金文的“鹿”字简直是古代艺术家的杰作：枝杈状的角，大眼睛，尖尖的嘴，轻盈的身子，跳跃的蹄，完美地表现了“鹿”的特征。

甲骨文

金文

小篆

隶书

楷书

草书

行书

简化字（同楷书）

麓 lù

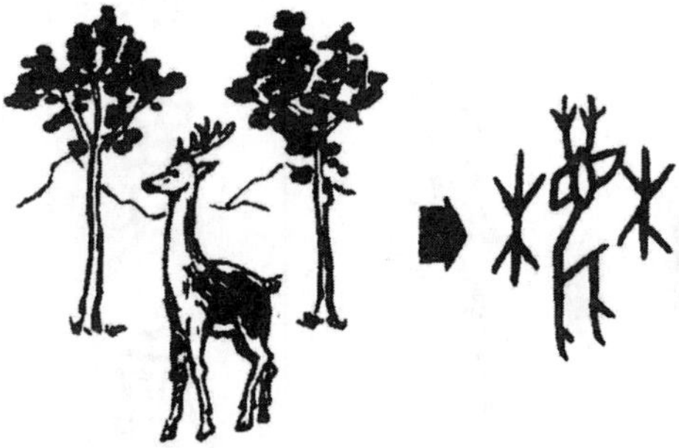

本义是"山脚"。《玉篇》:"麓,山足也"。字由"林"、"鹿"构成,可理解为鹿群所生活的地方。"鹿"也可理解为声符,因为有些字体是用"录"字来表声的。

甲骨文

金文

小篆

隶书

楷书

草书

行书

简化字

(同楷书)

禄(祿) lù

〔附〕 录 渌

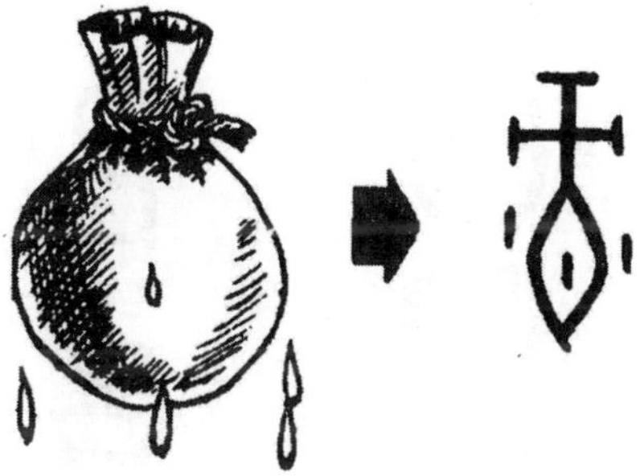

字形像一个布袋，上端横画是袋口，“⊢⊣”形物是绳结；袋里装着湿物，水被渌下来。这就是“渌”字的本字——“录”，在甲骨文和金文中常借为“禄”。

字体	字形
甲骨文	
金文	
小篆	
隶书	
楷书	
草书	
行书	
简化字	（同楷书）

吕 lǚ

〔附〕 膂

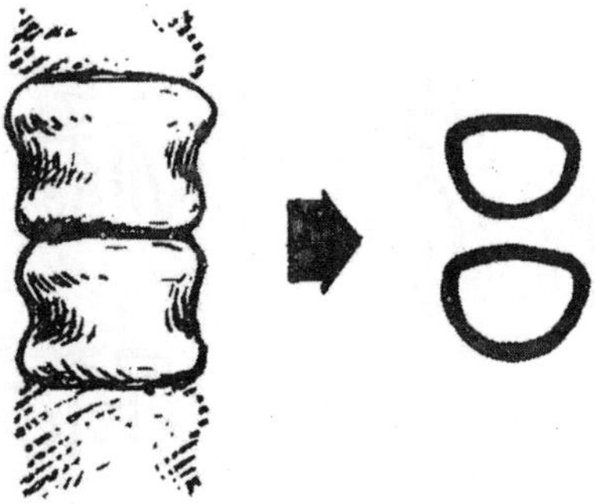

这是“膂”的本字。《说文》：“吕，脊骨也，象形。……膂，篆文吕，从肉从旅。”字形像两块脊骨相连的形状。后来“吕”字用于古代音乐十二律的名称之一，本义消亡。

甲骨文

金文

小篆

隶书

楷书

草书

行书

简化字 （同楷书）

旅 lǚ

两个人(代表许多兵士)集合在旗杆下面,军旗正在迎风飘扬。本义是“军旅。”《尚书》:“班师振旅。”古代军队以五百人为一旅。后引申为旅行、旅客的“旅”。

甲骨文
金文
小篆
隶书
楷书
草书
行书
简化字 (同楷书)

罗（羅）luó

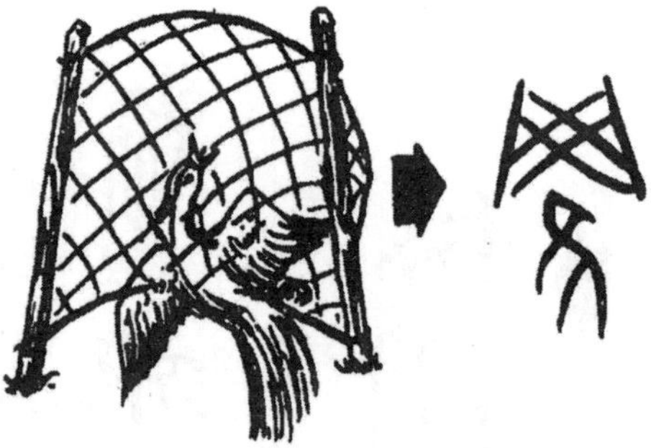

本义是“捕鸟的网”。现在还有“罗网”等词。甲骨文的字形是一张网捉住了“隹”（鸟）；后来加上了“糸”旁，表示网是丝织成的。又引申为“轻软的丝织品”。

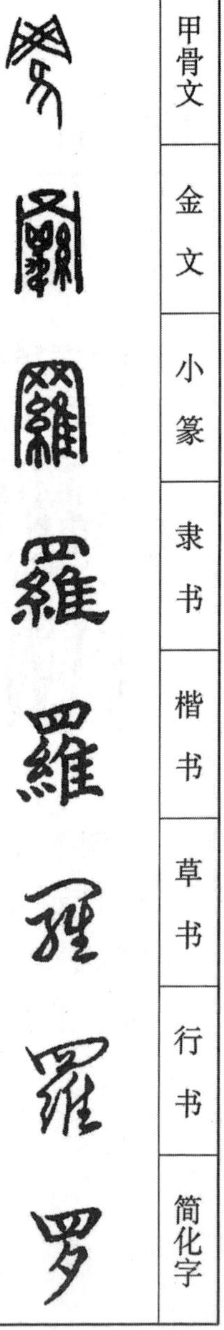

马（馬）mǎ

象形字。甲骨文和金文的字形都是一匹马的形状，十分逼真。长长的脸部和鬃毛突出了马的特点。战国文字和小篆以后就变得不那么象形了。

甲骨文
金文
小篆
隶书
楷书
草书
行书
简化字

买（買）mǎi

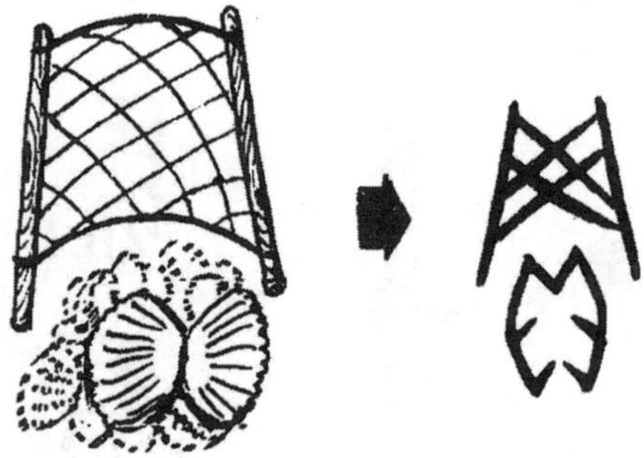

采入货物就叫“买”。字形上部是“网”，下部是“贝”。“贝”是古代的货币，可以用它做买卖来网取市利。——“卖”字甲骨文未见，金文以“赎”为“卖”字。

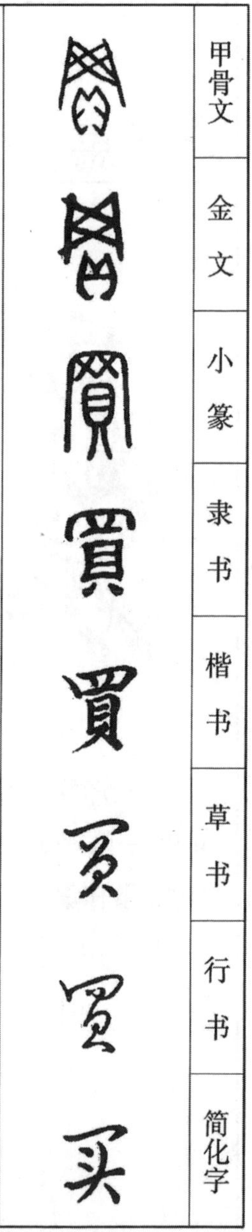

麦（麥）mài

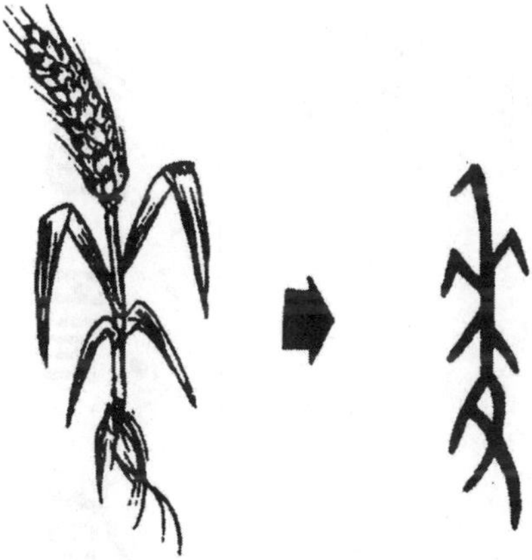

字形是一棵麦的样子。下端本来是根状，但是在甲骨文里早就把它跟人足状混同，以致字义不易解释。《诗经》：“硕鼠硕鼠，无食我麦。”

甲骨文

金文

小篆

隶书

楷书

草书

行书

简化字

眉 méi

这是一个象形字，像眼睛上方长着眉毛。《说文》：“眉，目上毛也。”金文“眉”字还有其他的一些写法。金文铭文常有“眉寿”一词，义为“长寿”。

甲骨文	
金文	
小篆	
隶书	
楷书	眉
草书	
行书	
简化字	（同楷书）

美 měi

本义是"美好"。《诗经》:"美目盼兮。"字形像一个人,头上戴着羊角或羽毛之类的装饰物,打扮得十分美丽。引申为"甘美"、"赞美"等义。一说"羊大为美。"

甲骨文

金文

小篆

隶书

楷书

草书

行书

简化字

(同楷书)

每 měi

〔附〕 晦 敏

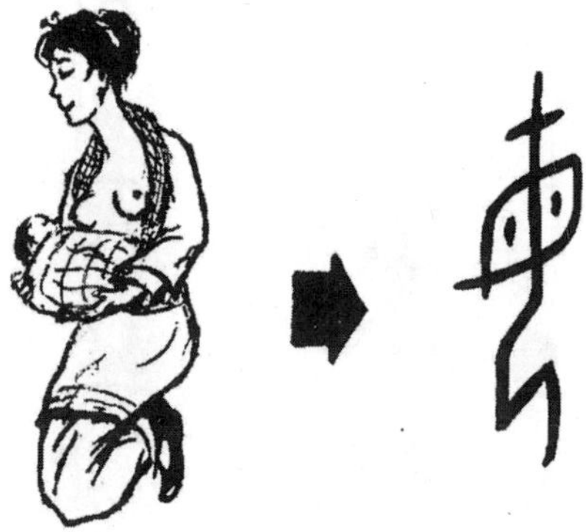

“每”是“母”的异体字。甲骨卜辞有“小每”、“三每”等词语，即“小母”、“三母”。字形像一个跪坐着的女子，胸前有双乳，头上插着饰物。金文有时借为“晦”、“敏”。

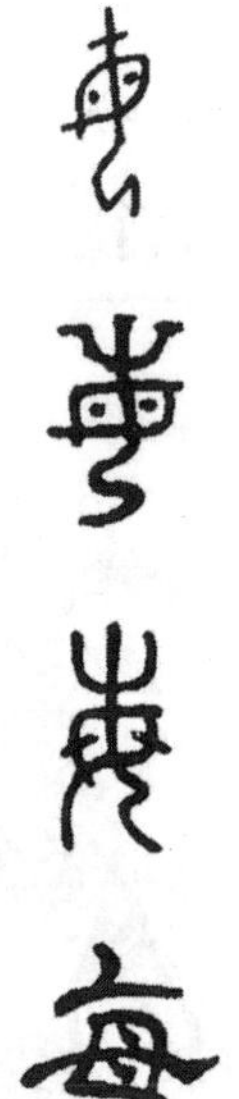

（同楷书）

甲骨文
金文
小篆
隶书
楷书
草书
行书
简化字

门（門）mén

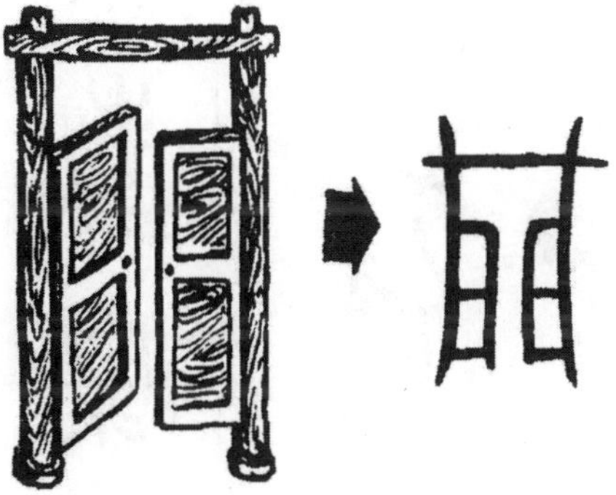

甲骨文和金文的字形都是两扇门的样子；有些字形在门上还有一根长长的横木，十分形象。《论语》："不得其门而入。"简化字"门"字是由草书楷化而来的。

甲骨文

石鼓文

小篆

隶书

楷书

草书

行书

简化字

麋 mí

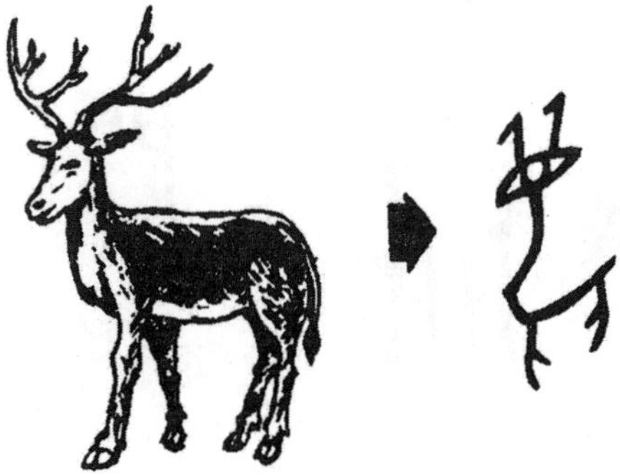

麋是我国的一种稀有动物，由于它角像鹿，头像马，身像驴，蹄像牛（一说角像鹿，尾像驴，蹄像牛，颈像骆驼），俗称“四不像”。石鼓文开始加“米”为声旁。

（同楷书）

甲骨文

石鼓文

小篆

隶书

楷书

草书

行书

简化字

米 mǐ

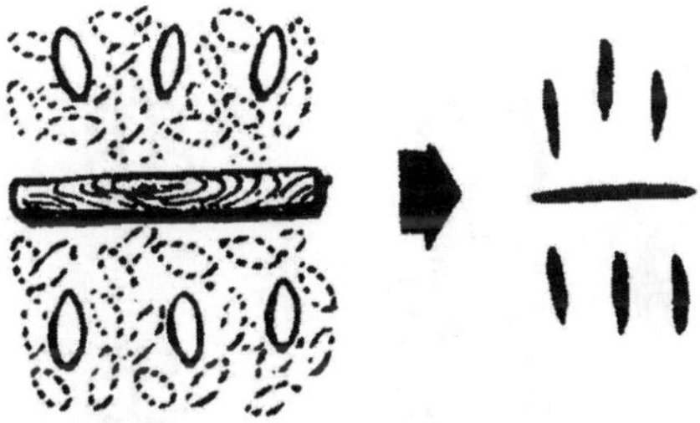

甲骨文“米”字像一些散开的米粒，中间有一横画，表示放置稻米的架子的间隔。战国文字和小篆以后，字形的中间开始变为“十”字形。《说文》：“米，粟实也。”

字体	字形
甲骨文	
战国文字	
小篆	
隶书	
楷书	
草书	
行书	
简化字	（同楷书）

黾（黽）mǐn，měng，miǎn

〔附〕 渑

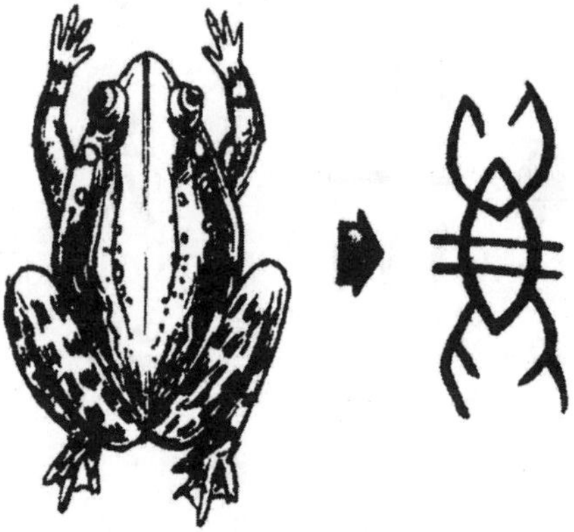

“黾”是一种蛙科动物，即金线蛙，用于这意义时读 měng，但现在极罕用。现代汉语有“黾勉”（mǐnmiǎn）这个书面词。另读 miǎn，同“渑”，地名。

甲骨文

金文

小篆

隶书

楷书

草书

行书

简化字

皿 mǐn

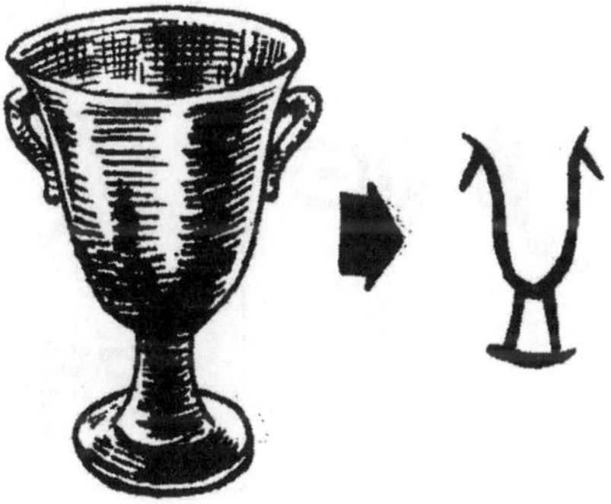

甲骨文	
金文	
小篆	
隶书	
楷书	
草书	
行书	
简化字	(同楷书)

甲骨文和金文“皿”字是象形字，像一个盛食物或饮料的容器的剖面图。《说文》：“皿，饭食之容器也。”由“皿”字组成的字一般与器皿有关。

明 míng

从地球上看去，天空中最明亮的星体就是“日”和“月”，合起来就是“明”，本义是“明亮”。“日”旁也有写作“冏”（音 jiǒng）旁的，表示从窗口看月亮，意思相同。

甲骨文

金文

小篆

隶书

楷书

草书

行书

简化字（同楷书）

名 míng

“名”字由“夕”、“口”构成。“夕”是晚上，“口”是嘴巴。晚上看不清远处的人，就靠呼叫名字来辨明。《管子》：“物固有形，形固有名”，指事物的名称。

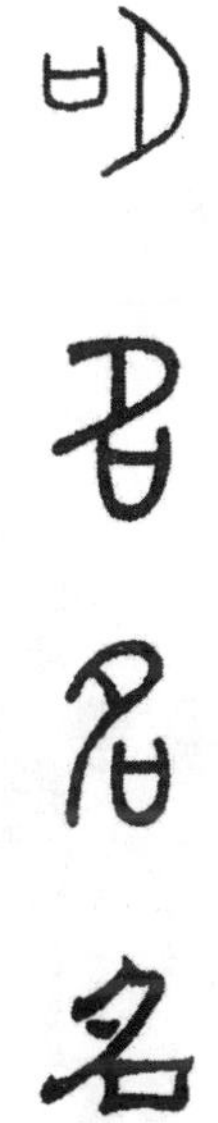

（同楷书）

甲骨文
金文
小篆
隶书
楷书
草书
行书
简化字

鸣（鳴）míng

“鸣”字由“口”、“鸟”构成。本义是“鸟叫”。也泛指其他的动物叫，如“马鸣”、“虎鸣”、“鹿鸣”、“蜩鸣”等。引申为“使物发声”，如“鸣玉”、“鸣铃”、“鸣炮”等。

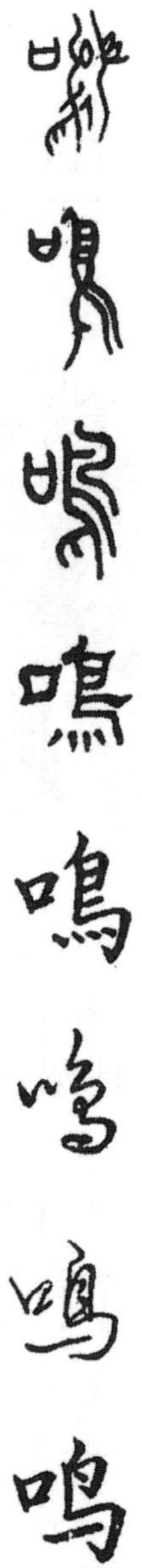

甲骨文

金文

小篆

隶书

楷书

草书

行书

简化字

命 mìng

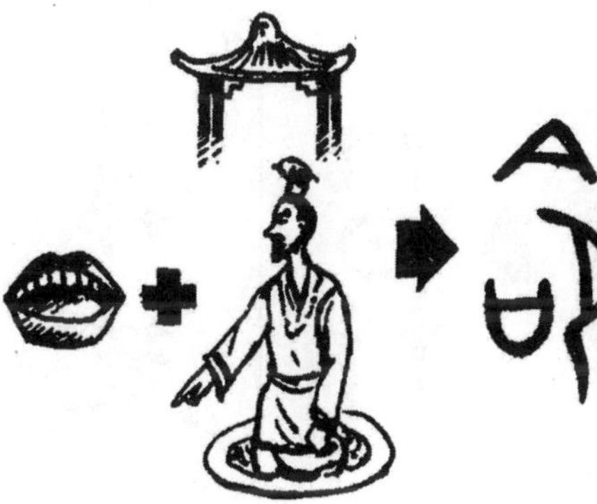

在甲骨文中，“命”和“令”是同一个字（参见“令”字条）；金文开始在“令”字上加“口”构成“命”字。本义是“命令”、“差使”。又有“生命”、“命运”等义。

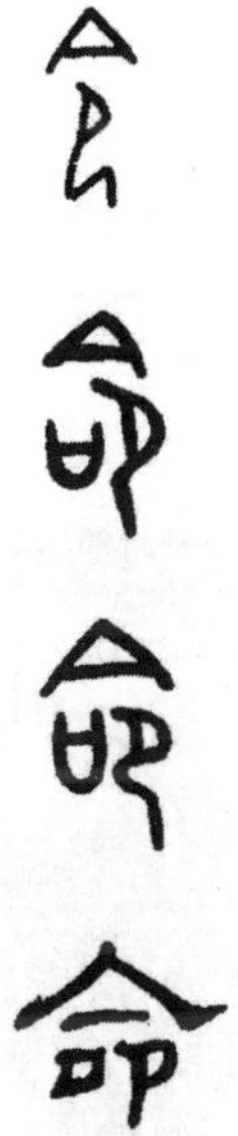

甲骨文

金文

小篆

隶书

楷书

草书

行书

简化字 （同楷书）

莫 mò

〔附〕 暮

会意字。本义是“日落的时候”。字形显示天暮时太阳从草丛中落下去。《诗经》:“岁聿云莫。”后来“莫”字假借为“不要”等义,于是又加“日”新造了“暮”字以表本义。

（同楷书）

甲骨文

金文

小篆

隶书

楷书

草书

行书

简化字

母 mǔ

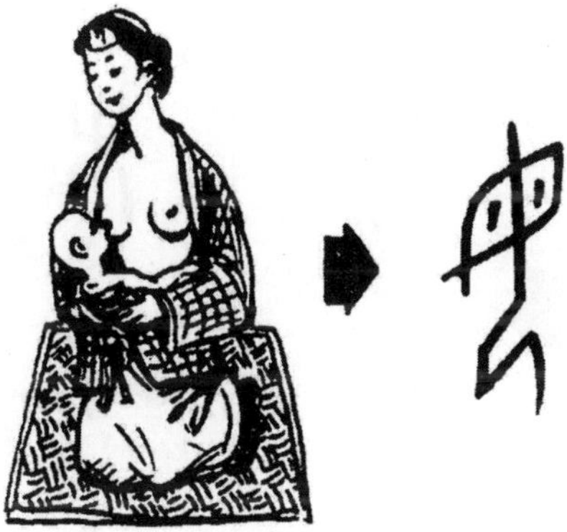

一个妇女跪坐着，胸前有一对乳房，这是母亲的象征。本义是“母亲”。也作“女性的长辈”（如“祖母”、“伯母”等）、“雌性的”（如“母畜”）讲。

甲骨文	
金文	
小篆	
隶书	
楷书	
草书	
行书	
简化字	（同楷书）

木 mù

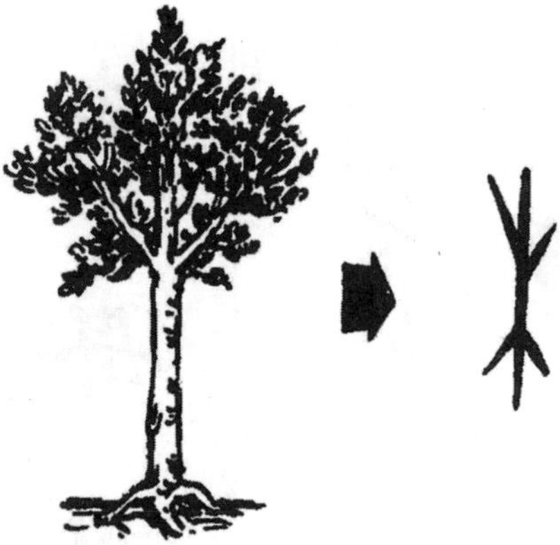

这是一个象形字，字形像一棵树的样子。向上的斜画是树枝，向下的斜画是树根。本义是“树”，也是木本植物的通称。引申为“木材”、“木料”等。

甲骨文
金文
小篆
隶书
楷书
草书
行书
简化字（同楷书）

目 mù

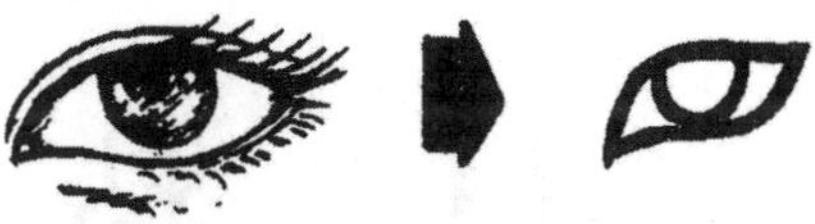

象形字。甲骨文和金文“目”字都是一只眼睛的样子，十分逼真；小篆以后把眼睛竖起来写，就变得不象形了。《诗经》：“美目盼兮。”引申为“孔眼”，如“纲举目张。”

（同楷书）

甲骨文
金文
小篆
隶书
楷书
草书
行书
简化字

牧 mù

一只手拿着鞭正在赶一头牛，本义是“放养牲畜”，如《左传》：“牛有牧。”也指“放养牲畜的人”，《说文》：“牧，养牛人也。”在古代还引申为“统治”义，如“牧万民”。

穆 mù

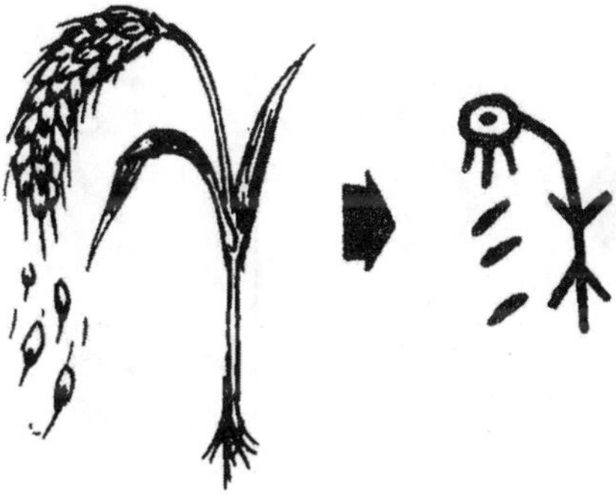

字形像一棵庄稼，它的穗因成熟而低垂下来。《说文》：“穆，禾也。”本义早已不存，多用于“和畅”、“壮美”、“和睦”等义。《诗经》：“穆如清风。”

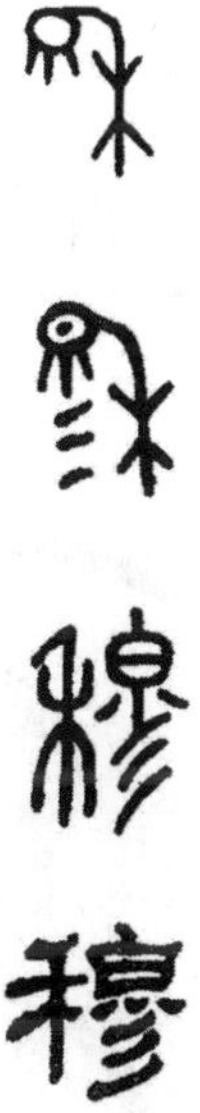

甲骨文

金文

小篆

隶书

楷书

草书

行书

简化字 （同楷书）

乃 nǎi

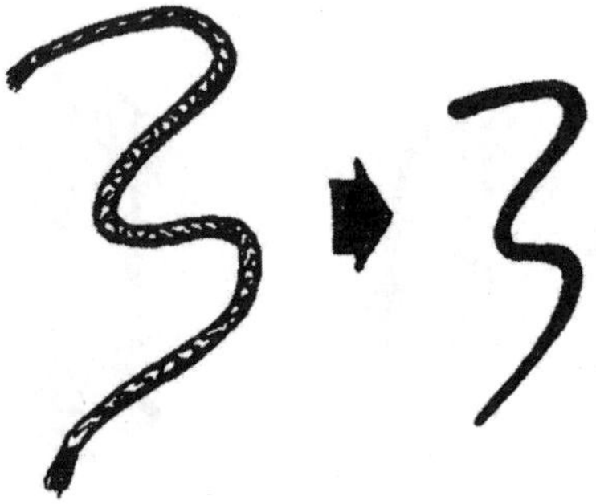

甲骨文和金文“乃”字像一条绳子。但是早就假借以指第二人称，如金文铭文：“用保乃邦。”另一种写法是“迺”（“廼”）。“乃”、“迺”现合并为“乃”。

甲骨文

金文

小篆

隶书

楷书

草书

行书

简化字（同楷书）

南 nán

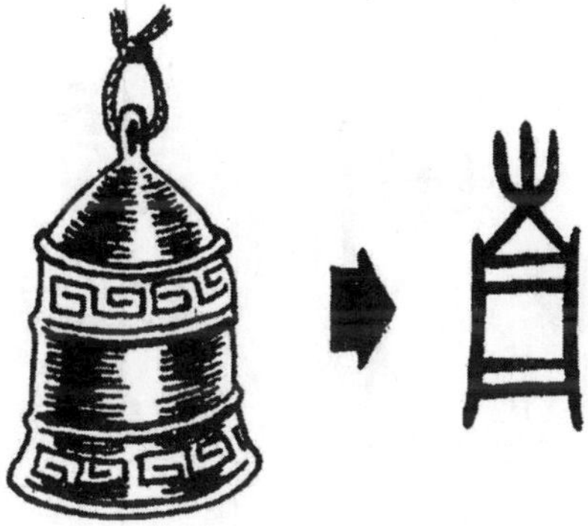

“南”原是乐器名和乐舞名。《诗经》:“以雅以南”;《礼记》:“胥鼓南。”从字形看像一种钟形乐器,上端有纽可以悬挂。后来多假借表示南方的“南”。

字体	
甲骨文	
金文	
小篆	
隶书	
楷书	
草书	
行书	
简化字	(同楷书)

男 nán

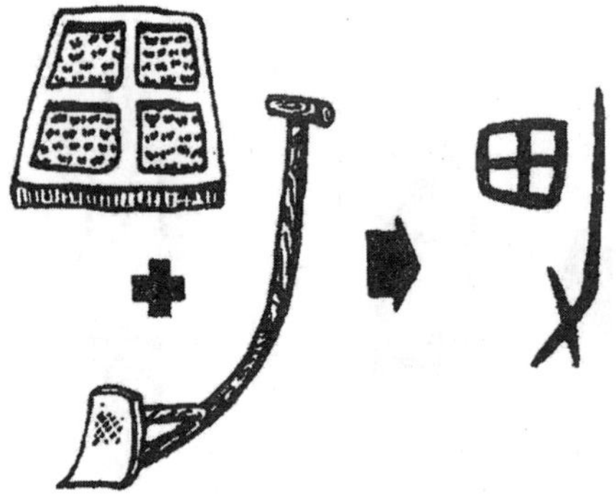

字由“田”、“力”两部分构成。“力”就是古农具“耒”（音 lěi，参见“力”字条）。在田里耕作是古代男人的主要职责，因此用“田”、“力”来表示“男人”。

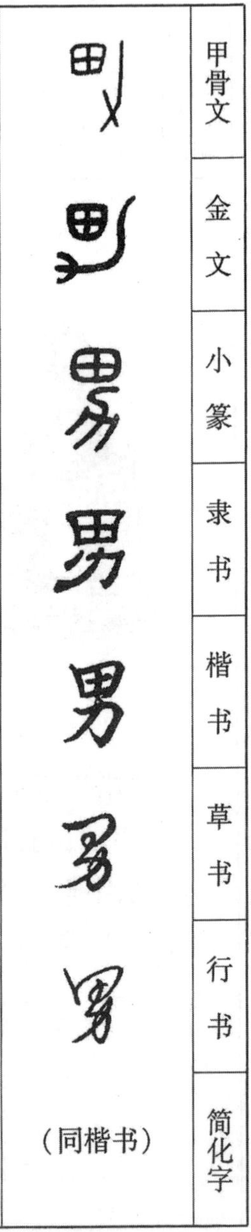

内 nèi

〔附〕 纳

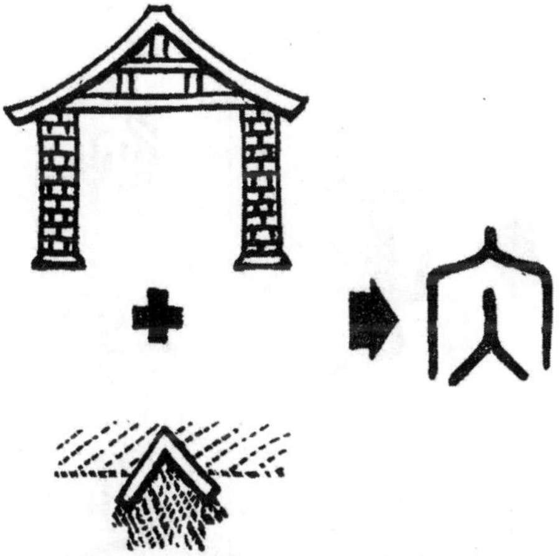

字的上半是一间屋子状；下半是“入”（参见“入”字条）。进入屋内就是“内室”、“里边”的意思。《汉书》：“家有一堂二内。”引申为“接纳”、“放入”，这个意义后来写作“纳”。

甲骨文

金文

小篆

隶书

楷书

草书

行书

简化字 （同楷书）

逆 nì

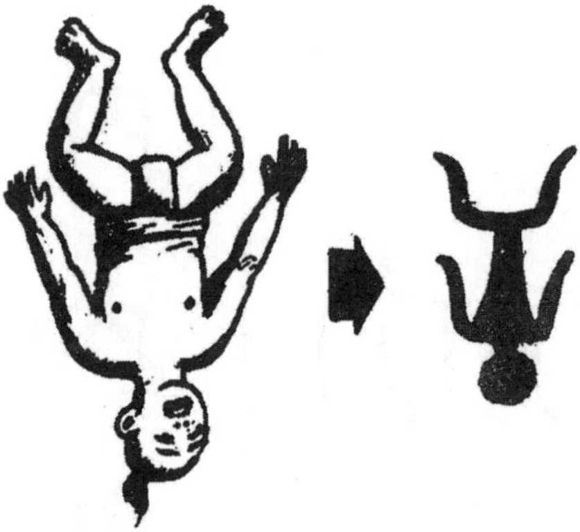

原作"屰"。像一个头朝下，脚朝上的人。后来加上"彳"旁、"止"旁或"辵"（音 chuò）旁，表示行动义。本义是"不顺"。引申为"迎着"、"预先"等义。

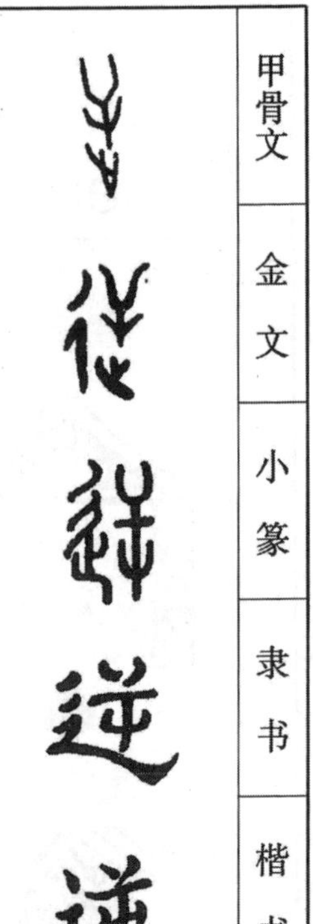

年 nián

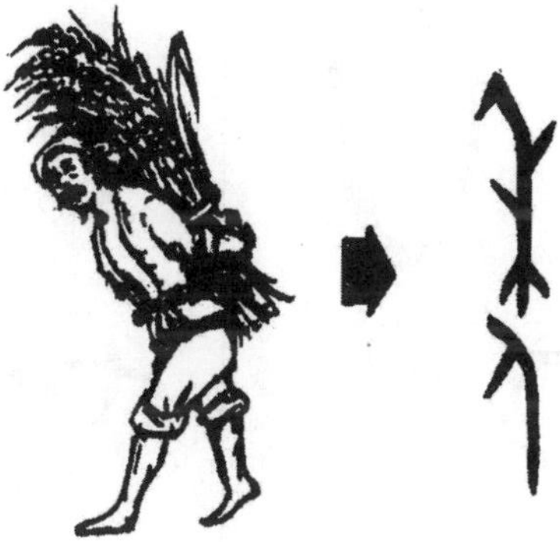

本义是“收成”。《说文》:“年,谷孰(熟)也。”甲骨卜辞常见“受黍年”、“受稻年”等文字。《春秋》也有“大有年”句。字形是一个人扛着成熟的庄稼回家的情景。

甲骨文

金文

小篆

隶书

楷书

草书

行书

简化字 (同楷书)

廿 niàn

（10 ＋ 10　＝　20）

甲骨文和金文“十”字多写成一竖(参见“十”字条)。两个“十”字的下端连在一起,就是“二十”。也作“廿”。《说文》:“廿,二十并也。”

甲骨文

金文

小篆

隶书

楷书

草书

行书

简化字 (同楷书)

鸟(鳥) niǎo

甲骨文和金文的字形都是十分形象的一只鸟的样子,突出了它尖尖的嘴和细细的脚爪。“鸟”旁的字一般与禽类有关。《说文》:“鸟,长尾禽总名也。象形。”

甲骨文

金文

小篆

隶书

楷书

草书

行书

简化字

宁（寧）níng，nìng

一间房子中间放着一张桌子，桌上有盛食物的“皿”，表示丰衣足食，生活安定；后来又加上“心”旁，表示“安心”、“安宁”的意思。《史记》：“国以永宁。”

- 甲骨文
- 金文
- 小篆
- 隶书
- 楷书
- 草书
- 行书
- 简化字

牛 niú

这是一个象形字。字形像牛的头部,突出了它一双弯曲而粗长的角。从更早的图画文字看,字源就一目了然了。司马迁《报任安书》:“若九牛亡一毛。”

(同楷书)

农（農）nóng

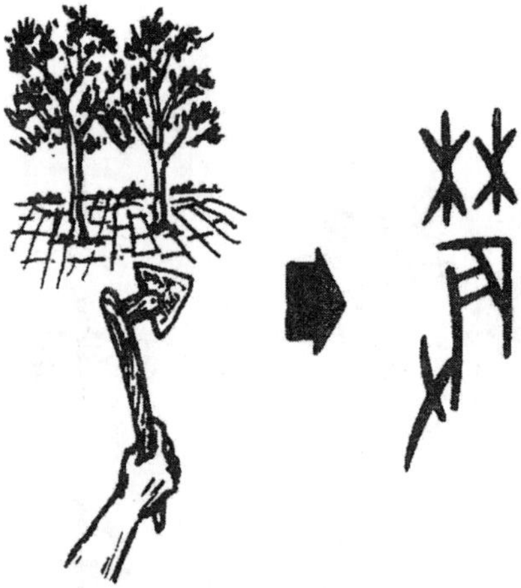

甲骨文"农"字由"林"（指农垦地区）和"辰"（一种农具，参见"辰"字条）构成；"辰"旁或有手形。金文"农"字的"林"旁多变为"田"；小篆"田"旁又讹变为"囟"；隶书再变为"曲"。

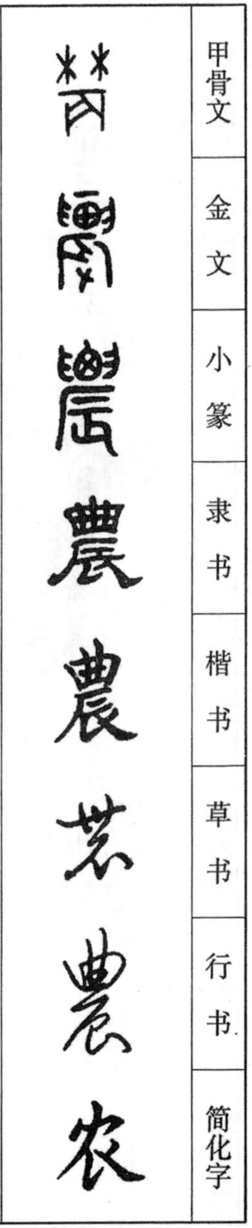

弄 nòng

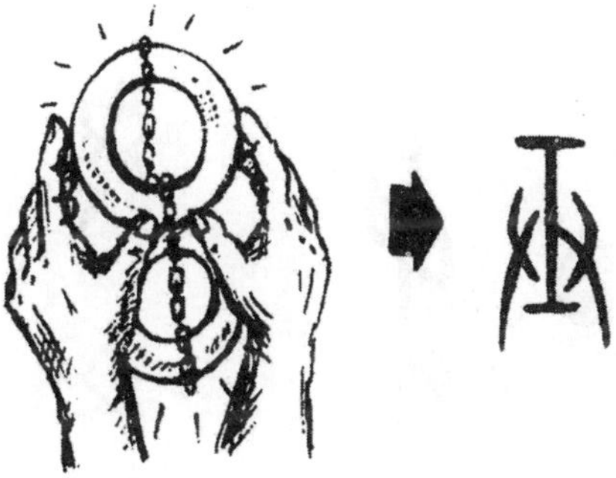

本义是“用手抚摸玩赏”。《诗经》:“载弄之璋。”字形像双手捧着一块玉,玉是常用作抚赏的珍品。后引申为“戏耍”、“欺侮”、“演奏乐器”等义。

甲骨文

金文

小篆

隶书

楷书

草书

行书

简化字 (同楷书)

女 nǚ

〔附〕 汝

一个女子跪坐着（古人席地而坐），双手温文地放在胸前。字的本义是“妇女”。“女”字在古文中常借为“汝”（音 rǔ，意思是“你”），后来才新造了“汝”字。

旁 páng

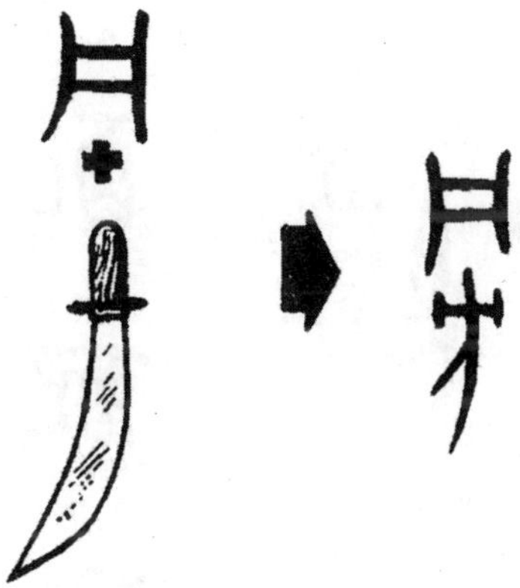

本义是“四面八方”。《尚书》：“旁招俊乂（yì，才能出众）。”引申为“广泛”、“普遍”。字的下部“方”表示“地方”，也表声；上部原是“凡”，表示“所有”、“一切”。

甲骨文 | 金文 | 小篆 | 隶书 | 楷书 | 草书 | 行书 | 简化字

简化字：（同楷书）

配 pèi

一个人跪坐在酒坛旁边，正在调配酒料。字的本义是“配酒”。《说文》：“配，酒色也。”后来引申为“婚配”、“配偶”、“分配”、“相配”等义。

甲骨文	
金文	
小篆	
隶书	
楷书	
草书	
行书	
简化字	（同楷书）

彭 péng

〔附〕 澎

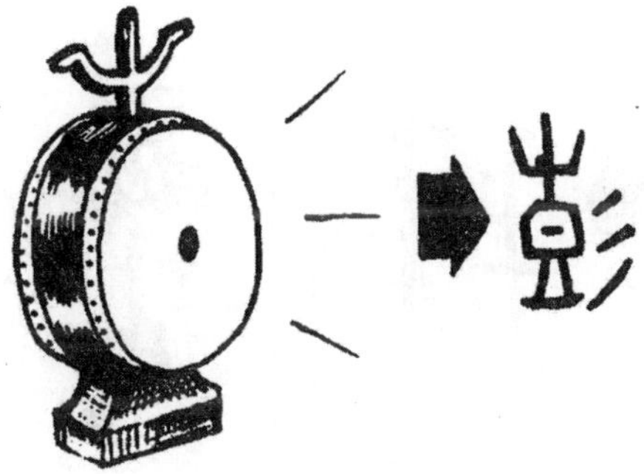

本义是形容鼓声的象声词。《说文》:“彭,鼓声也。”字的一边是鼓形(参见“鼓”字条);一边是三条斜线,表示击鼓时发出的声音。又通“澎”。

甲骨文

金文

小篆

隶书

楷书

草书

行书

简化字

(同楷书)

朋 péng

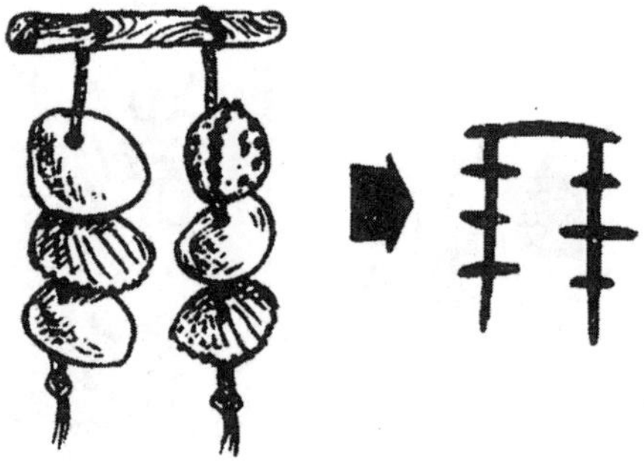

“朋”字最早的字义是一种货币单位的名称。字形象两串贝。古代以贝为货币，五贝为一串，两串为一“朋”。《诗经》：“锡（赐）我百朋。”后来引申为“朋友”、“朋党”等义。

甲骨文
金文
小篆
隶书
楷书
草书
行书
简化字（同楷书）

品 pǐn

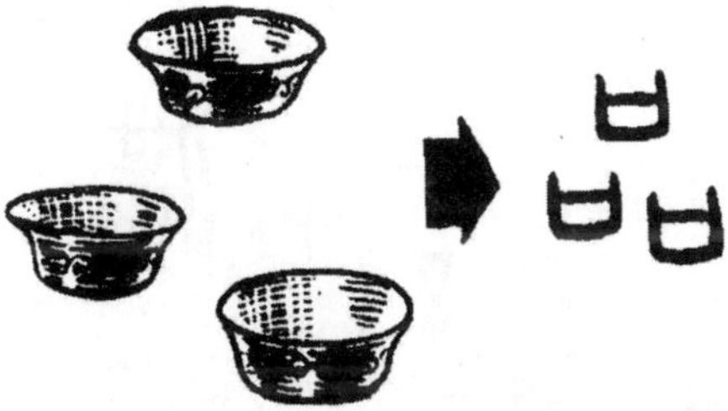

本义是“众多”，如《易经》：“品物流形。”字形用三个器皿（“口”）表示品类很多。后来引申为“种类”、“品质”；再引申为“评定”等义。

（同楷书）

甲骨文

金文

小篆

隶书

楷书

草书

行书

简化字

仆（僕）pú

本义是“奴隶”。甲骨文的字形是一个奴隶手捧簸箕盛土的形状，他头上有刑刀（“辛”）的记号，还穿着有尾饰的衣服。简化字把“僕”与“仆”（音 pū，义为“向前倒下”）合并为“仆”。

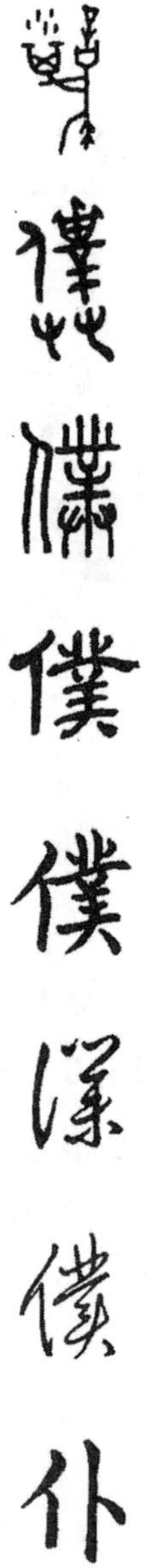

甲骨文	
金文	
小篆	
隶书	
楷书	
草书	
行书	
简化字	仆

七 qī

〔附〕切

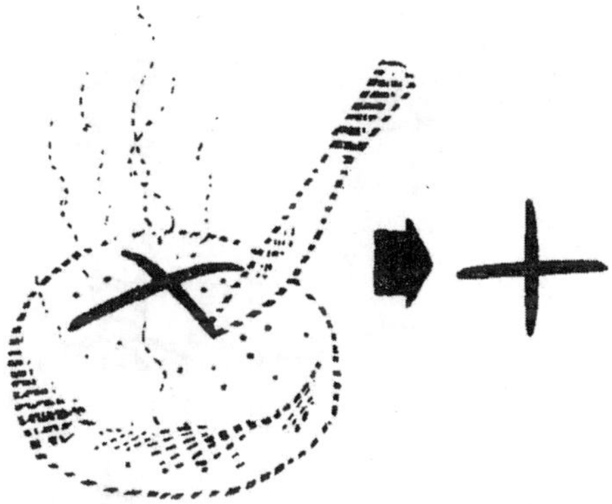

　　"七"是"切"的本字。甲骨文和金文"七"字都是十字形,像刀切的痕迹。战国文字和小篆为了避免"七"、"十"相混,就把"七"字的竖画下端改为曲笔。

十	甲骨文
十	金文
七	小篆
七	隶书
七	楷书
七	草书
七	行书
（同楷书）	简化字

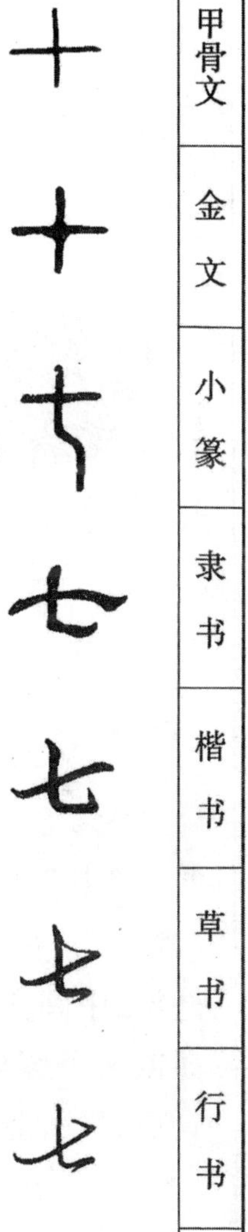

其 qí

〔附〕 箕

“其”是“箕”的本字。本义是“簸箕”。字的上端是簸箕的上部和边沿，中间交叉的笔画表示它是用竹条或柳条编成的。“其”字假借为虚词后，又另造“箕”字。

甲骨文	
金文	
小篆	
隶书	
楷书	
草书	
行书	
简化字	（同楷书）

齐（齊）qí

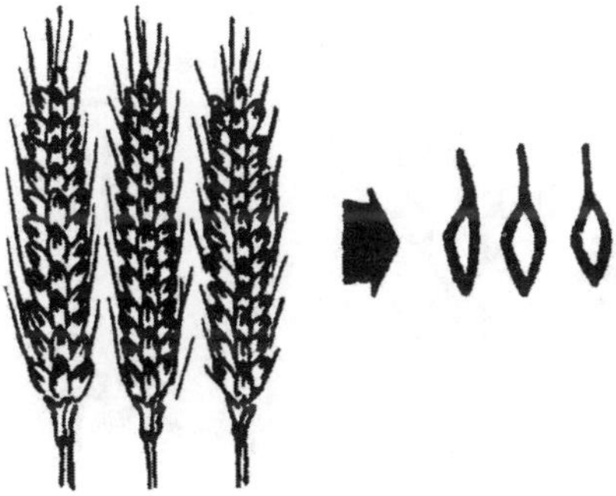

田里的麦子一般都是长得整齐划一的，所以古人用三棵麦子表示“齐”的意思。《说文》：“齐，禾麦吐穗上齐也。”后来它们却逐渐被排列得不太整齐了。

祈 qí

〔附〕 旂

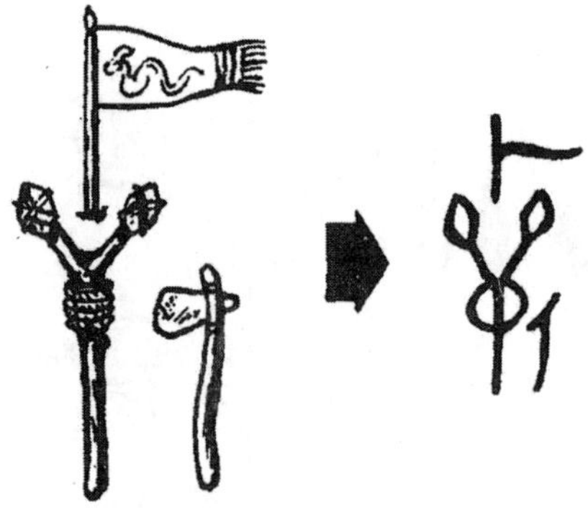

在甲骨文和金文中，这个字多写作“旛”，即“旂”的异体字。“㫃”是旗帜形；“单”、“斤”都是武器，表示战时在军旗下祈祷。《说文》：“祈，求福也。”

甲骨文

金文

小篆

隶书

楷书

草书

行书

简化字

（同楷书）

启（啟）qǐ

一只手把一扇门打开，本义是“开”，如《左传》：“门启而入。”引申为“开导”、“启发”义，如《论语》：“不愤不启，不悱不发。”还有“陈述”义，如现代汉语“启事”一词。

气（氣）qì

〔附〕乞 迄 讫 饩

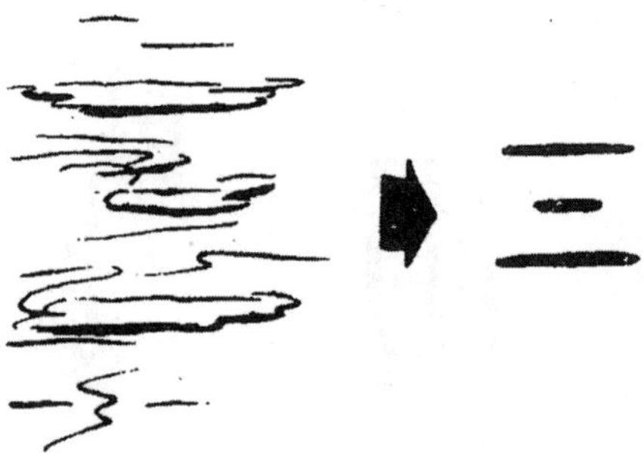

最早的字形是三条横线，表示空中的气流。后来为了与“三”字区别，上下两横逐渐变为折曲。古文中也借为“乞”、“迄”、“讫”。繁体字“氣”其实是“餼”（饩，今音 xì）的本字。

甲骨文

金文

小篆

隶书

楷书

草书

行书

简化字

弃（棄）qì

本义是“抛弃”。字形像双手用簸箕（参见“其”字条）把一个死婴（有的字体用倒置的“子”字来表示）扔掉。“弃”这个简体字在金文铭文中已见。

甲骨文

金文

小篆

隶书

楷书

草书

行书

简化字

千 qiān

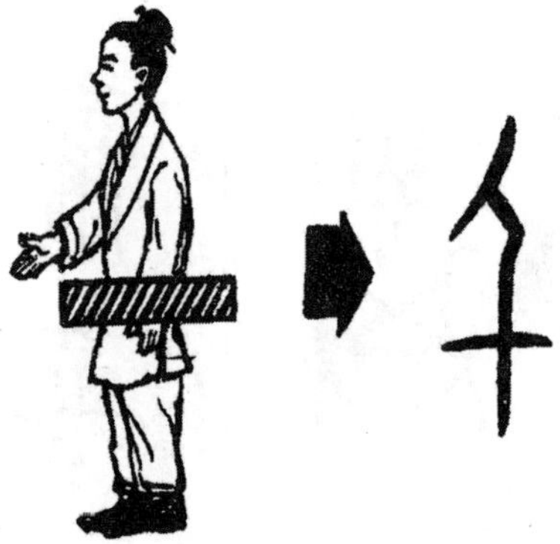

“千”这个数目字是难以表达的，所以用读音相近的“人”字上面加一横（表示“一”的数目）的方法来表示。“一千”到“五千”分别写作“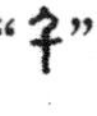”
“”“”“”“”。

甲骨文	
金文	
小篆	
隶书	
楷书	
草书	
行书	
简化字	（同楷书）

前 qián

〔附〕 剪

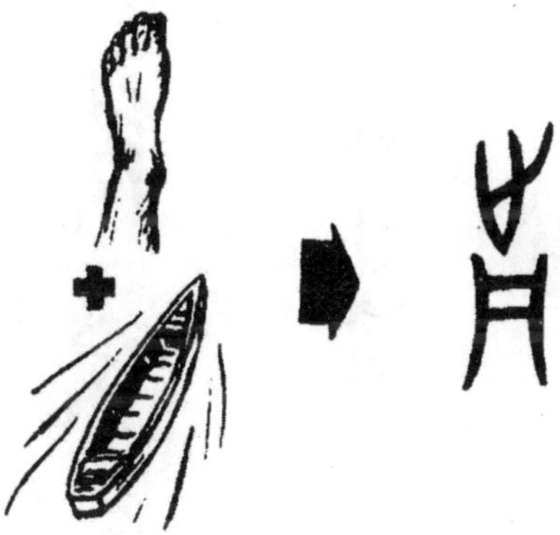

字原作“歬”。船（“舟”）上有一只脚（“止”），表示前进的意思；后来“舟”变成“月”，“止”变为“䒑”，又加“刀”（刂）构成“前”（“剪”的本字）。“前”字多用于“前进”义之后，又另造“剪”字。

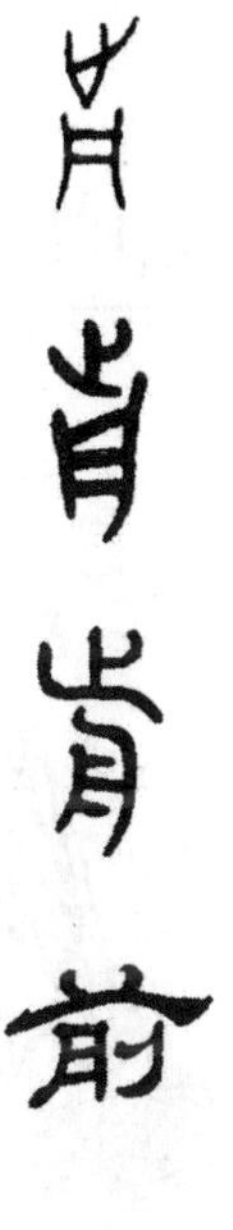

甲骨文

金文

小篆

隶书

楷书

草书

行书

简化字

（同楷书）

欠 qiàn

本义是“打呵欠”。《仪礼》:“君子欠伸。”甲骨文的字形像一个人跪坐着,张着嘴巴正在打呵欠。后来引申为“亏欠”、“缺少”义。

（同楷书）

甲骨文
金文
小篆
隶书
楷书
草书
行书
简化字

羌 qiāng

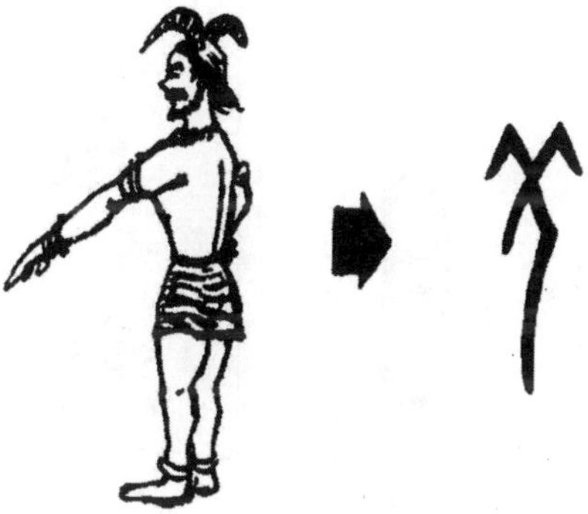

“羌”是我国古代西部的一个民族的名称。《说文》:“羌,西戎牧羊人也。”字形像一个人,头上戴着羊角状的装饰物,这大概就是羌族人的特征。

且 qiě

〔附〕 祖

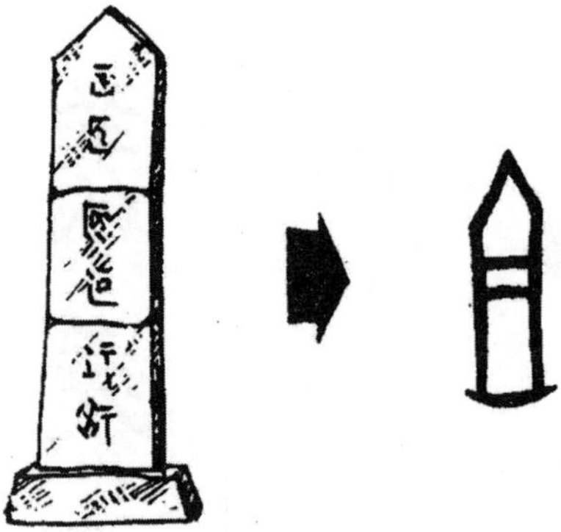

“且”是“祖”的本字。字形像一块祭祀死去的祖先的牌位。后来假借为虚词，于是加“示”（祭祀时的石桌或石台）旁另造“祖”字，两字才有了分工。一说源自男性性器形。

（同楷书）

甲骨文 | 金文 | 小篆 | 隶书 | 楷书 | 草书 | 行书 | 简化字

妾 qiè

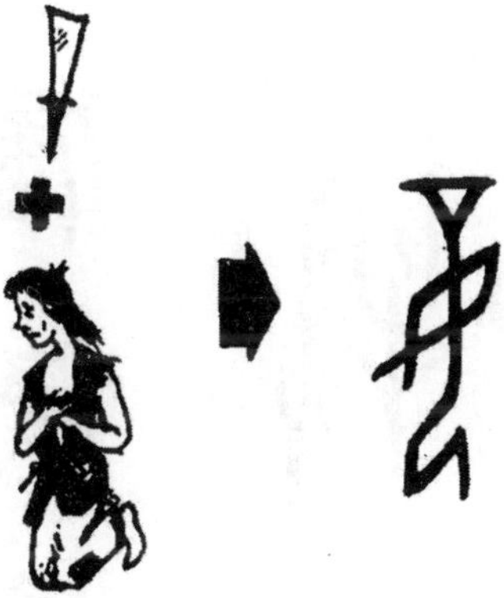

本义是“女奴”。《尚书》：“臣妾逋逃。”甲骨文的字形是一个妇女跪坐着，她的头上有刑刀（“辛”）的符号，表示她已被刺上奴隶的记号。后来多指“小老婆”。

甲骨文
金文
小篆
隶书
楷书
草书
行书
简化字（同楷书）

侵 qīn

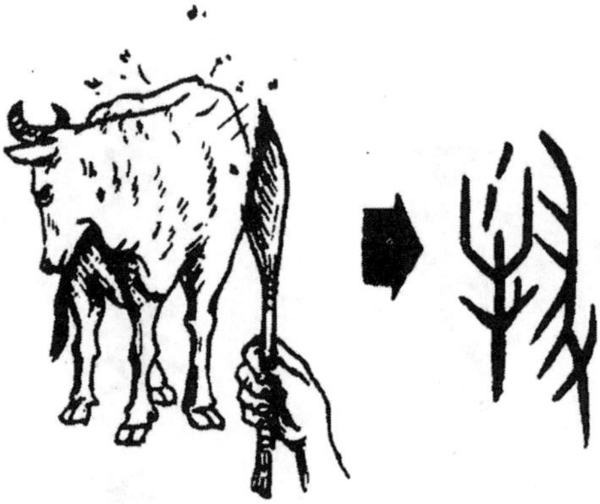

本义是"渐进也"(《说文》)。甲骨文的字形是一只手拿着扫帚给牛扫土,或者表示驱赶牛;金文是一只手拿着扫帚给人扫身,表示"逐渐"的意思。后多引申为"侵犯"义。

甲骨文

金文

小篆

隶书

楷书

草书

行书

简化字

(同楷书)

禽 qín

〔附〕 擒

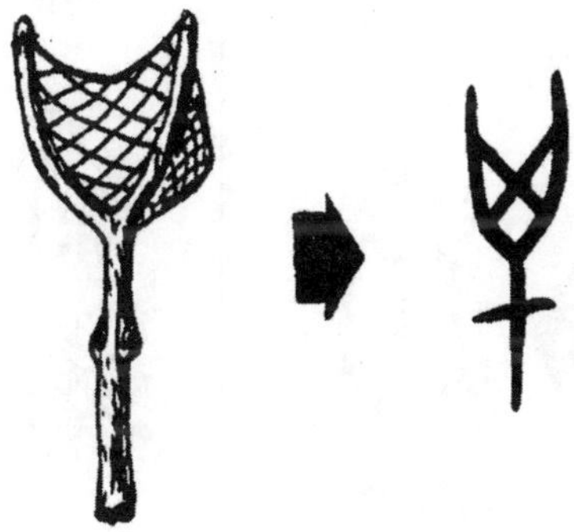

“擒”的本字，本义是“捕捉”。《荀子》：“服者不禽。”甲骨文“禽”字像一把捕捉鸟类的长柄网具；金文再加上了声旁“今”。“禽”字后来指鸟类的总称。

（同楷书）

甲骨文 | 金文 | 小篆 | 隶书 | 楷书 | 草书 | 行书 | 简化字

秦 qín

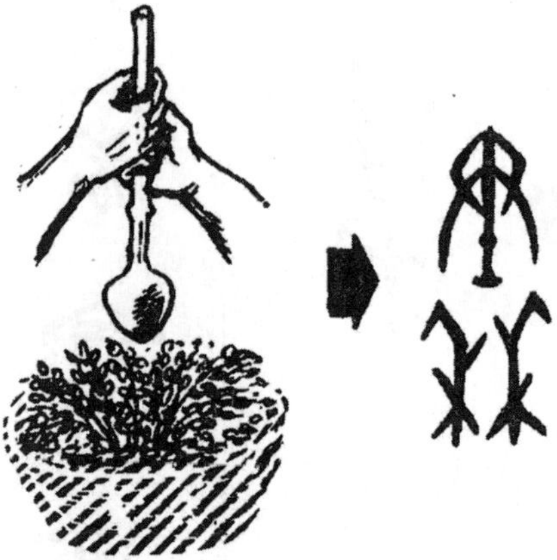

会意字。“秦”本来是地名和古代诸侯国名，在今陕西中部一带。由于这个地方产谷，所以用两只手举着杵来舂“禾”表示。“𡗗”是“舂”字的省写。

甲骨文	
金文	
小篆	
隶书	秦
楷书	秦
草书	
行书	
简化字	（同楷书）

寝（寢）qǐn

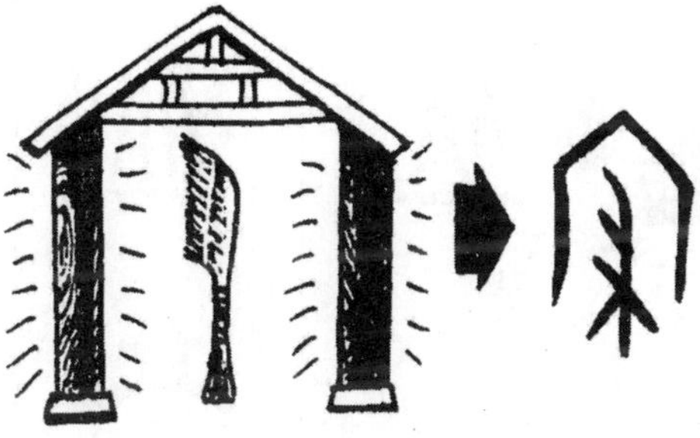

在一间房屋里有一把扫帚，表示把屋子打扫干净好让人休息。“寝”的本义是“躺着休息或睡觉”；也指“卧室”。甲骨卜辞：“宅新寝。”古籍也作“寑”。

字体
甲骨文
金文
小篆
隶书
楷书
草书
行书
简化字

丘 qiū

象形字。本义是“小土山”。《说文》：“丘，土之高也，非人所为也。”甲骨文的字形很形象地表示出两座小山的样子；金文和小篆逐渐有了变化，到隶书以后就变得不像了。

字体	字形
甲骨文	
金文	
小篆	
隶书	
楷书	
草书	
行书	
简化字	（同楷书）

求 qiú

〔附〕 裘

“求”是“裘”的本字。甲骨文和金文“求”字是象形字，字形像一件皮衣的样子。后来“求”字借为“寻求”、“乞求”等义，就另造形声字“裘”字。

(同楷书)

甲骨文

金文

小篆

隶书

楷书

草书

行书

简化字

囚 qiú

字形像用监牢把一个人关了起来，本义是“拘禁”，如《尚书》：“囚蔡叔于郭邻。”也指“被拘禁的人”——“囚犯”，如《诗经》：“在泮献囚。”

甲骨文

金文

小篆

隶书

楷书

草书

行书

简化字 （同楷书）

区（區）qū

〔附〕 瓯

字形像放置在橱架上的三个小容器，是“瓯”的本字。瓯是一种盛食物的瓦器，又是量器。《左传》：“齐旧四量：豆、区（ōu）、釜、钟。”后来多引申为“区别”、“区域”等义，于是另造“瓯”字。

字体	
甲骨文	
金文	
小篆	
隶书	
楷书	
草书	
行书	
简化字	区

曲 qū,qǔ

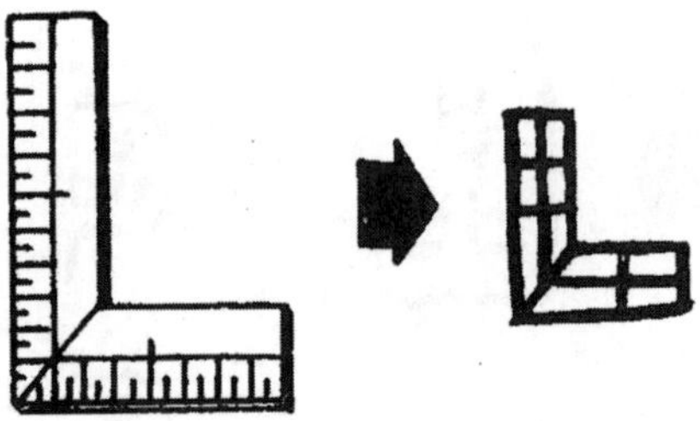

甲骨文和金文“曲”字都像曲尺形。本义是“弯曲”，与“直”相对，音qū。又有“乐曲”义，音qǔ，是由宛转成章的意思发展而来的。简化字把“麯”(qū)合并为“曲”。

字体	字形
甲骨文	
金文	
小篆	
隶书	
楷书	
草书	
行书	
简化字	(同楷书)

取 qǔ

〔附〕 娶

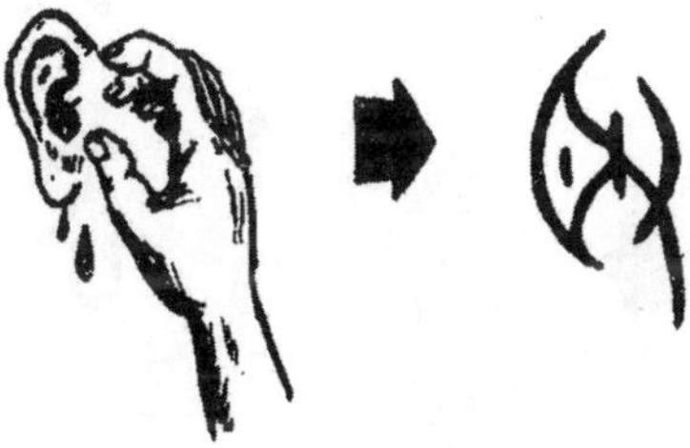

在古代，捕获野兽或战俘时往往割取左耳。《周礼》：“获者取左耳。”本义是“割取”、“攻取”。引申为“拿”、“娶妻”等义。“娶妻”义后来写作“娶”。

甲骨文

金文

小篆

隶书

楷书

草书

行书

简化字

（同楷书）

去 qù

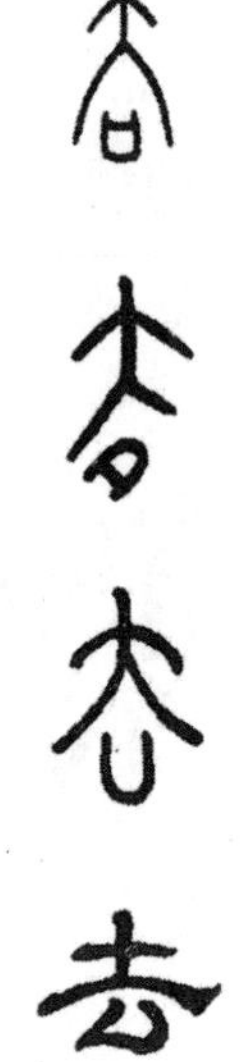

甲骨文　金文　小篆　隶书　楷书　草书　行书　简化字

（同楷书）

字的上部是一个人形，下面是古人所住的洞穴的出口，表示“离开”的意思——这就是“去”字的本义。例如《礼记》：“去国三世”，“去国”就是“离开本国”。

泉 quán

本义是“水源”，也指“地下水”。《说文》：“泉，水原也。象水流出成川形。”古文字形像山石间的一个泉眼，泉水由里往外流出。“泉”也是“钱”的别名。

简化字：（同楷书）

犬 quǎn

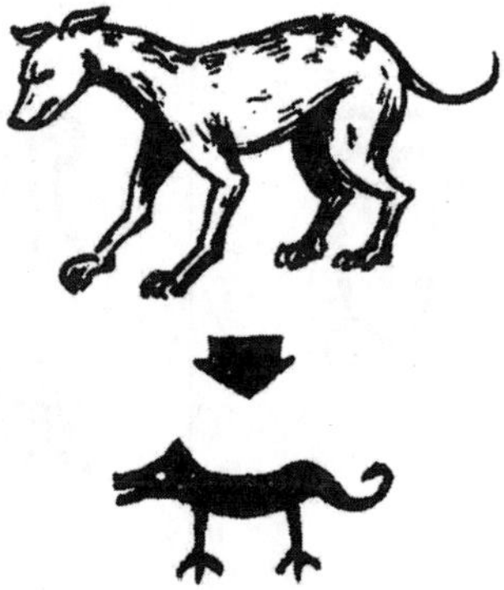

这是一个象形字。字形像一只向上卷着尾巴的狗。在早期的金文里，“犬”字简直是一个图画文字。《老子》：“鸡犬之声相闻。”

甲骨文

金文

小篆

隶书

楷书

草书

行书

简化字（同楷书）

雀 què

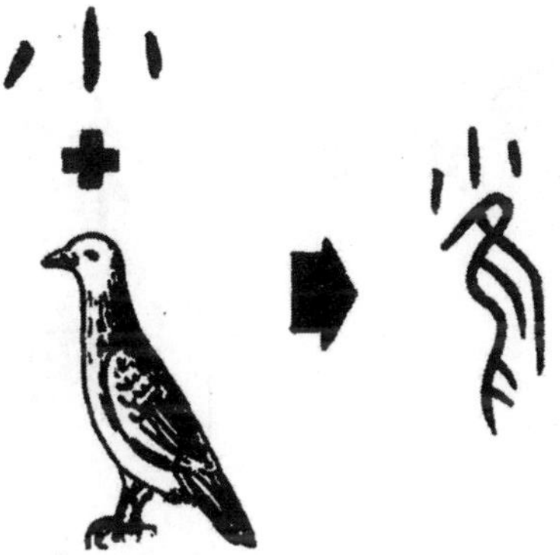

“雀”本义是“麻雀”。《诗经》：“谁谓雀无角，何以穿我屋。”也泛指小鸟。字形由“小”、“隹”（音 zhuī，意思是“鸟”）构成。又，古籍中有时以“爵”作“雀”。

甲骨文

金文

小篆

隶书

楷书

草书

行书

简化字

（同楷书）

冉 rǎn

〔附〕 髯

“冉”是“髯”（音 rán）的本字。“髯”是两腮的胡须，也泛指胡须。字形像两撇下垂的胡子。后来“冉”多用于“冉冉”（“柔软下垂”或“慢慢地”义）等义，就再造“髯”字。

甲骨文	
金文	
小篆	
隶书	
楷书	
草书	
行书	
简化字	（同楷书）

人 rén

象形字。甲骨文和金文“人”字像一个侧立的人形，这个人还向前伸出了他的手。隶书以后字形变化较大。楷书“人”字两笔的下端竟像是人的两条腿了。

甲骨文

金文

小篆

隶书

楷书

草书

行书

（同楷书）简化字

日 rì

这是一个象形字，本义是“太阳”。《诗经》：“杲杲出日。”引申为“白天”，就是从天亮到天黑的一段时间；又引申为时间单位“一天”，就是一昼夜。《诗经》：“一日不见，如三秋兮。”

甲骨文

金文

小篆

隶书

楷书

草书

行书

简化字 （同楷书）

戎 róng

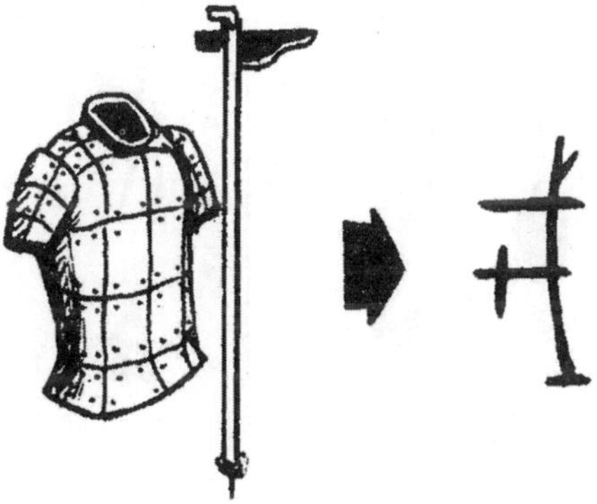

字由“戈”、“甲”（近似“十”字，实为“甲”字）构成。“戈”是古代的武器，“甲”是防护衣，所以“戎”是兵器的总称。《诗经》：“以修我戎。”引申为“军队”、“战争”等义。

甲骨文
金文
小篆
隶书
楷书
草书
行书
简化字

（同楷书）

如 rú

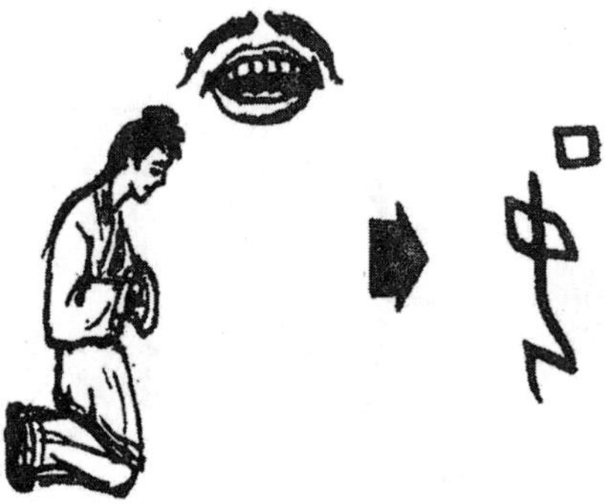

本义是“随从”、“依照”。《说文》：“如，从随也。”字的一边是“口”，表示主人的命令；另一边是“女”，表示被迫服从的女子。后来多用作连词等。

甲骨文

金文

小篆

隶书

楷书

草书

行书

简化字 （同楷书）

入 rù

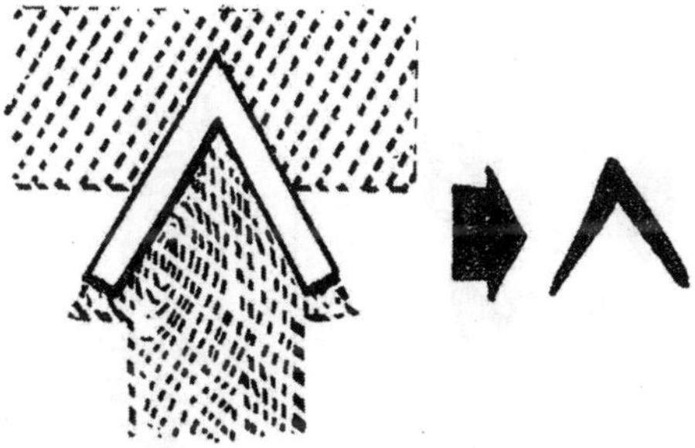

本义是“由外而内”，与“出”相对。《孟子》：“三过其门而不入。”字形像一把箭镞或刀锋等尖锐的利器，它能射入或嵌入别的物体。引申为“加入”、“收入”等义。

字体	字形
甲骨文	
金文	
小篆	
隶书	
楷书	
草书	
行书	
简化字	（同楷书）

若 ruò

〔附〕诺

甲骨文"若"字像一个人正用双手梳理着头发，本义是"顺"，如《尚书》："钦若昊(音 hào)天"，即"敬顺上天"的意思。后来加上"口"字表示"应诺"义，这个意义又写做"诺"。

甲骨文

金文

小篆

隶书

楷书

草书

行书

简化字 (同楷书)

卅 sà

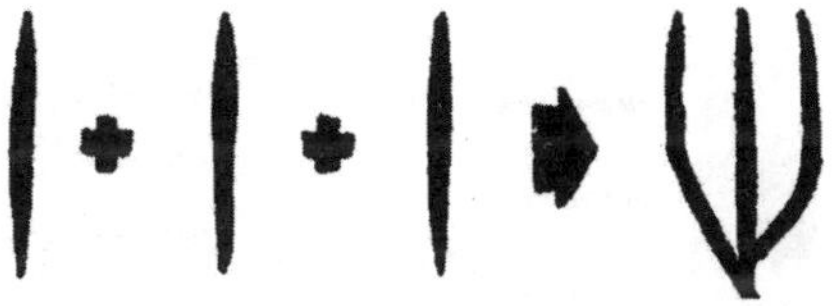

(10＋10＋10＝30)

意思是“三十”。甲骨文和金文“十”字多写成一竖画(参见“十”字条)。因此,两个“十”字连在一起就是“廿”(参见“廿”字条);三个“十”字连在一起就是“卅”。

甲骨文 | 金文 | 小篆 | 隶书 | 楷书 | 草书 | 行书 | 简化字

简化字:(同楷书)

三 sān

三根长短相同的算筹（用来计数的竹签）平放在一起，表示数目字“三”。假如中间的一画较短，在甲骨文中那就是“气”字（参见“气”字条）。在古文中“三”又表示“多次”，如“三思而行”。

甲骨文

金文

小篆

隶书

楷书

草书

行书

简化字 （同楷书）

丧（喪）sāng，sàng

〔附〕 桑

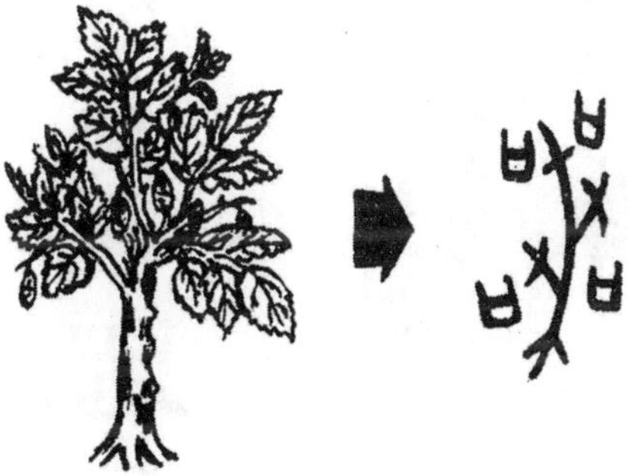

字形像一棵桑树。甲骨文“桑”、“丧”是同一个字。金文加上“亡”字旁以表示“丧亡”义，音sāng，如《论语》：“天丧予！”引申为“失去”义，音sàng，如《左传》：“丧车五百。”

甲骨文

金文

小篆

隶书

楷书

草书

行书

简化字

啬（嗇）sè

〔附〕 穑

“啬”是“穑”的本字。《礼记》注疏：“种曰稼，敛曰啬”，本义是“收获谷物”。字形像田里有成熟的谷物，或像在石上堆放着已收割的谷物。

甲骨文

金文

小篆

隶书

楷书

草书

行书

简化字

山 shān

这是一个象形字。字形像三个并排的山峰：甲骨文的山峰是等高的；金文以后突出了中间的主峰。《荀子》："积土成山。"

甲骨文 | 金文 | 小篆 | 隶书 | 楷书 | 草书 | 行书 | 简化字

(同楷书)

商 shāng

〔附〕 赏

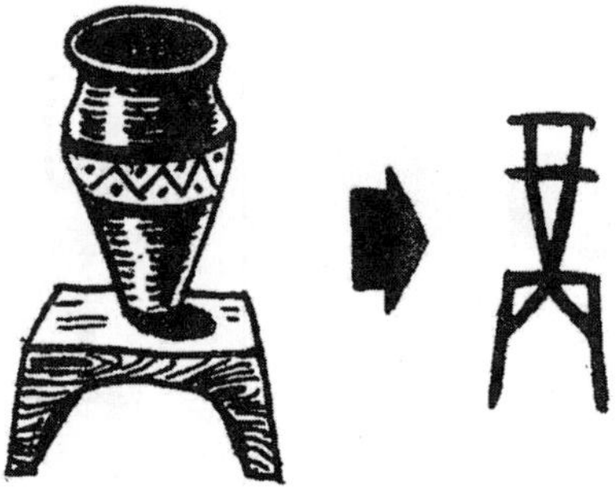

“商”是“赏”的本字。甲骨文“商”字像一个盛酒的器皿放置在底座上面，表示这是用来赏赐的东西。甲骨卜辞和金文铭文以“商”为“赏”，如“王商乍(作)册般贝”。

(同楷书)

甲骨文

金文

小篆

隶书

楷书

草书

行书

简化字

上 shàng

指事字。字形原由两横构成，下面较长的一横是地平线，上面较短的一横是指事符号。为了避免与等长的两横的“二”字相混，字形后来逐渐有所变化。

甲骨文

金文

小篆

隶书

楷书

草书

行书

（同楷书） 简化字

少 shǎo, shào

〔附〕 沙

甲骨文的字形是四个小竖点，这是“沙”的本字。“少”字后来多表示“不多”的意思，于是又加“水”旁造了“沙”字。古文“小”、“少”常通用。

甲骨文

金文

小篆

隶书

楷书

草书

行书

简化字

（同楷书）

舌 shé

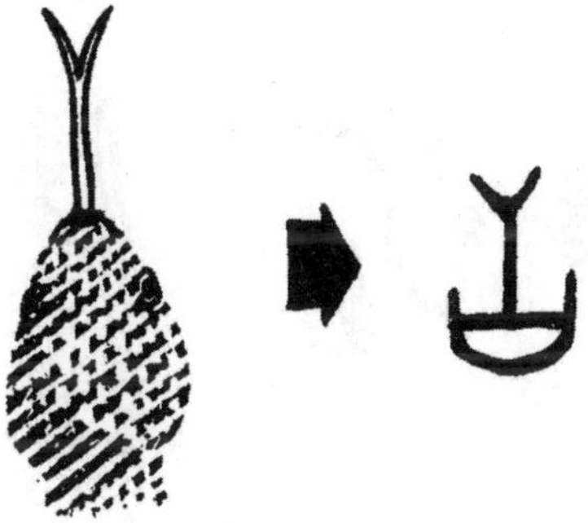

字形下部是嘴（“口”）；上部是伸出来的舌头。大概由于人类和兽类的舌头特征不太明显，于是用蛇类的舌形作为代表的符号。《庄子》：“摇唇鼓舌。”

甲骨文

金文

小篆

隶书

楷书

草书

行书

（同楷书） 简化字

涉 shè

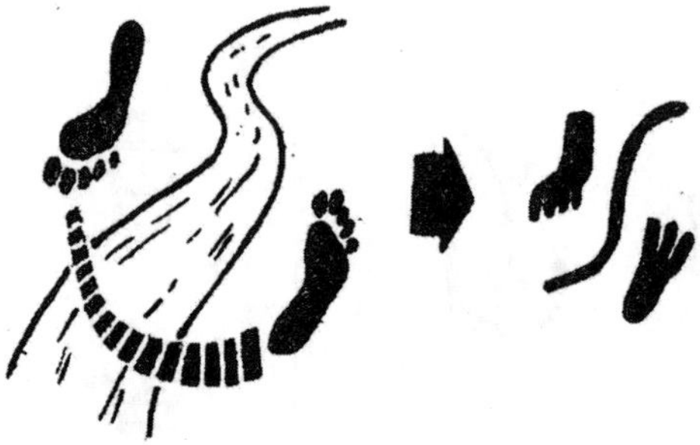

本义是“蹚水过河”。《说文》：“徒行厉水也。”字形像一条弯曲的河流，河的两旁各有一只脚，是一个会意字。现在还有“跋山涉水”的成语。

（同楷书）

甲骨文 金文 小篆 隶书 楷书 草书 行书 简化字

射 shè

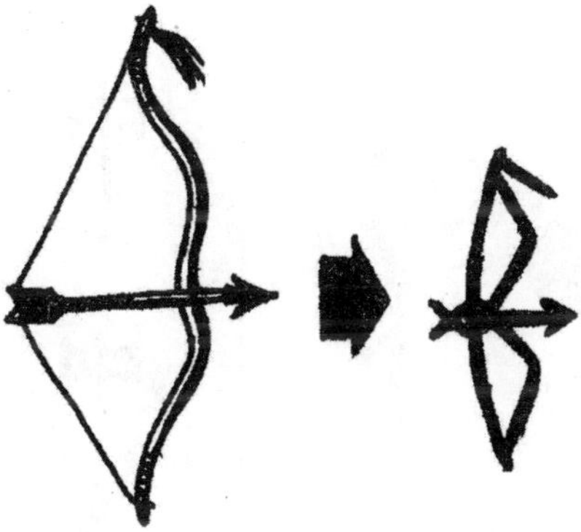

甲骨文像箭在弦上，正要发射的样子。金文加上了一只手（“又”）。小篆“弓”讹变为“身”，“又”讹变为“寸”，成了“射”字，就完全看不出原意了。

（同楷书）

甲骨文 | 金文 | 小篆 | 隶书 | 楷书 | 草书 | 行书 | 简化字

申 shēn

〔附〕 电 神

“申”是“电”的本字。字形像闪电时云层间出现的曲折的电光。古人认为闪电是神的显现，所以常以“申”来称呼“神”。后加“示”旁为“神”；加“雨”旁为“電”。

甲骨文	
金文	
小篆	
隶书	
楷书	
草书	
行书	
简化字	（同楷书）

身 shēn

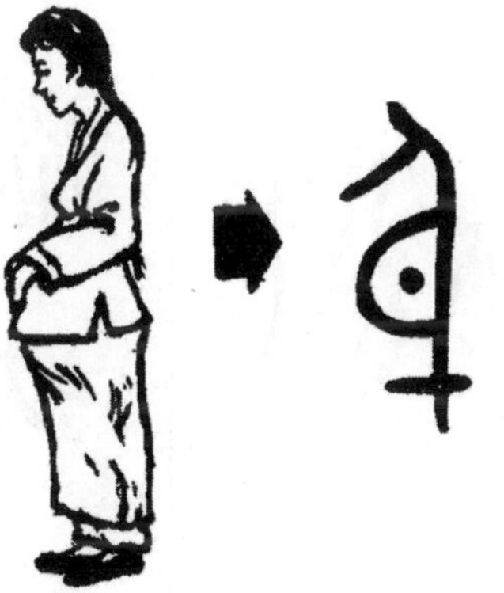

本义是“妊娠”。甲骨卜辞有“妇好(人名)身”、“王曰有身”等词句,指有孕。字形像侧立的一个妇女,突出了她的腹部,上面的一点是指事符号。后引申为“身体”、“自己”、“亲自”等义。

甲骨文 | 金文 | 小篆 | 隶书 | 楷书 | 草书 | 行书 | 简化字

(同楷书)

沈 shěn

〔附〕 沉

“沈”、“沉”本是同一个字，本义是“沉没”。《诗经》：“载沈载浮。”甲骨文的字形像一头牛（有的是羊）在过河时被水流淹没的形状。金文则像带枷的人被沉的形状。

甲骨文

金文

小篆

隶书

楷书

草书

行书

简化字 （同楷书）

生 shēng

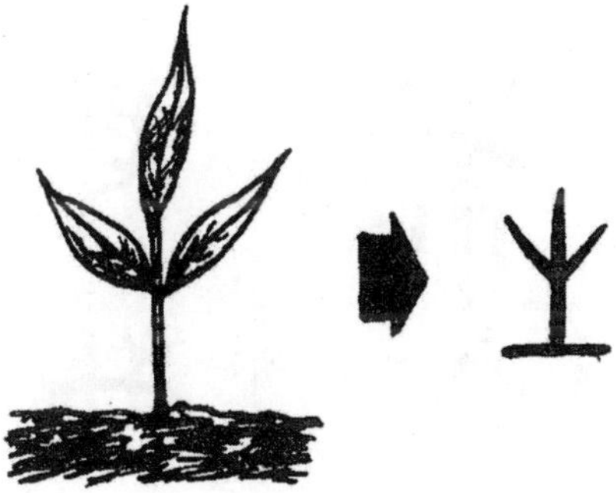

字形像地面上长出了一株嫩苗。本义是“生长”、“长出”。《荀子》：“蓬生麻中，不扶而直。”其他的义项如“生育”、“生命”、“生活”等都是由本义引申而来的。

字体	字形
甲骨文	
金文	
小篆	
隶书	
楷书	
草书	
行书	
简化字	（同楷书）

升 shēng

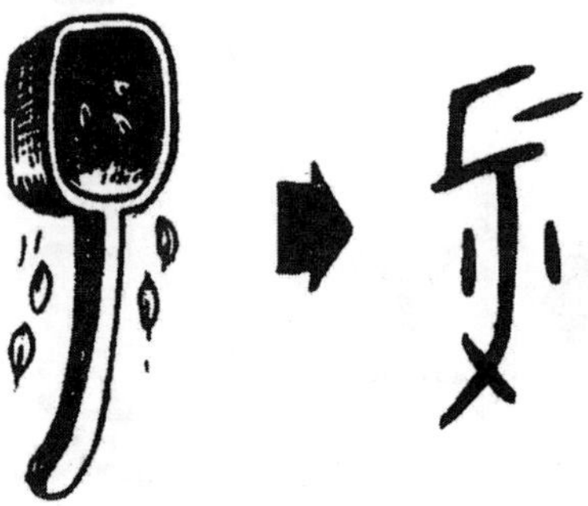

“升”是容量单位，是“斗”的十分之一。甲骨文和金文“升”字与“斗”字大同而小异（参见“斗”字条），只是“升”字在勺里加了一个或几个表示黍粒或酒滴的短横。

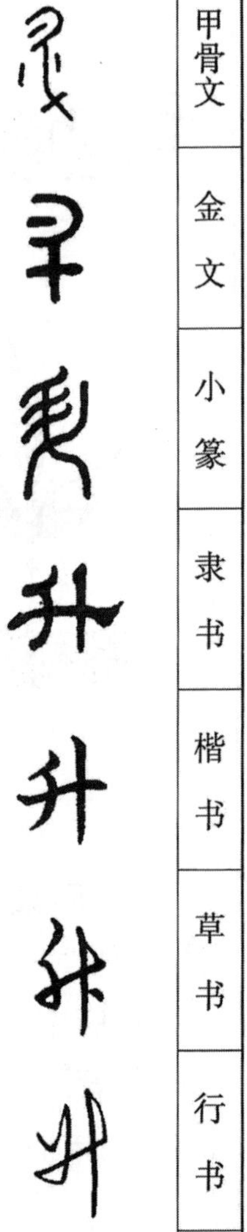

圣（聖）shèng

〔附〕 听

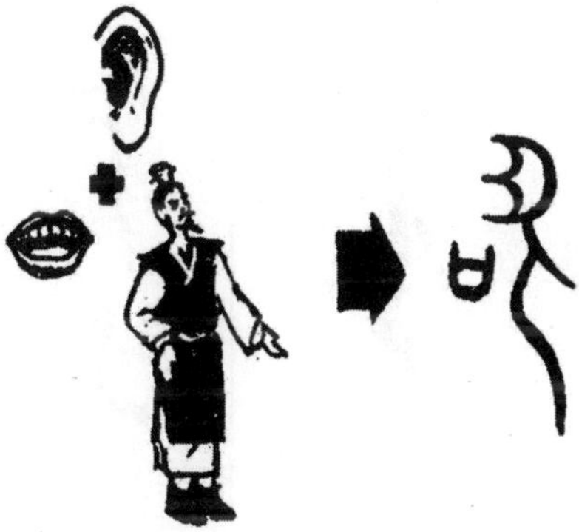

原来指“聪明的人”；后来指“具有最高智慧和道德的人”。字形由“人”、“耳”、“口”组成，表示这是一个耳聪口敏的人。古文“圣”、“听”通用。

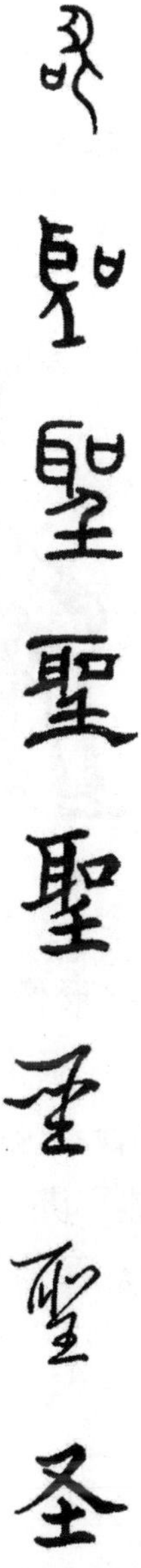

甲骨文

金文

小篆

隶书

楷书

草书

行书

简化字

尸 shī

〔附〕 夷

字形像一个侧坐着的人。本义指“古代祭祀时代表死者受祭的人”。《仪礼》:“主人再拜,尸答拜。”也作“尸体”讲,这个意义后来常写作“屍”。又通“夷”,是古代的种族名。

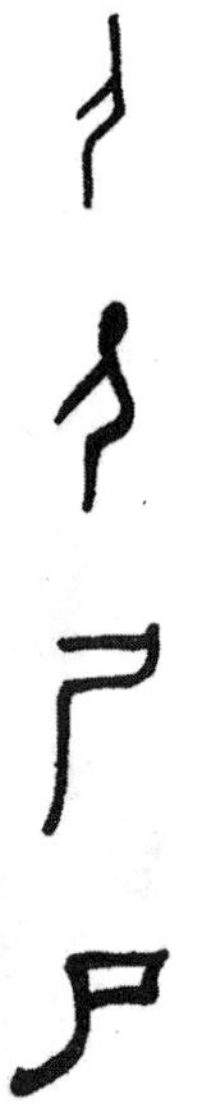

甲骨文

金文

小篆

隶书

楷书

草书

行书

简化字 （同楷书）

食 shí

〔附〕 饲

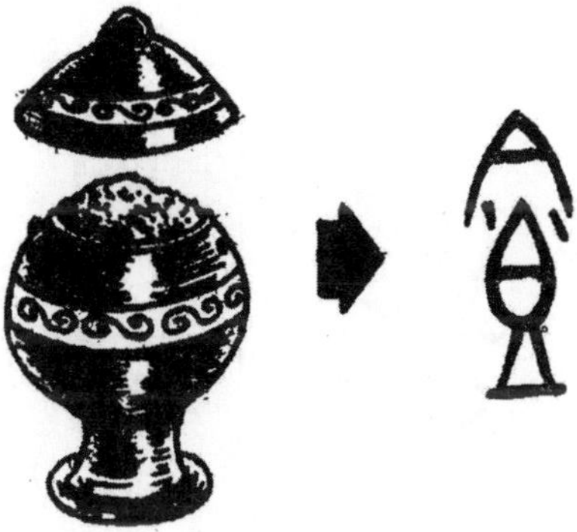

本义是“食物”。字形像一个盛食物的器皿。常用作动词，意思是“吃”；也用于“日食（蚀）”、“月食（蚀）”，甲骨卜辞已见。作“把食物给人吃”义时读 sì，通“饲”。

甲骨文

金文

小篆

隶书

楷书

草书

行书

简化字

（同楷书）

时（時）shí

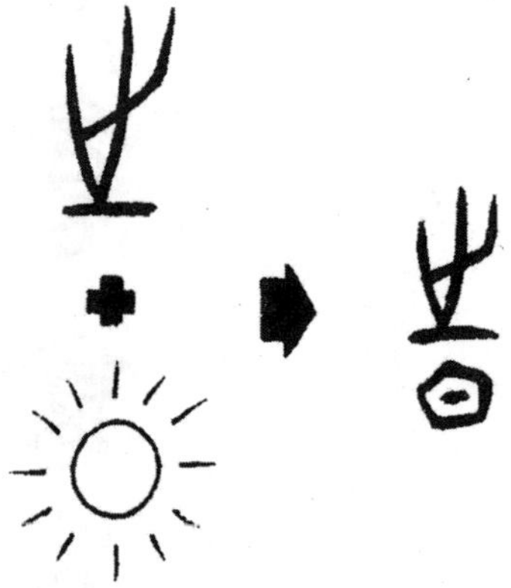

本义是“一年四季”的“季”。《说文》:“时，四时也。”这是一个形声字。字原作“旹”:“日”表义，“㞢”(即“之”字)表声;后来演变为“時”:“日”表义，“寺”表声。

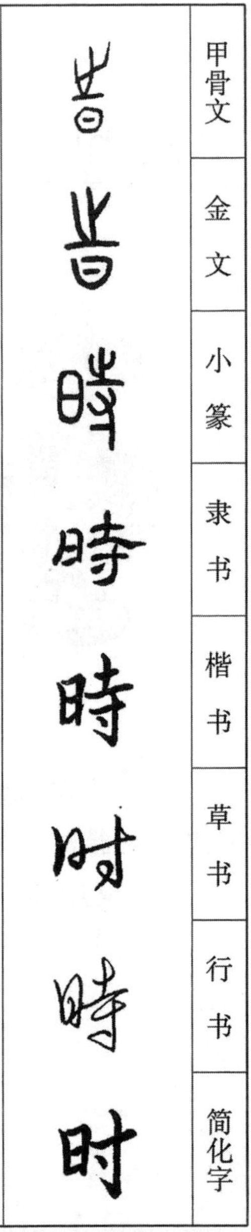

十 shí

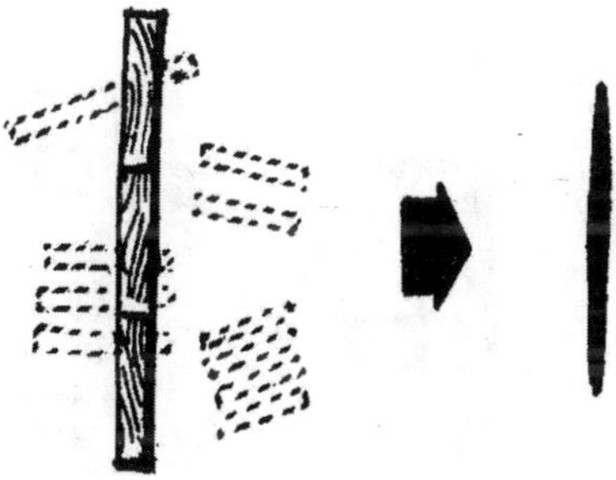

甲骨文用数目不同的横画表“一”、“二”、“三”、“四”，用竖画表示“十”，可见我国早就实行十进位。金文开始在竖画中间加圆点；战国文字以后写成一横一竖的“十”。

字体	字形
甲骨文	
金文	
小篆	
隶书	
楷书	
草书	
行书	
简化字	（同楷书）

石 shí

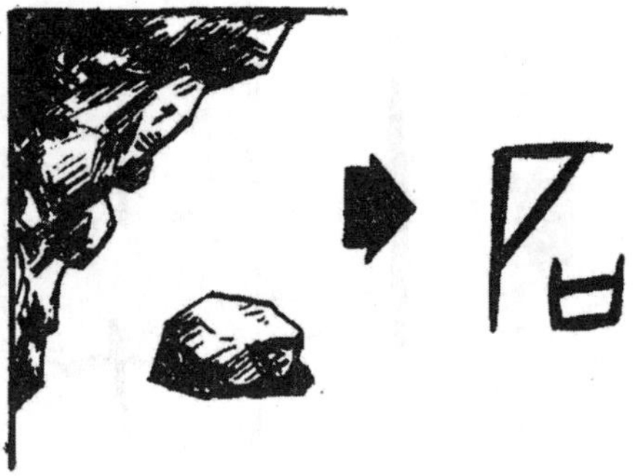

山崖（“厂”）旁边有一块石头（“口”），本义是“石头”。《说文》：“石，山石也。”作为古代重量单位的“石”，等于一百二十斤。又指容量单位，一“石”（今读 dàn）等于十斗。

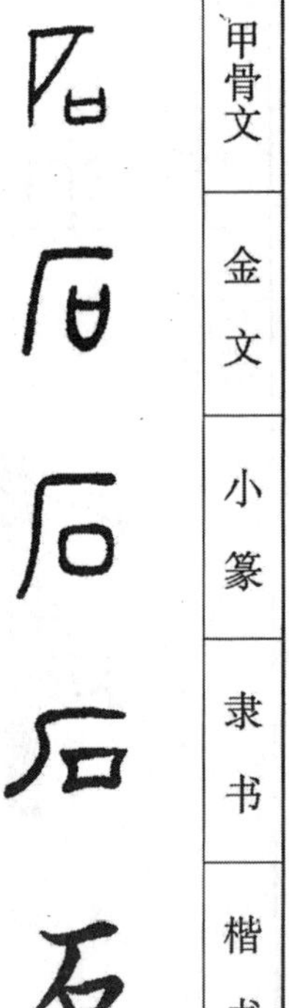

史 shǐ

〔附〕 吏 使 事

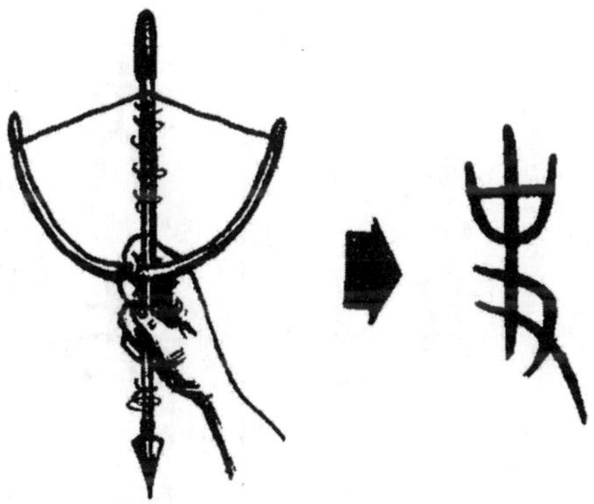

本义是“史官”。上古时候的史官是掌管占卜的，所以用手握弓钻（用来钻龟甲以卜吉凶）来表示这种官职。“史”、“吏”、“使”、“事”本为一字，后来才有了分化。

（同楷书）

甲骨文

金文

小篆

隶书

楷书

草书

行书

简化字

矢 shǐ

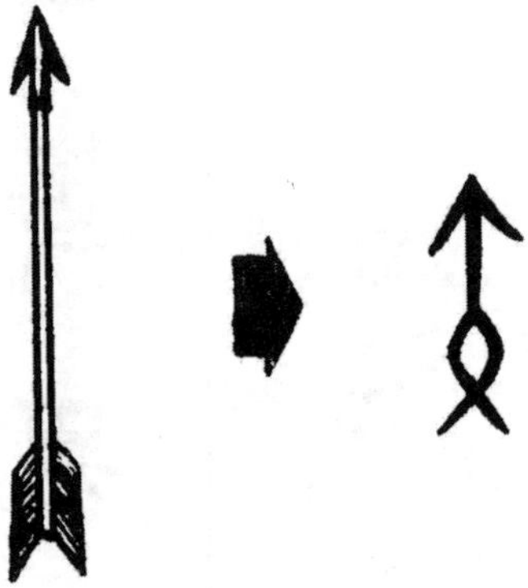

本义是“箭”。《说文》：“矢，弓弩矢也。”在甲骨文和金文中明确无误地是一支箭的形状：上端是箭头，中间是箭杆，下面是箭尾。现在还有“有的放矢”的成语。

甲骨文
金文
小篆
隶书
楷书
草书
行书
简化字（同楷书）

豕 shǐ

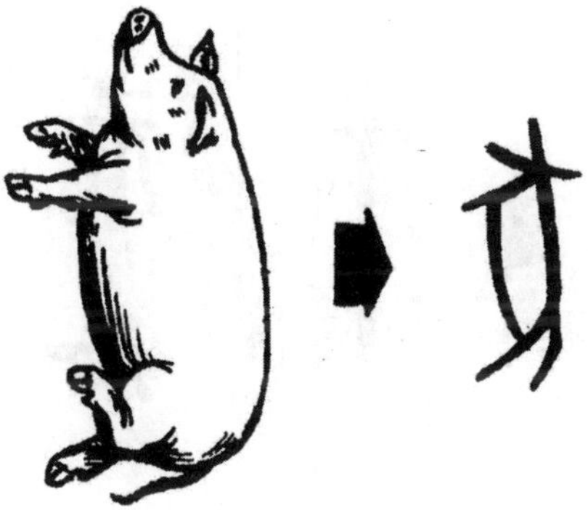

本义是"猪"。甲骨文的字形很像一只猪，头朝上，尾朝下，中间是肥圆的肚子。——可对照"犬"字，"犬"尾上弯而长，腹部瘦长，特征显然不同。

(同楷书)

甲骨文 | 金文 | 小篆 | 隶书 | 楷书 | 草书 | 行书 | 简化字

示 shì

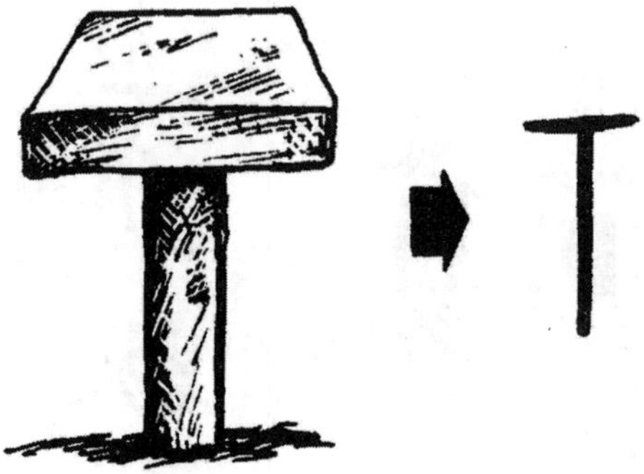

原来是祭神的石制的供桌，呈“T”形。后来才演变为“亓”（音 qí，同“祇”），而且与“示”（音 shì）混同。“示”旁的字大都与祭祀、崇拜、祷祝有关。

字体	
甲骨文	
金文	
小篆	
隶书	
楷书	
草书	
行书	
简化字	（同楷书）

氏 shì

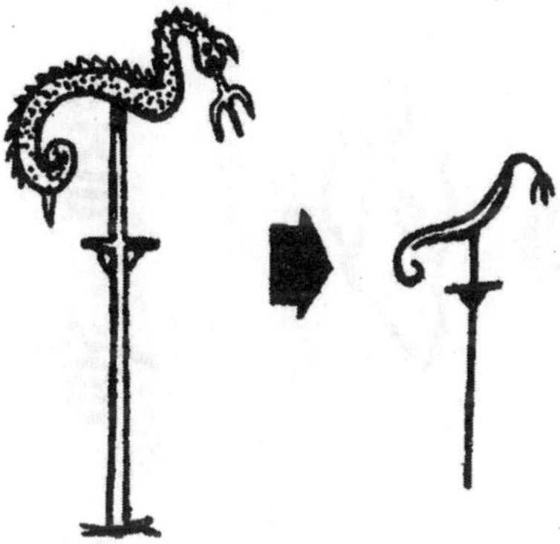

从战国文字看，“氏”字像一根木杆，上面有样子怪诞的龙蛇状图腾，这是一个宗族的标志。“氏”字的本义是“宗族的称号”。这种称号在古时只是贵族才有。

甲骨文
金文
小篆
隶书
楷书
草书
行书
简化字（同楷书）

首 shǒu

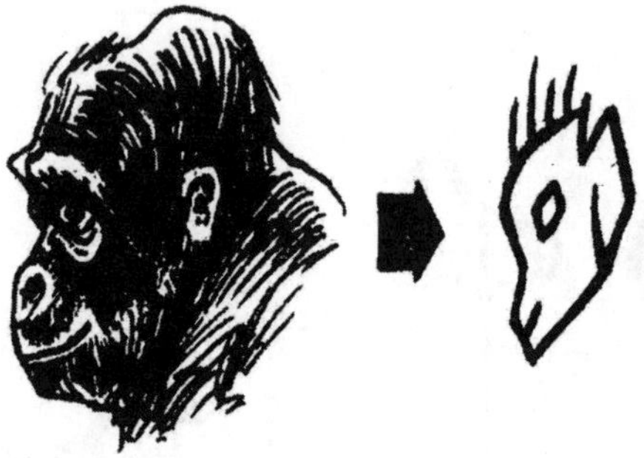

甲骨文“首”字是一个头的形状，但是不太像人类的头，而更像是兽类的头。甲骨卜辞屡见“疾首”。金文只用一只眼睛和头发作为头部的象征性的文字符号。

甲骨文

金文

小篆

隶书

楷书

草书

行书

简化字 （同楷书）

受 shòu

〔附〕 授

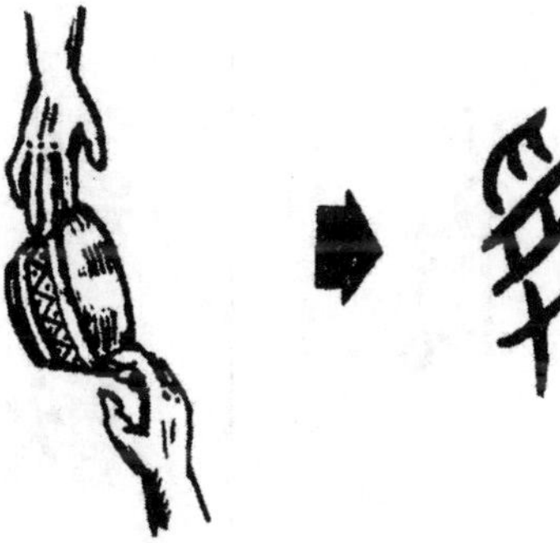

一只手把盘子(参见“凡”、“盘”字条。但是后来讹变成舟状)交到另一个人的手里,表示“给予”,也表示“接受”。后来分化为“受”、“授”二字。

甲骨文

金文

小篆

隶书

楷书

草书

行书

简化字 (同楷书)

兽（獸）shòu

〔附〕 狩

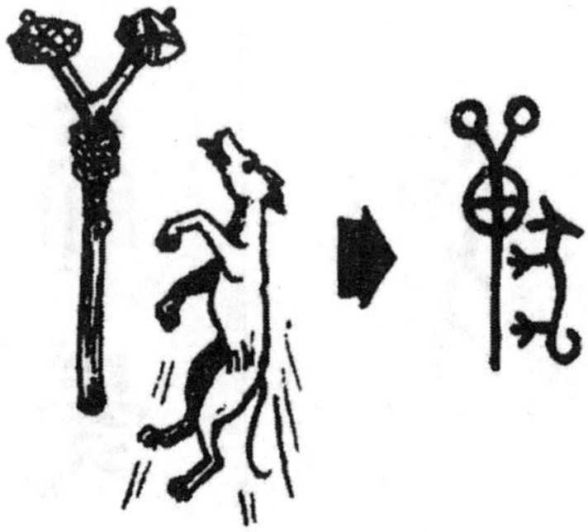

字的左半部是捕兽的武器——“单”(参见“单”字条)；右半部是一头猎犬。本义是“狩猎”。《诗经》：“搏兽于敖。”后来用本义时作“狩”；被狩猎的对象作“獸”，简化为“兽”。

甲骨文

金文

小篆

隶书

楷书

草书

行书

简化字

黍 shǔ

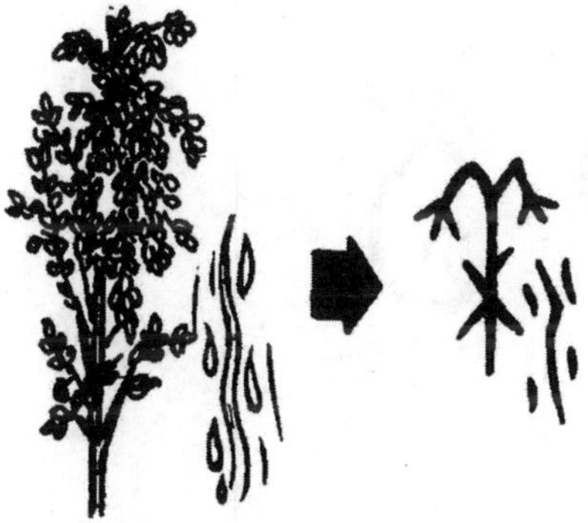

黍子，又名黄米。《说文》：“黍，禾属而黏者也。”黍的穗是散开的，同别的稻谷不同，因此甲骨文的字形突出了这一特征；另外茎旁有水，表示它可以用来酿酒。

蜀 shǔ

〔附〕 蠋

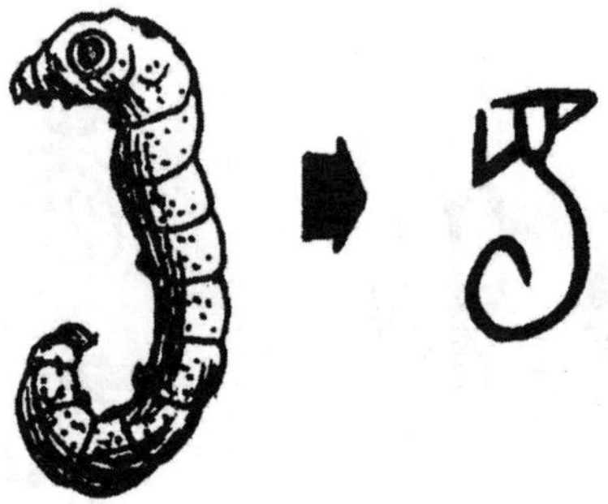

“蜀”的本义是指“蛾蝶类的幼虫”。甲骨文“蜀”字是象形字。后来加了“虫”旁,又写作“蠋”(今音zhú)。《诗经》:“蜎蜎者蜀”(今本作“蜎蜎者蠋”)。

戍 shù

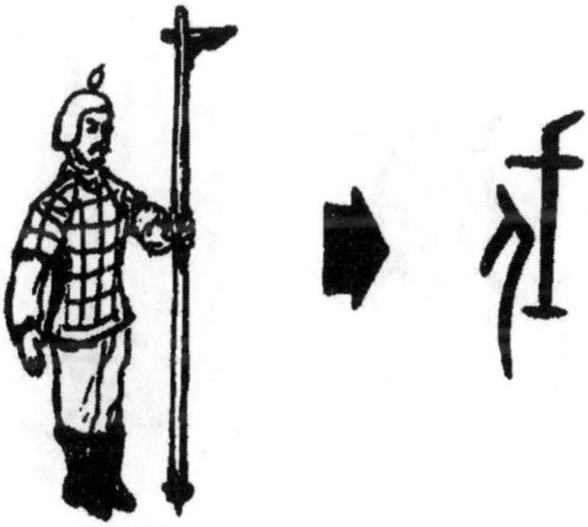

字形像一个士兵（“人”）握着武器（“戈”）。本义是“防守边疆”。引申为“守边的兵士”，如《左传》：“乃归诸侯之戍。”现在还有“卫戍”、“戍边”等词语。

（同楷书）

甲骨文
金文
小篆
隶书
楷书
草书
行书
简化字

束 shù

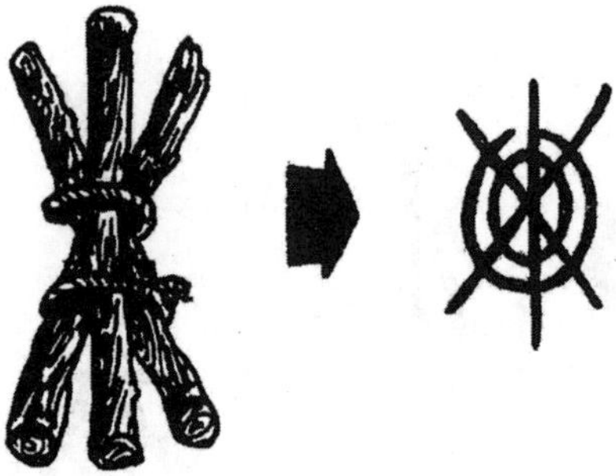

本义是“捆绑”；又有“一把”、“一捆”义。字形像用绳子捆着一些树枝(有的字形像捆着布袋)的形状。《诗经》:“扬之水,不流束薪。”

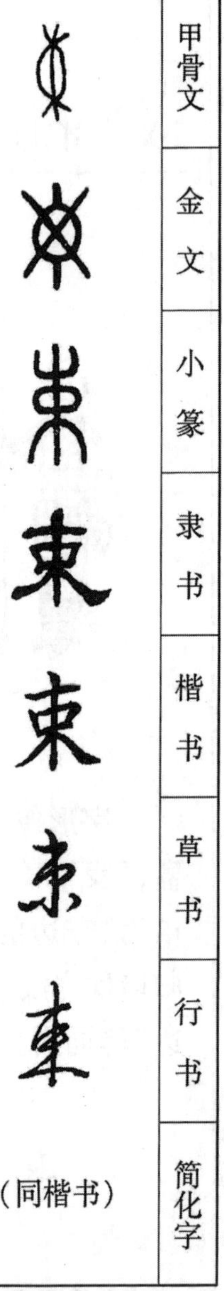

水 shuǐ

这是一个象形字，中间弯曲蜿蜒的曲线表示水流；旁边的几个点儿表示水滴或浪花。古文“水”字也作“河流”讲，如《诗经》：“泉源在左，淇水在右。”

甲骨文

金文

小篆

隶书

楷书

草书

行书

简化字 （同楷书）

丝（絲）sī

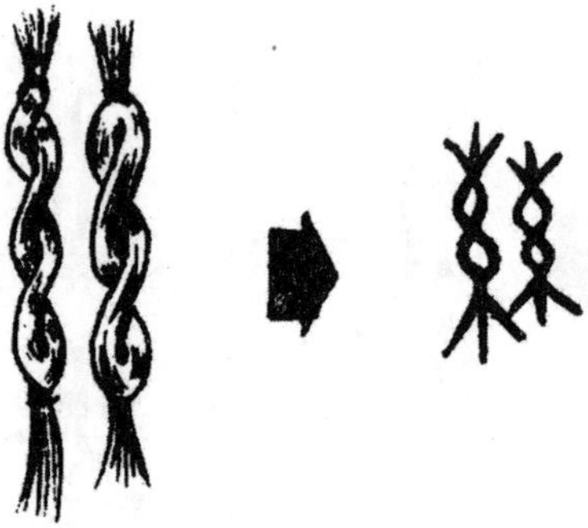

本义是“蚕丝”。字形由两束“糸”（音 mì，细丝）构成。《尚书》：“厥贡漆丝。”也指“丝织品”。《汉书》：“妾不衣丝。”“丝”又是琴、瑟、琵琶等弦乐器的总称。

甲骨文	
金文	
小篆	
隶书	
楷书	絲
草书	
行书	
简化字	丝

司 sī

〔附〕 后

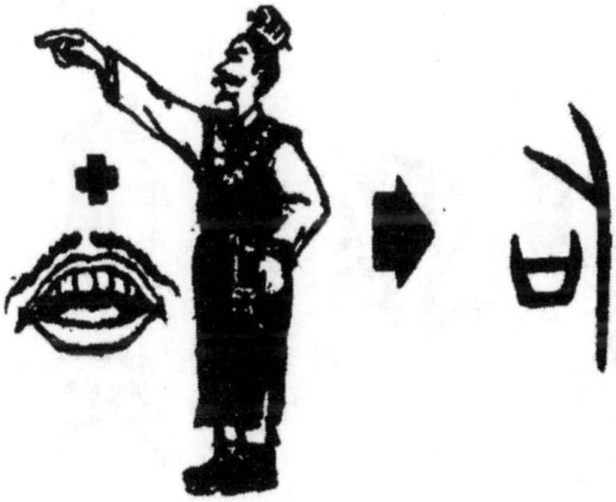

一个人侧面站着，手向上前方高高举起，他的大嘴正在发布命令。本义是“主持”、“掌管”。《广雅》：“司，主也。”甲、金文“司”、“后”常通用；后来才分化为两个字。

甲骨文

金文

小篆

隶书

楷书

草书

行书

简化字（同楷书）

死 sǐ

字形的一边是死人的残骨；一边是活着的人在旁边跪拜哀悼。本义是“丧失生命”。《论语》：“未知生，焉知死。”古文有时通“屍”（尸）。

字体	字形
甲骨文	
金文	
小篆	
隶书	死
楷书	死
草书	死
行书	死
简化字	（同楷书）

四 sì

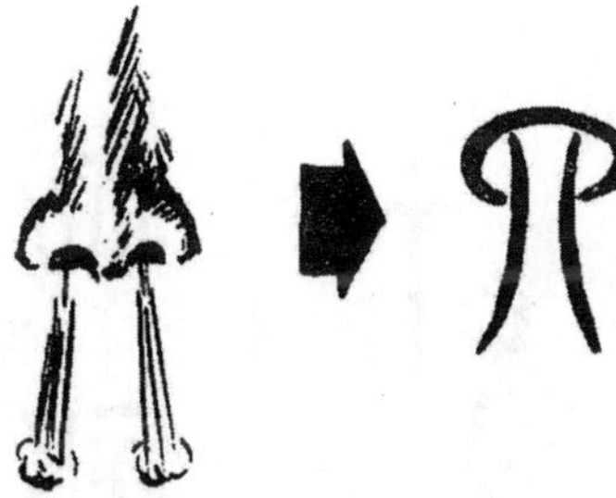

字体	字形
甲骨文	
说文『古文』	
小篆	
隶书	
楷书	四
草书	
行书	
简化字	（同楷书）

甲骨文和金文“四”字一般写作四横画。后来才假借表示“气息”义的“四”字（这种意义从“四”字被“久借不还”后写成“呬”，今音 xì）作为数目字“四”。

祀 sì

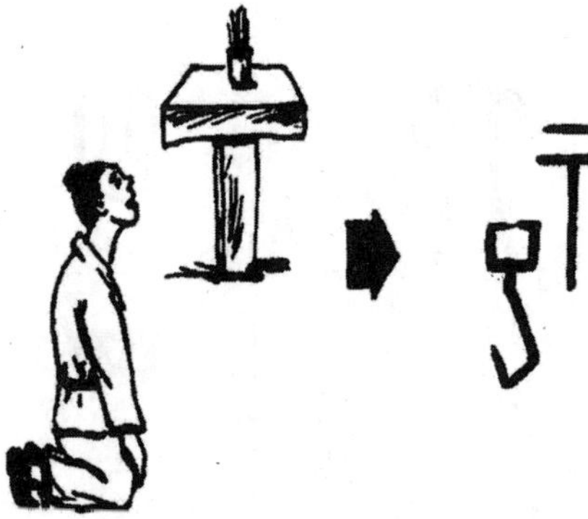

字形像一个人在祭桌（参见“示”字条）前跪拜祭祀的样子。本义是“祭拜神灵或祖先”。商代“祀”还有“年”的意思，如《尚书》：“惟十有三祀。”“巳”也表声。

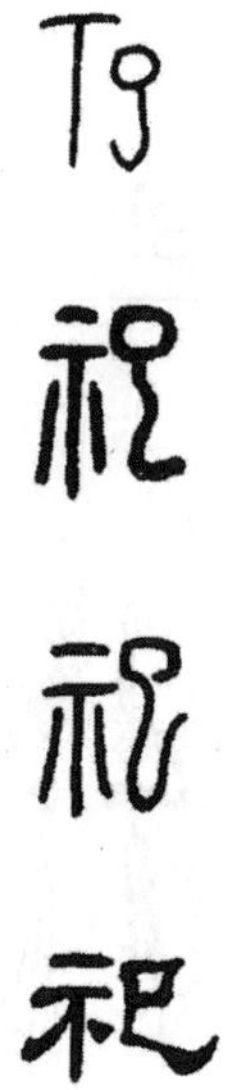

（同楷书）

字体
甲骨文
金文
小篆
隶书
楷书
草书
行书
简化字

夙 sù

本义是“早”，如《诗经》：“夙兴夜寐。”甲骨文和金文“夙”字都是拂晓时天上还挂着残月，一个人在辛勤劳动的情景。引申为“旧”、“平素”等义。

甲骨文
金文
小篆
隶书
楷书
草书
行书
简化字（同楷书）

宿 sù, xiǔ, xiù

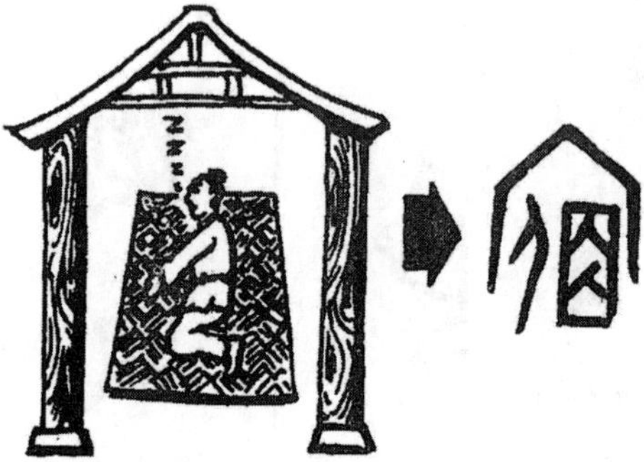

本义是“住宿”。《说文》:“宿,止也。”在一所房屋里,一个人正躺在竹席上睡觉;只是人和席子分开来写。现在用作“一夜”义时读 xiǔ;用“星宿”义时读 xiù。

甲骨文

金文

小篆

隶书

楷书

草书

行书

简化字 (同楷书)

岁（歲）suì

〔附〕刿

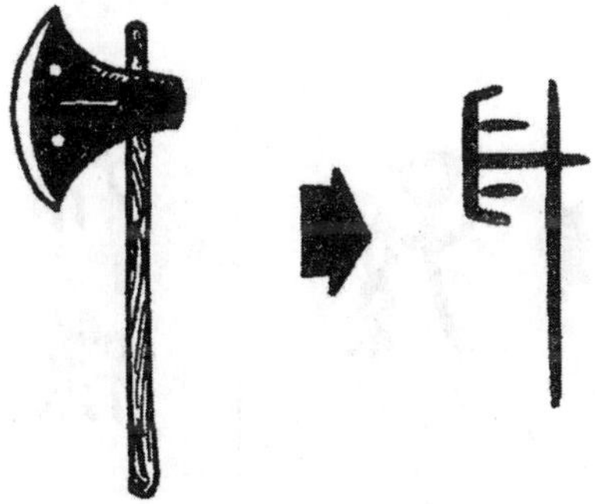

字形是一把有弯刃的大斧的样子。斧上有两点，原是装饰物，后变为两“止”。本义是“割”。这种意义后来写作“刿”（音 guì）。庄稼每年收割一次，所以引申为“年岁”义。

甲骨文

金文

小篆

隶书

楷书

草书

行书

简化字

孙（孫）sūn

〔附〕 逊

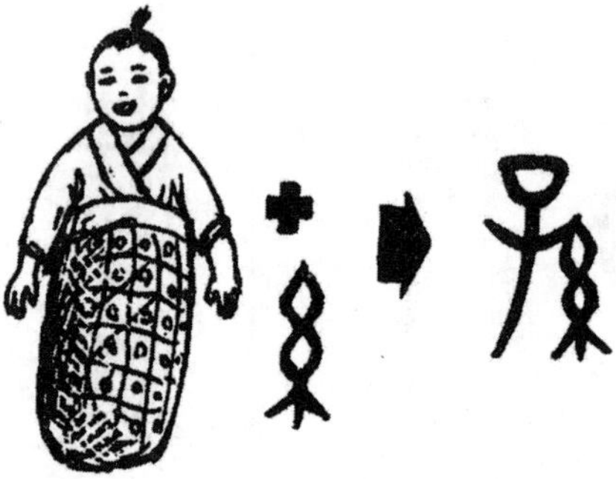

字由“子”、“系”两部分构成。“系”有“继承”、“连接”义，所以“孙”就是“儿子的儿子”。《说文》：“子之子曰孙。”古文有时借为“逊”（音xùn）。

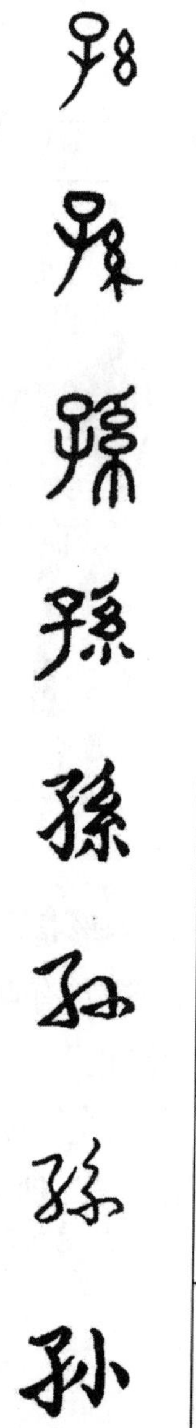

甲骨文

金文

小篆

隶书

楷书

草书

行书

简化字

索 suǒ

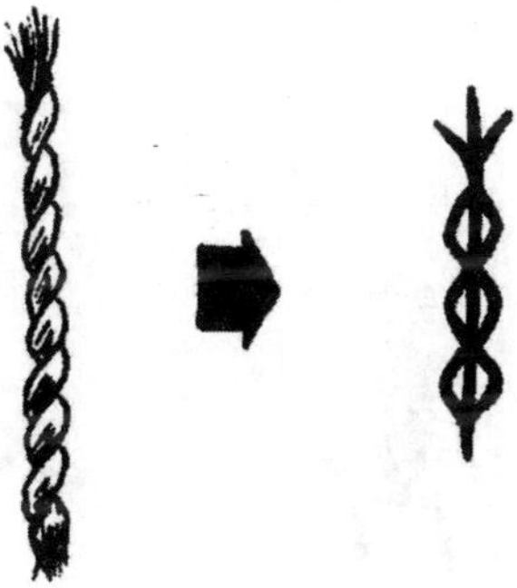

本义是“粗绳”。甲骨文“索”字像一段绳子的样子，上端可以看出绳头的一些股叉。有的字形在绳子旁边还有两只手，表示搓制绳索的意思。

（同楷书）

甲骨文

金文

小篆

隶书

楷书

草书

行书

简化字

天 tiān

〔附〕 颠

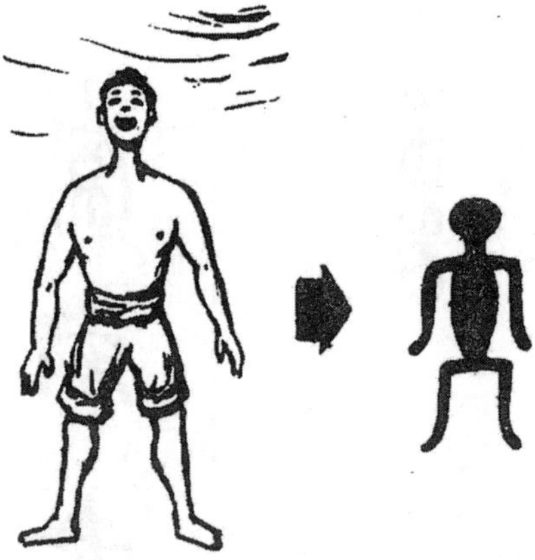

“天”是“颠”的本字，意思是“头顶”。人们的头顶上面就是天空，所以借以表示“天”。《说文》：“天，颠也，至高无上。”金文的人头多作圆形；甲骨文为了刻写方便，作方形或横画。

甲骨文
金文
小篆
隶书
楷书
草书
行书
简化字 (同楷书)

田 tián

〔附〕 畋

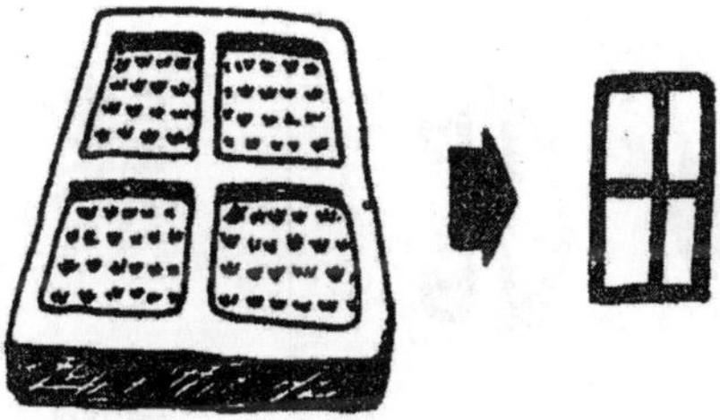

象形字，像一块块的田地。甲骨文的田块多少不等；金文以后简化为四块。卜辞："土方侵我田。十人。""田"又有"打猎"义，这个意义后来多写作"畋"。

甲骨文	
金文	
小篆	
隶书	
楷书	
草书	
行书	
简化字	（同楷书）

听（聽）tīng

〔附〕 圣

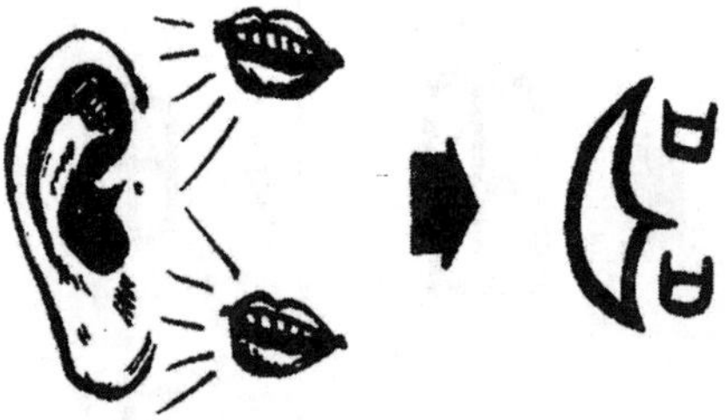

一只耳朵旁边有一张或两张嘴在说话，表示“用耳朵感受声音”的意思。《论语》：“听其言而观其行。”引申为“听从”、“听任”等义。古文“听”、“圣”通用。

甲骨文	
金文	
小篆	
隶书	
楷书	
草书	
行书	
简化字	

同 tóng

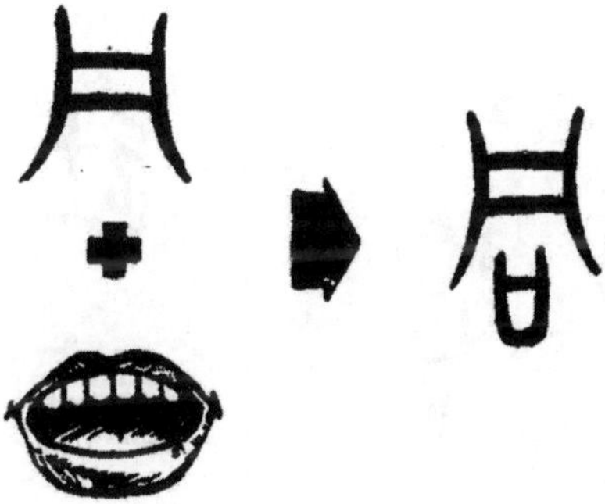

字的上部是“凡”，表示“大都”的意思；下面是“口”，表示“说话”的意思。众口同声，本义是“共同”、“相同”。《易经》：“同声相应，同气相求。”

（同楷书）

甲骨文 | 金文 | 小篆 | 隶书 | 楷书 | 草书 | 行书 | 简化字

徒 tú

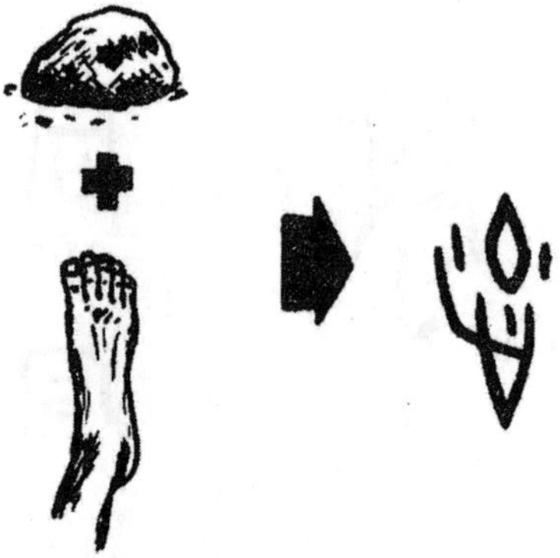

本义是“步行”。《易经》：“舍车而徒。”甲骨文“徒”字上半是“土”（声旁），下半是“止”（足状，形旁）。金文以后又加一个形旁“彳”（“行走”义），更明显地表义。

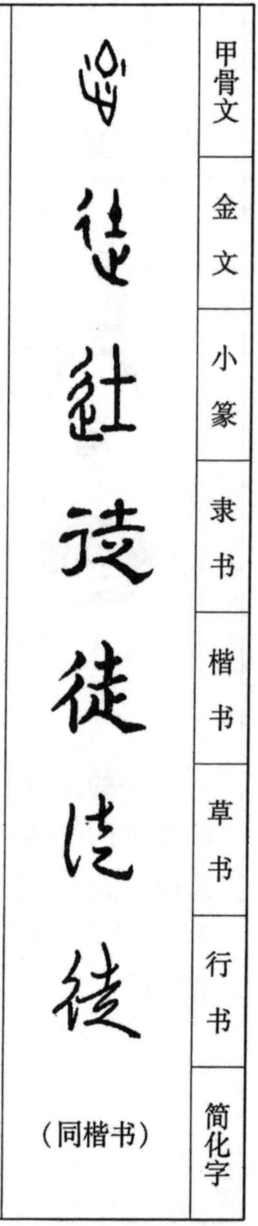

土 tǔ

象形字。像地面上有一堆土，土的形状在早期的图画文字和金文中用粗笔表示；在甲骨文中为了刻写方便而只勾勒出轮廓线。《荀子》："积土成山。"

甲骨文

金文

小篆

隶书

楷书

草书

行书

简化字（同楷书）

兔 tù

象形字。古文“兔”字十分形象地表示了兔子的特征：长长的耳朵，灵活的身体，还有短小的腿和尾巴。后来就变得不那么象形了。《战国策》：“狡兔有三窟。”

甲骨文	
金文	
小篆	
隶书	
楷书	
草书	
行书	
简化字	（同楷书）

屯 tún

〔附〕 春 纯

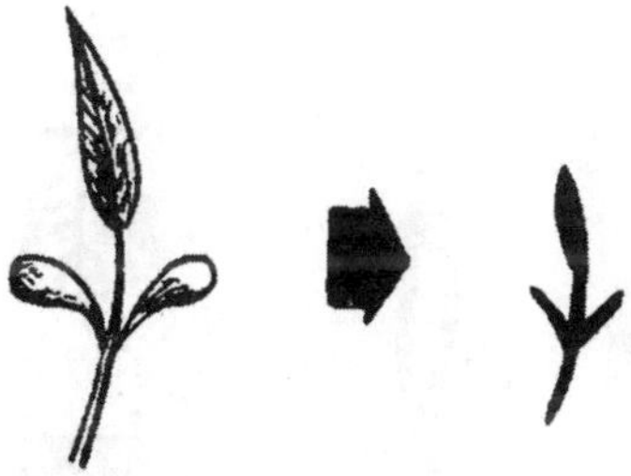

“春”的本字。甲骨卜辞有把“春”写作“屯”的,如“今屯受年”。字形像一棵正破土而出的嫩芽。金文又借“屯”为“纯”(意思是“丝”)。后来“屯”多用于“聚集”、“驻守”等义。

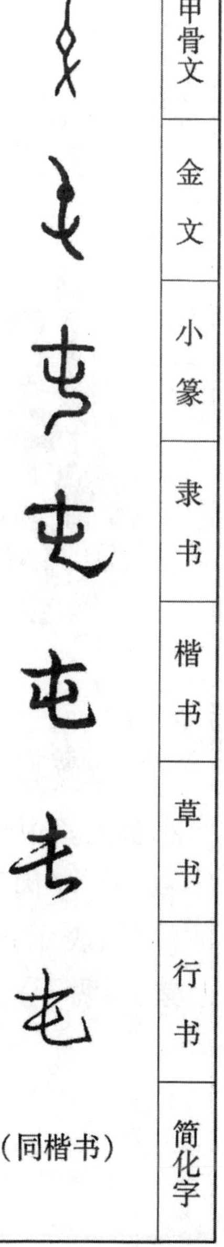

豚 tún

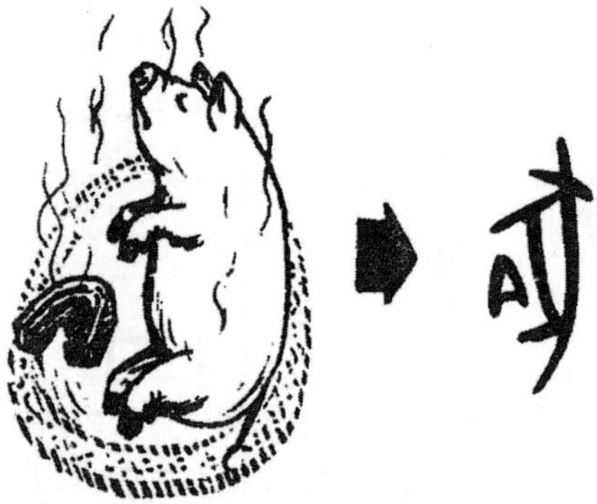

本义是“小猪”。《说文》:“豚,小豕也。”甲骨文“豚”字由“豕”(猪)和“月”(肉)构成;金文加了“又”(手),表示这是最宜采取做食用的猪。《孟子》:“鸡豚狗彘之畜。”

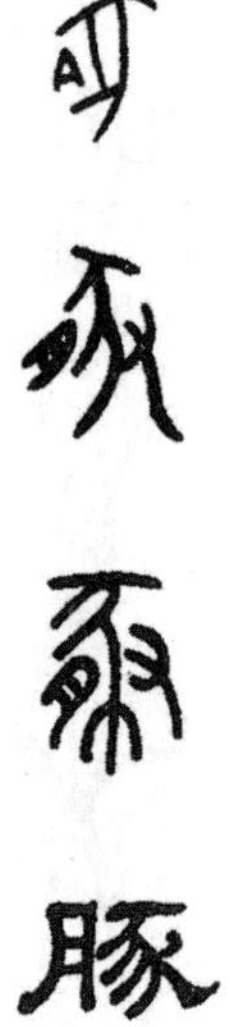

(同楷书)

甲骨文
金文
小篆
隶书
楷书
草书
行书
简化字

妥 tuǒ

〔附〕 绥

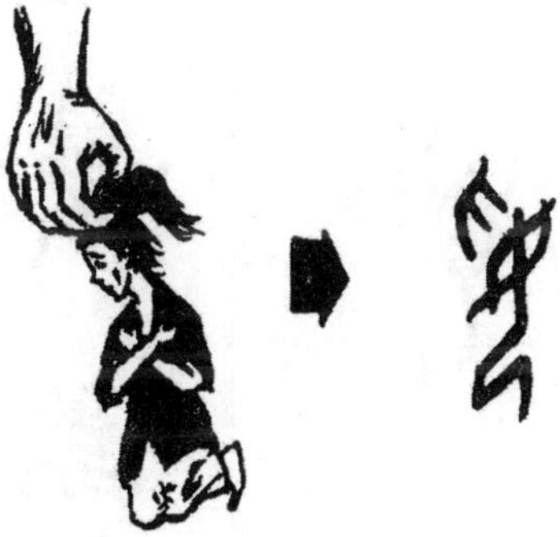

一只大手按住一个跪着的女子，表示制服了她。本义是“安定”、“安稳”，如《汉书》：“北州以妥。”这种意义后来写作“绥”。金文铭文也常以“妥”为“绥”。

甲骨文

金文

小篆

隶书

楷书

草书

行书

简化字 （同楷书）

万（萬）wàn

〔附〕 虿

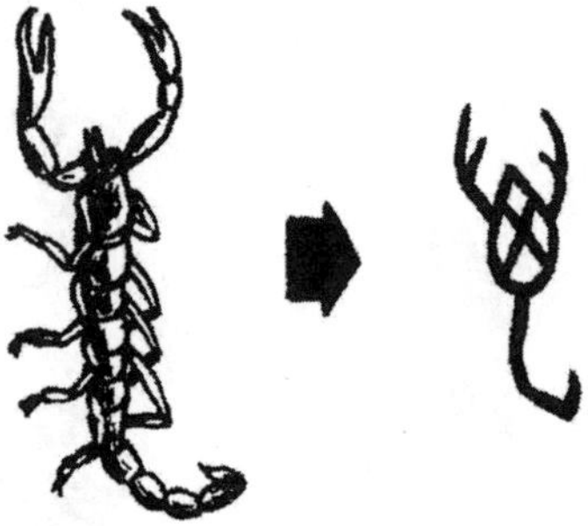

本义是“蝎子”。《说文》：“萬，蟲也。”甲骨文和金文的字形十分形象，蝎子的钳、身、尾俱全。后来借为数目字，本义改写作“蠆”（虿，今音chài）。“万”是早在汉代就出现的简体字。

字体	
甲骨文	
金文	
小篆	
隶书	
楷书	
草书	
行书	
简化字	万

王 wáng

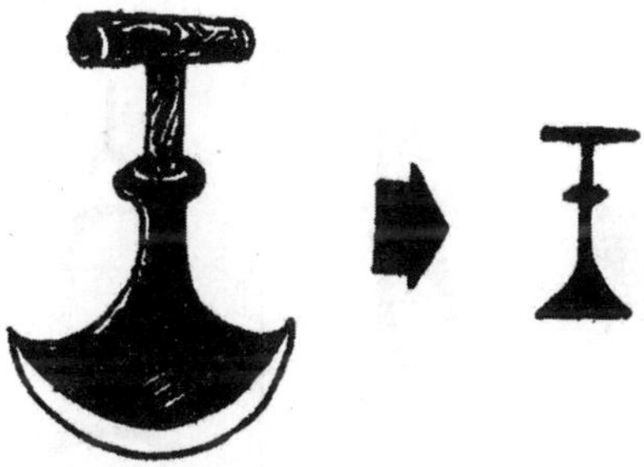

字体	字形
甲骨文	
金文	
小篆	
隶书	
楷书	
草书	
行书	
简化字	（同楷书）

“王”字最早的字形是一把大斧，上面是斧柄，下面是宽刃。这就是实力和权威的象征，所以古代最高统治者称为“王”。《尔雅》：“王，君也。”《六书故》：“有天下曰王，帝与王一也。”

亡 wáng

〔附〕 无

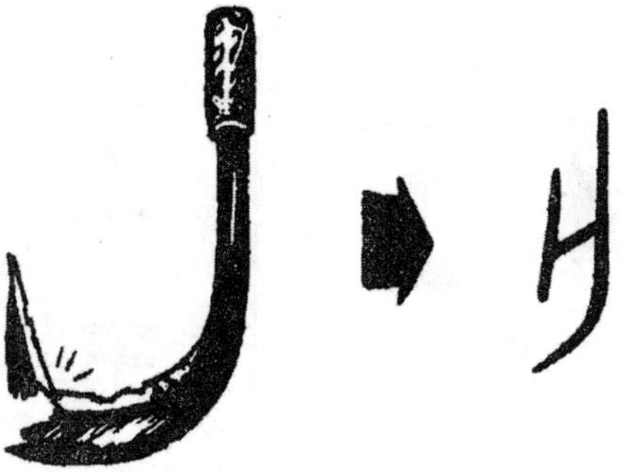

甲骨文的字形像一把刀的刃被折断了,成了无用的东西。引申为"死亡"、"灭亡"、"逃亡"等义。古文又借为"无",表示"没有"、"不"等义,如《诗经》:"何有何亡,黾勉求之。"

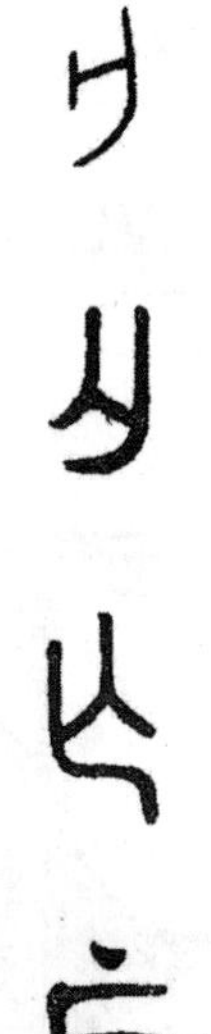

甲骨文

金文

小篆

隶书

楷书

草书

行书

简化字

(同楷书)

往 wǎng

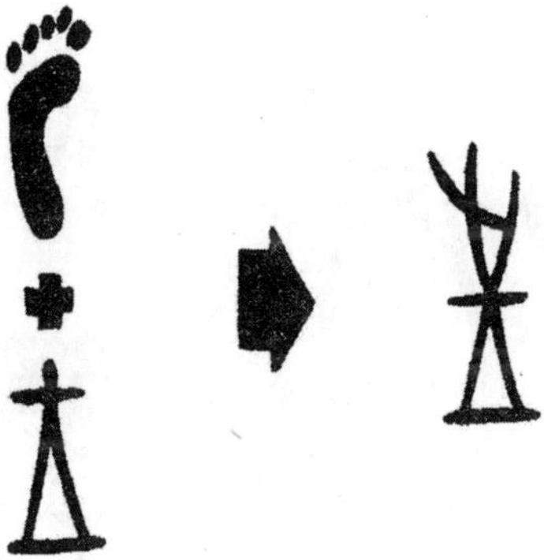

本义是“去”。《易经》:“寒往则暑来,暑往则寒来。”甲骨文“往”字上部是“止”(脚状),表义;下部是“王”,表声。金文之后才加上“彳”旁。

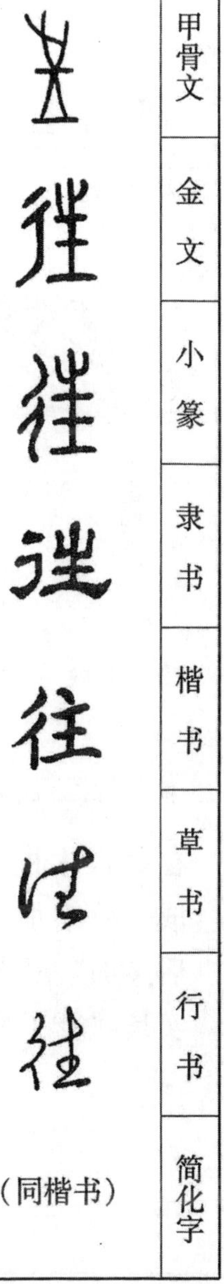

网（網）wǎng

〔附〕 罔

古文的字形是一张捕鸟兽的网，在两根木棍之间用绳索交叉编织而成。后来加了声旁“亡”作“罔”；再后又加“糸”造了“網”字。简化字其实是回复了古字。

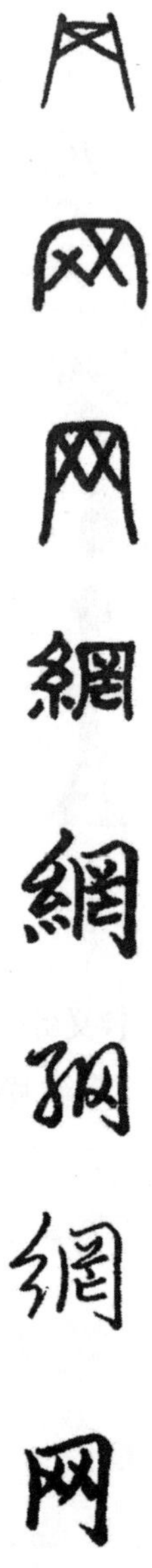

甲骨文

金文

小篆

隶书

楷书

草书

行书

简化字

望 wàng

本义是"向远处看"。甲骨文"望"字像一个人站在地上，睁大眼睛远望。金文加上了月形，更明显地表达了"远望"的意思。《左传》："登轼而望之。"

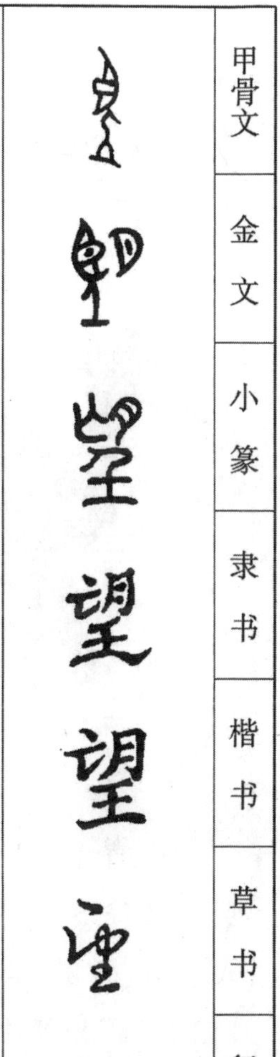

为（為）wéi，wèi

甲骨文“为”字十分形象，是一只手牵着象（参见“象”字条）让它为人们干活的样子。本义是“作”。《论语》：“见义不为，无勇也。”

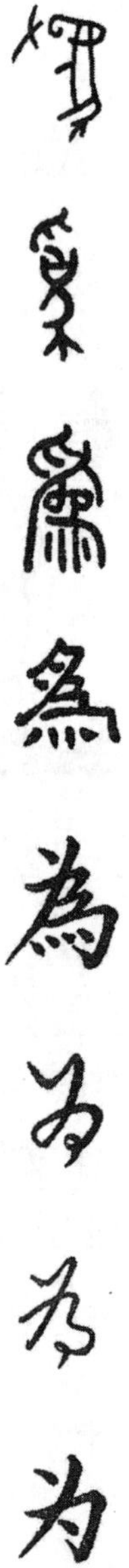

甲骨文

金文

小篆

隶书

楷书

草书

行书

简化字

韦（韋）wéi

〔附〕违

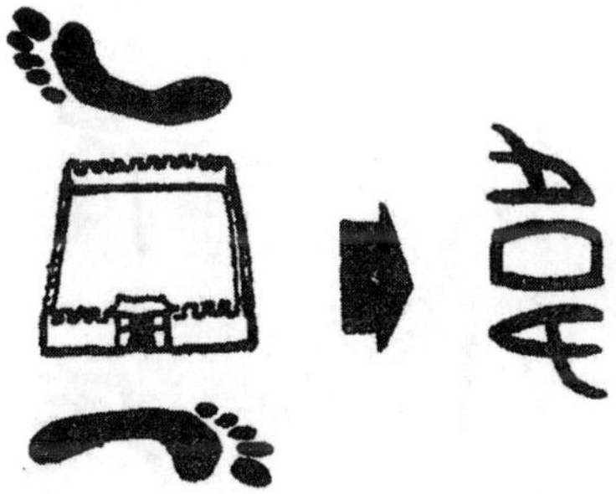

“韦”是“违”的本字。《说文》：“韦，相背也。”甲骨文“韦”字中间的方框是人们聚居的城邑，上下各有一只脚，朝着相反的方向走，表示“背违”义。

甲骨文 | 金文 | 小篆 | 隶书 | 楷书 | 草书 | 行书 | 简化字

尾 wěi

一个人在臀部接了一条尾巴状的饰物，这是远古的人们跳舞或庆典时模仿兽类，或为了表示本族的图腾而这样做的。《说文》：“古人或饰系尾”。

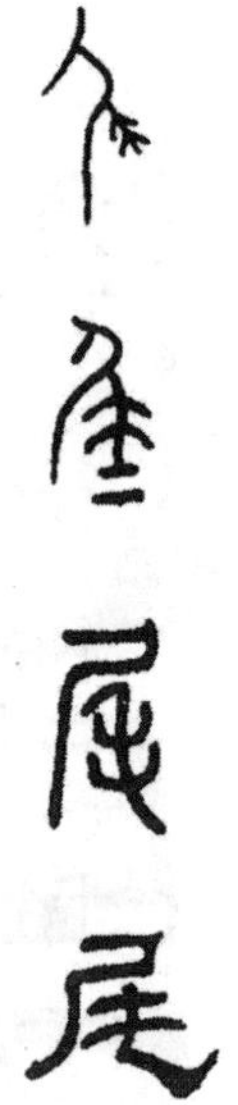

（同楷书）

甲骨文	
金文	
小篆	
隶书	
楷书	
草书	
行书	
简化字	（同楷书）

卫 （衞）wèi

　　本义是"保卫"。《战国策》："……以卫王宫。"较早的金文"卫"字中间是一座城邑，四周有足形，像卫兵围绕着它巡逻保卫。后来多以"韦"为声旁，以"行"为形旁。

衛	甲骨文
衞	金文
衞	小篆
衛	隶书
衛	楷书
衞	草书
衞	行书
卫	简化字

未 wèi

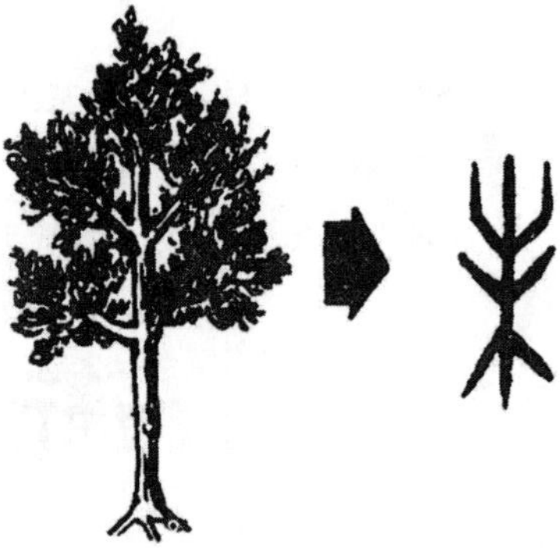

一棵树长出许多枝叶，本义是“茂盛”。《说文》：“象木重枝叶也。”《六书故》：“未，畅茂也。”后来常借为干支名，又多用于“没有”、“不曾”等义，本义不再存在。

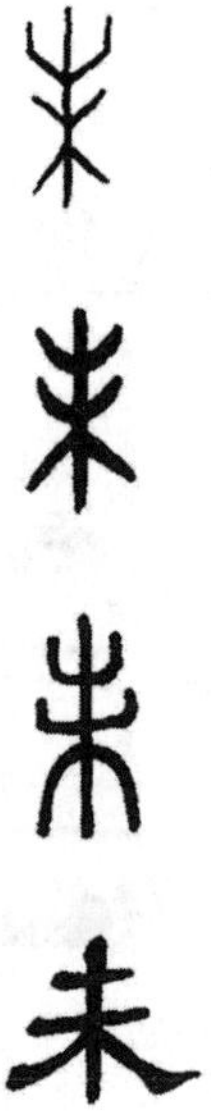

甲骨文
金文
小篆
隶书
楷书
草书
行书
简化字（同楷书）

畏 wèi

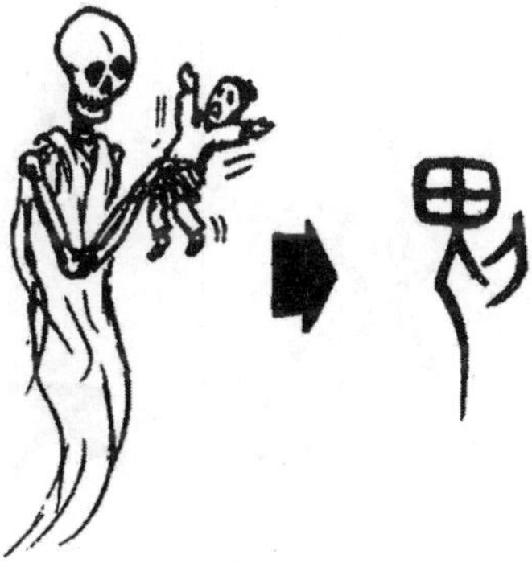

一个鬼魂(参见“鬼”字条)手持棍棒追打或抓住活人,这是非常可怕的事。“畏”的本义就是“害怕”、“恐惧”,引申为“敬服”。《老子》:“民不畏死,奈何以死惧之。”

甲骨文

金文

小篆

隶书

楷书

草书

行书

简化字 (同楷书)

文 wén

〔附〕 纹

本义是“文身”（后来“文”也写作“纹”），就是在人身上刺花纹图案。甲骨文和金文的字形是一个人的胸前或背后刺上了花纹的样子。《庄子》：“越人断发文身。”

（同楷书）

甲骨文

金文

小篆

隶书

楷书

草书

行书

简化字

闻（聞）wén

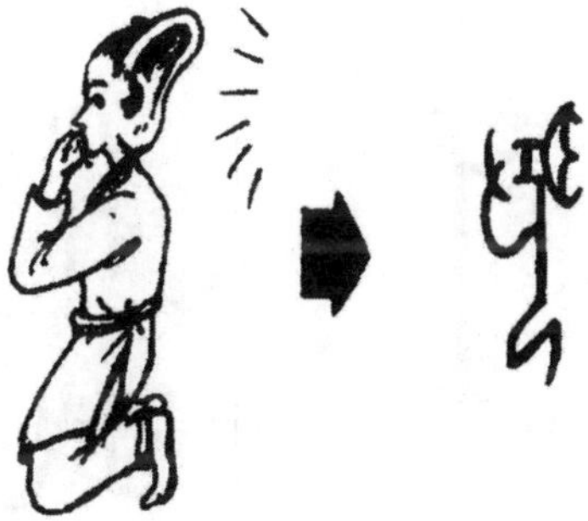

一个人跪坐着，用手掩嘴，夸大了的耳朵在听着什么声音。——这就是甲骨文“闻”的字形，本义是“听见”。《说文》：“闻，知声也。”后来也指用鼻子嗅物。

甲骨文	
金文	
小篆	
隶书	
楷书	聞
草书	
行书	
简化字	闻

我 wǒ

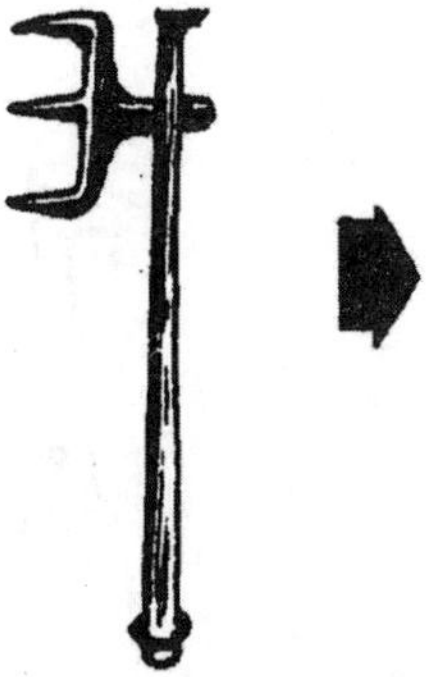

本义是一种武器，有长柄和三齿的锋刃。但是从甲骨文起就借为表示第一人称的代词，多为殷商的自称，如“我受年”等。本义早已不存。

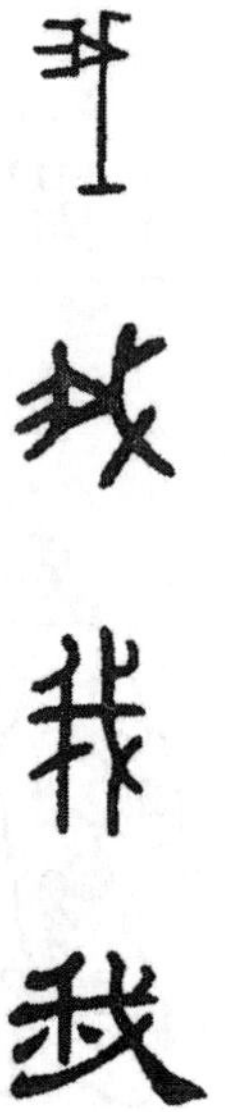

甲骨文
金文
小篆
隶书
楷书
草书
行书
简化字（同楷书）

巫 wū

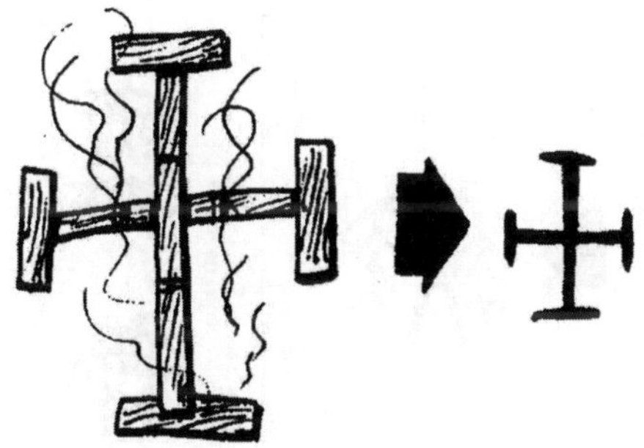

古代以装神弄鬼替人祈祷为职业的人叫“巫”。《说文》：“巫，祝也……。”甲骨文和金文的字形是横竖放置着的几根竹签，这是巫师用来占卜吉凶的道具。

甲骨文

金文

小篆

隶书

楷书

草书

行书

简化字 （同楷书）

舞 wǔ

〔附〕 无

甲骨文“舞”字像一个人手执牛尾跳舞的样子。卜辞：“贞：舞，允从雨？”后来借为表示“没有”义的“無”（无），于是加双脚形（“舛”）另造“舞”字。

甲骨文	
金文	
小篆	
隶书	
楷书	
草书	
行书	
简化字	（同楷书）

武 wǔ

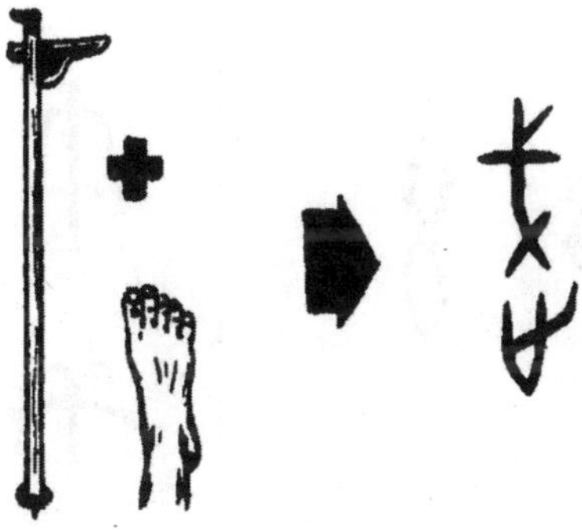

字的上部是“戈”（古代的一种武器），下部是“止”（脚），表示拿起武器动身出发去打仗。“武”的本义是军事、技击、强力的通称。《尚书》：“乃武乃文。”

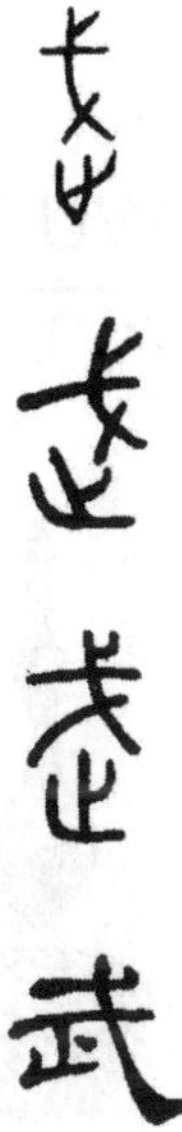

甲骨文
金文
小篆
隶书
楷书
草书
行书
简化字（同楷书）

午 wǔ

〔附〕 杵 迕 忤

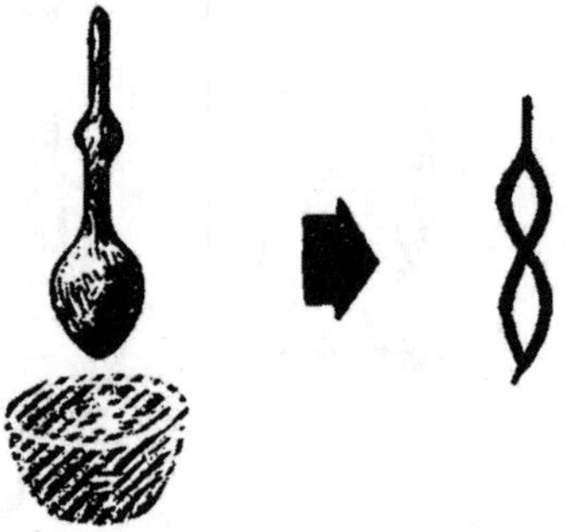

原为象形字。字形像一根舂米用的杵，是“杵”的本字。后来借为干支名称，于是另造“杵”字。“杵”现读 chǔ。“午”又通“迕”、“忤”（都读 wǔ），义为“逆”。

甲骨文	
金文	
小篆	
隶书	
楷书	
草书	
行书	
简化字	（同楷书）

五 wǔ

用横画来表示“一”“二”“三”“四”等数目字的造字法是十分直观的；但是，假如再用这方法来表示“五”以上的数就不方便了。于是用交叉形的“X”或“𠄡”表示“五”。

甲骨文

金文

小篆

隶书

楷书

草书

行书

简化字（同楷书）

戊 wù

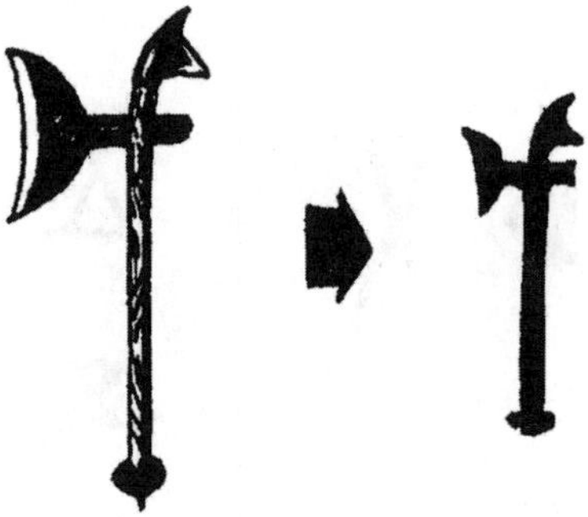

原为象形字。字形像一把有着弯月形宽刃的斧子。这是古代的一种武器。后来借为干支名称，本义不存。可参见“戈”、“成”、“戎”、“戒”等条。

（同楷书）

甲骨文

金文

小篆

隶书

楷书

草书

行书

简化字

勿 wù

〔附〕 物

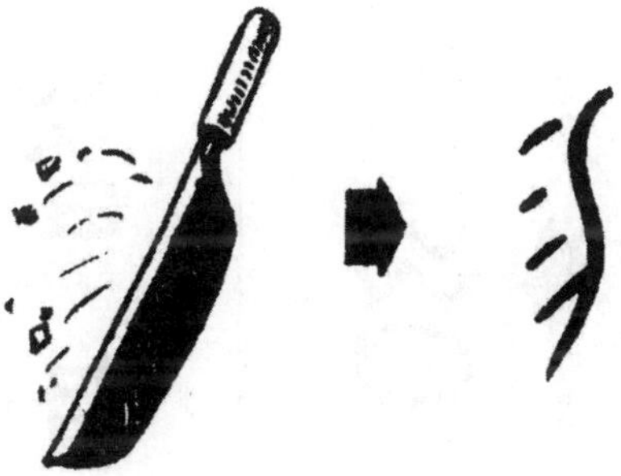

一把刀将一些无用的东西如瓜皮菜根削掉，表示“不要”的意思，这似为“勿”的本义。又借为“物”，如马王堆汉墓帛书甲本《老子》：“勿或损之而益，益之而损。”

甲骨文

金文

小篆

隶书

楷书

草书

行书

简化字（同楷书）

昔 xī

本义是“从前”、“过去”。《诗经》:“昔我往矣。”古代常有洪水为患,人们记忆犹新,所以用滔滔的大水的形状加上“日”来表示这个时间概念。

甲骨文

金文

小篆

隶书

楷书

草书

行书

简化字 (同楷书)

西 xī

〔附〕 栖

“西”的原义是“栖”，字形是一个鸟巢的样子。但是甲骨文和金文都有巢无鸟；小篆才加上了鸟形。《说文》：“西，鸟在巢上也。象形。日在西方而鸟栖，故因以为东西之西。”

甲骨文

金文

小篆

隶书

楷书

草书

行书

简化字 （同楷书）

析 xī

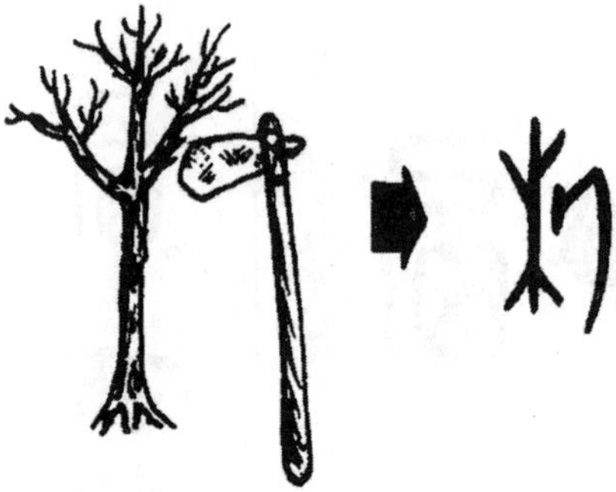

本义为“劈开”,《诗经》:“析薪(砍柴)如之何?匪(非)斧不克。”字由“木”、“斤”两部分构成,“木”是树,“斤”是斧(参见“斤”字条)。后来引申为“分析”、“辨析”等义。又参见“折”字条。

字体	字形
甲骨文	
金文	
小篆	
隶书	
楷书	
草书	
行书	
简化字	(同楷书)

奚 xī

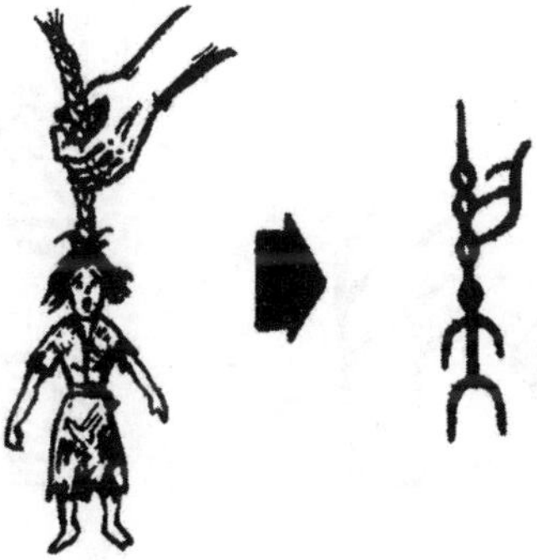

一个人的头部被套上绳索，由一只大手牵着。本义是“奴隶”，往往指“女奴”。《周礼》：“奚三百人。”后来“奚”字多用作疑问代词，意为“什么”、“哪里”。

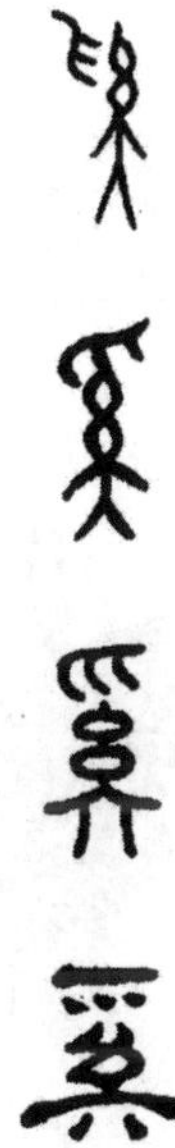

（同楷书）

甲骨文
金文
小篆
隶书
楷书
草书
行书
简化字

习（習）xí

　　本义是"鸟屡次飞翔"。《说文》："习，数（多次）飞也。"《礼记》："鹰乃学习（练飞）。"甲骨文和战国楚简"习"字的上部是"羽"；下面是"日"，表示时间。小篆之后"日"讹变为"白"。

習	甲骨文
習	战国文字
習	小篆
習	隶书
習	楷书
習	草书
習	行书
习	简化字

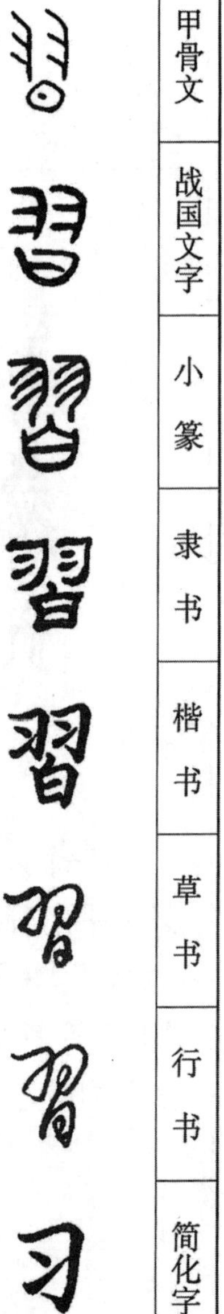

喜 xǐ

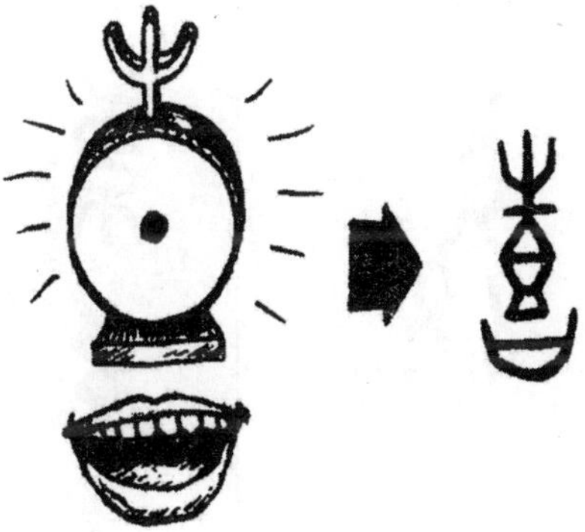

“喜”字由“壴”、“口”两部分构成。“壴”是鼓(参见“鼓”、“彭”字条);“口”可以看做是笑着的嘴。把鼓敲起,笑口常开,显然是因为这里有喜庆的事。《说文》:“喜,乐也。”

(同楷书)

甲骨文
金文
小篆
隶书
楷书
草书
行书
简化字

系 xì

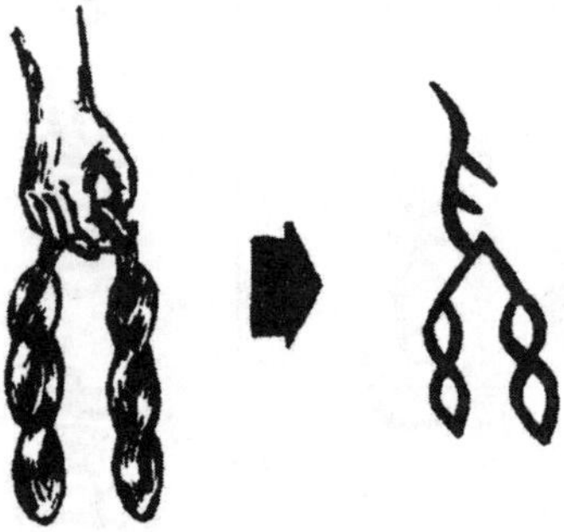

一只手握着两三束细丝，本义是“联属”。同“繫”，《说文》：“系，繫也”。又有“继承”义，汉班固《东都赋》：“系唐统，接汉绪”。引申为“系统”等义。简化字把“系”、“繫”、“係”合并为“系”。

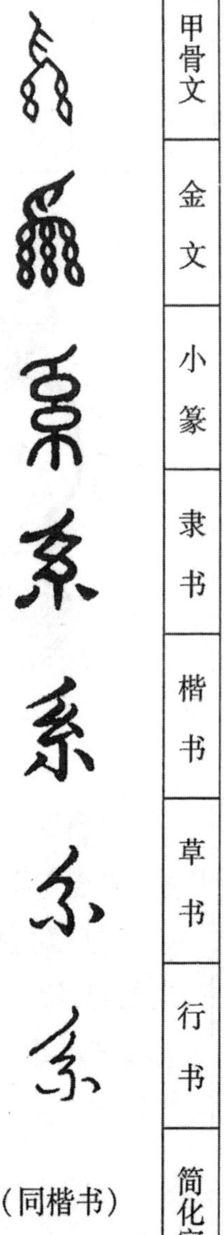

下 xià

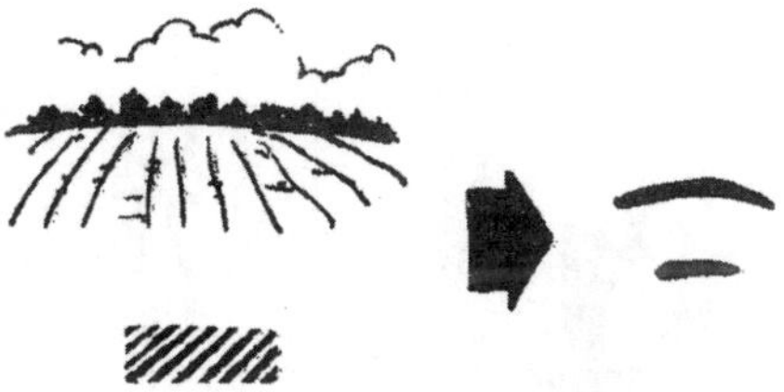

原是指事字。字由两横构成。上面较长的横画(有的字形上面一画带弧形)是地平线;下面较短的横画是指事符号。后来为了避免与“二”字相混,字形逐渐有所变化。

甲骨文
金文
小篆
隶书
楷书
草书
行书
简化字

(同楷书)

先 xiān

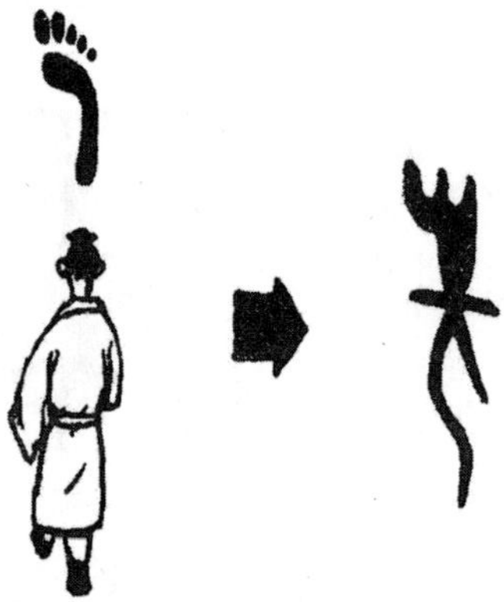

本义是“走在前面”。字的上部是一只脚，下部是一个人。跑到人家的前头去，就是“先”。后来引申为“过去”、“祖先”和“已去世的上辈”等义。

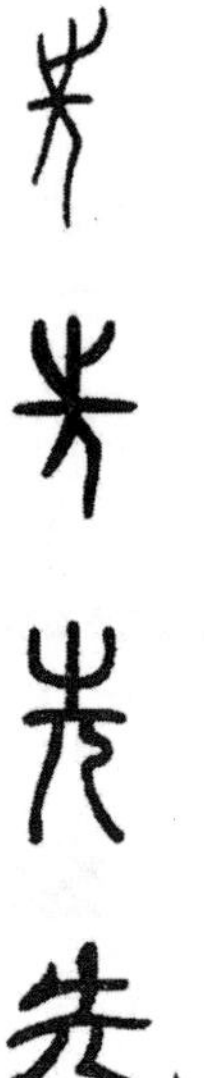

甲骨文
金文
小篆
隶书
楷书
草书
行书
简化字

（同楷书）

咸 xián

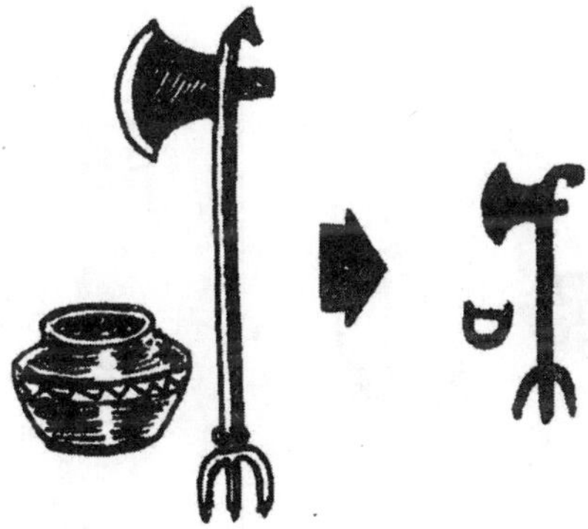

用一把"戌"(即大斧,参见"戌"字条)把"口"(指物品,参见"品"、"多"字条)打碎。本义是"全都"、"尽"。《说文》:"咸,皆也,悉也。"《尚书》:"庶绩咸熙。"

(同楷书)

甲骨文 | 金文 | 小篆 | 隶书 | 楷书 | 草书 | 行书 | 简化字

陷 xiàn

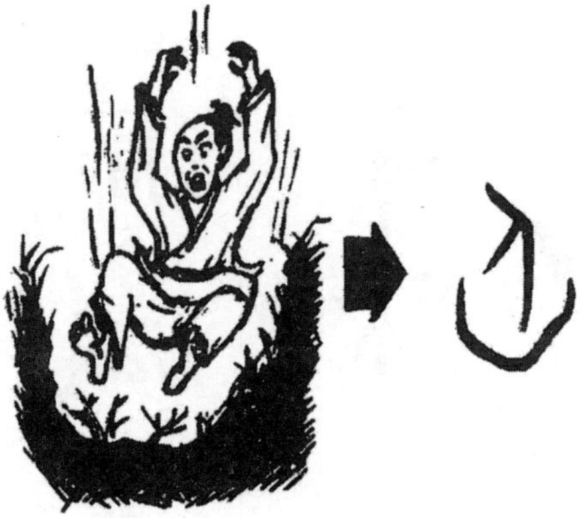

原作“臽”。甲骨文的字形是一个人掉进了陷阱。金文在陷阱上面加了“口”，还在陷阱底部加了尖桩。金文铭文：“敢臽虐我土。”睡虎地秦墓竹简：“皆臽中类斧。”

（同楷书）

甲骨文	
金文	
小篆	
隶书	
楷书	
草书	
行书	
简化字	（同楷书）

献（獻）xiàn

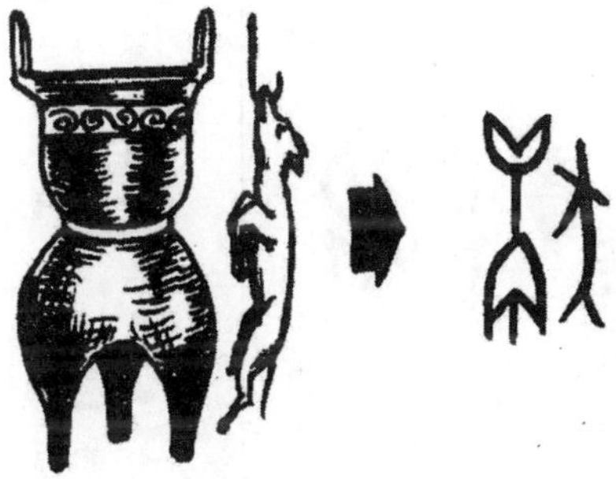

字原由“鬳”、“犬”构成。“鬳”即“甗”字（音 yǎn），是古代的一种炊具；“犬”是狗。用炊具蒸煮狗作为祭品，进献于宗庙。所以“献”的本义是“献祭”。引申为“奉献”。

甲骨文

金文

小篆

隶书

楷书

草书

行书

简化字

乡（鄉）xiāng

〔附〕 飨 卿 响

“鄉”（乡）是“饗”（飨）的本字。意思是“用酒食招待人”。金文铭文：“用乡宾客。”字形是两个人面对面地跪坐着，在他们中间是盛食物的器皿。亦通“飨”、“卿”、“响”。

相 xiāng，xiàng

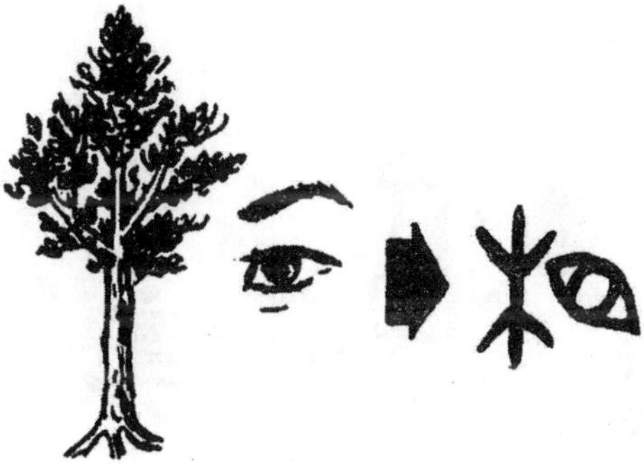

字形是一只眼睛在细细察看一棵树。本义是“细看”、“观察”，音 xiàng，如《诗经》：“相鼠有皮。”又有“相互”义，音 xiāng，如《庄子》：“四人相视而笑。”

字体	字形
甲骨文	
金文	
小篆	
隶书	
楷书	相
草书	
行书	
简化字	（同楷书）

享 xiǎng

〔附〕 亨 烹

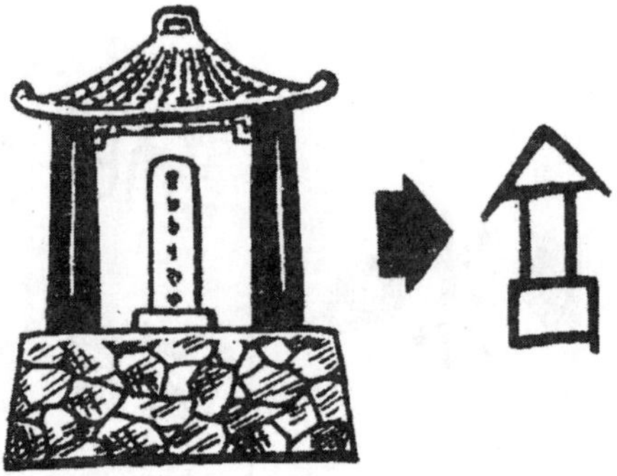

字原作“亯”，像一座祭祀祖先的宗庙，本义是“把祭品供献祖先或神明”。《诗经》：“享祀不忒。”后引申为“享用”、“享受”义。又通“亨”、“烹”。

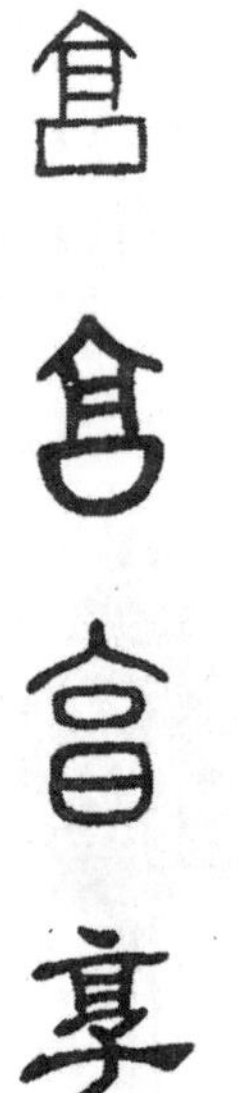

（同楷书）

甲骨文

金文

小篆

隶书

楷书

草书

行书

简化字

向 xiàng

本义是“朝北的窗户”。《诗经》:“塞向墐(jìn,用泥土涂塞)户。”引申为“朝着”、“从前”等义。后来造了“嚮”字,与“向”字意义大同小异。现在又把它们合并为“向”。

甲骨文

金文

小篆

隶书

楷书

草书

行书

简化字 (同楷书)

象 xiàng

这是一个象形字。字形突出了大象长长的鼻子和宽厚的身躯。我国中原地方古代的气候温暖，曾产象。甲骨卜辞："今夕其雨，获象。"

甲骨文

金文

小篆

隶书

楷书

草书

行书

简化字

（同楷书）

小 xiǎo

〔附〕 少

甲骨文和金文“小”字一般写作三个小竖点，这些点可能是沙粒，用以表示物体之小。《说文》：“小，物之微也。”后来又衍生出“少”字。

	甲骨文
	金文
	小篆
	隶书
	楷书
	草书
	行书
（同楷书）	简化字

孝 xiào

一个小孩搀扶或背负着一个头发稀疏的老人走路，这就是“孝顺”的表现。《论语》：“弟子入则孝，出则悌。”可参见“老”、“考”等条。

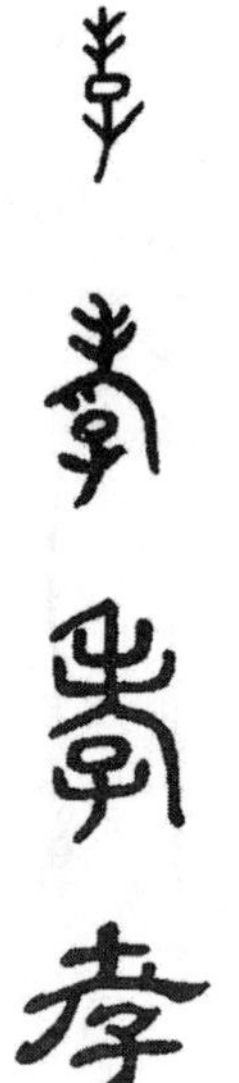

甲骨文

金文

小篆

隶书

楷书

草书

行书

简化字 （同楷书）

心 xīn

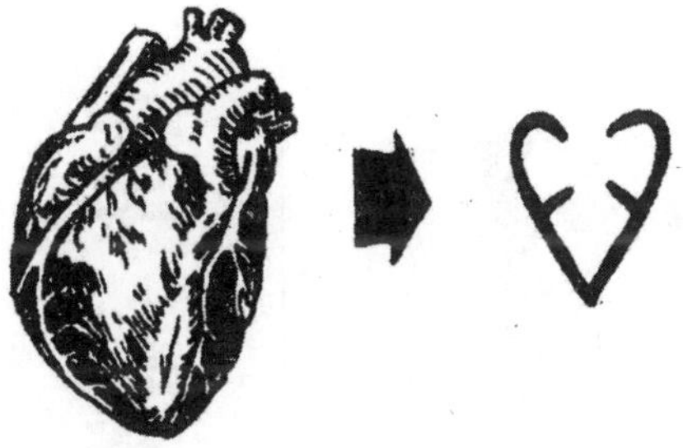

这是一个象形字。甲骨文“心”字很像心脏的形状；后来越变越不像；到隶书以后简直难以辨认出这是心脏的样子了。《淮南子》：“心者，五脏之主也。”

甲骨文

金文

小篆

隶书

楷书

草书

行书

简化字（同楷书）

辛 xīn

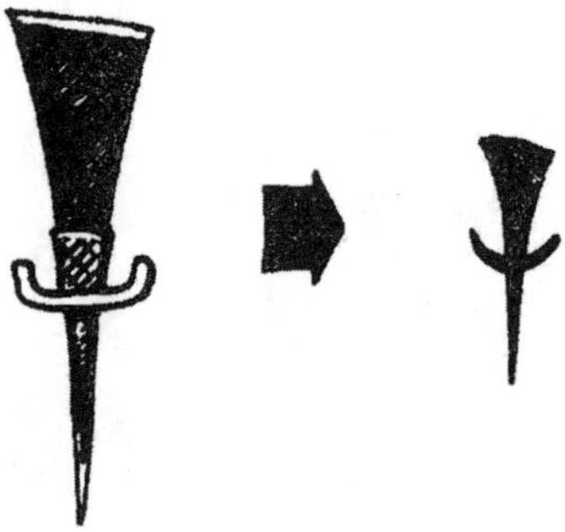

原是一把刑刀。古代常用这种刀在奴隶或罪犯脸上刺字。《说文》:“辛(即“辛”字),罪也。”《白虎通》:“辛,所以煞伤之也。”可参见“仆”、“妾”、“宰”等条。

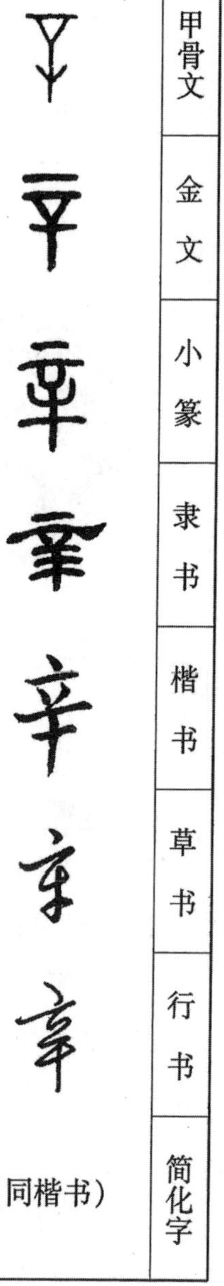

新 xīn

〔附〕 薪

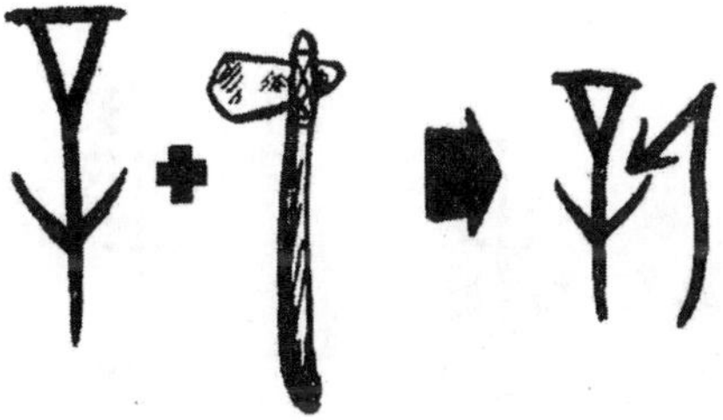

“新”是“薪”的本字。甲骨文、金文由“辛”、“斤”构成。“辛”表声；“斤”是斧子(参见“斤”字条)。马王堆汉墓帛书《十大经》:“百姓斩木艾(刈)新而各取富焉。”

甲骨文

金文

小篆

隶书

楷书

草书

行书

简化字

(同楷书)

星 xīng

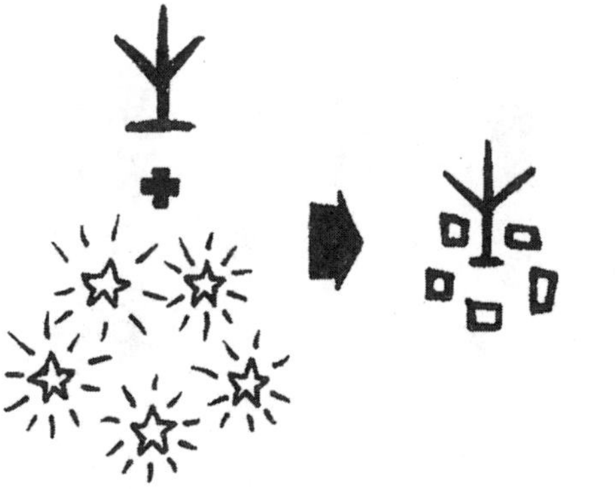

字由两部分组成：上面数目不等的“口”形或“日”形是天上的星星；下面的“生”是声旁。“日”不是太阳而是星，参见“晶”字条。曹操《短歌行》：“月明星稀。”

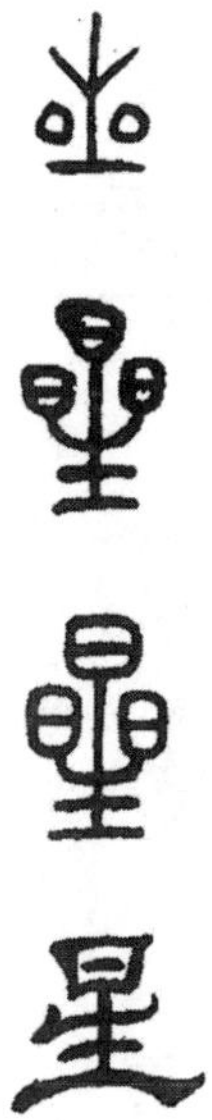

甲骨文

金文

小篆

隶书

楷书

草书

行书

简化字（同楷书）

兴（興）xīng，xìng

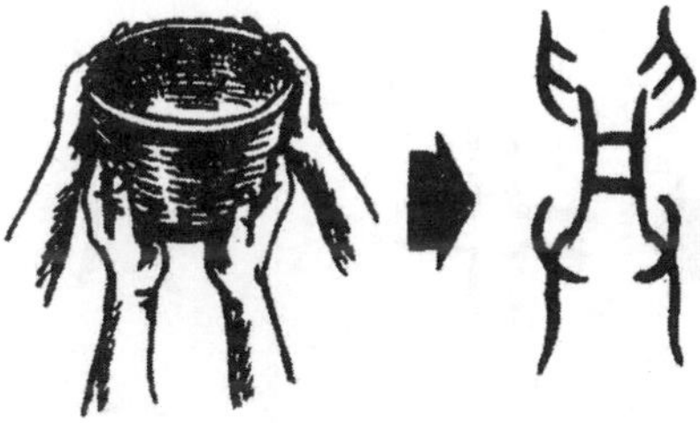

几只手一起把一个大盘（参见“凡”字条）高高举起。本义是“举”，如《周礼》：“进贤兴功（指有功者）”。引申为“起来”、“兴起”等义。以上义项读 xīng。又，用于“兴致”、“兴趣”、“比兴”等义时读 xìng。

甲骨文 | 金文 | 小篆 | 隶书 | 楷书 | 草书 | 行书 | 简化字

行 xíng, háng

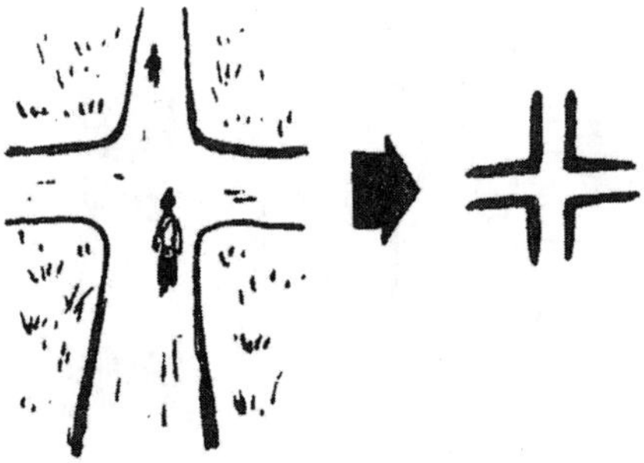

甲骨文的字形很明显是一个十字路口，本义是"路"（音 háng）。《诗经》："遵（沿着）彼微行（小路）。"后来多用于"行走"义（音 xíng）。

甲骨文	兲
金文	兲
小篆	彳亍
隶书	行
楷书	行
草书	彳
行书	行
简化字	（同楷书）

兄 xiōng

〔附〕 况

古时做兄长的可以教育弟弟或命令弟弟去做事，所以在“人”形上端突出他的大嘴，来表示“兄”的意思。又，古籍中有时也以“兄”代“况”。

（同楷书）

甲骨文

金文

小篆

隶书

楷书

草书

行书

简化字

休 xiū

一个人在树下休息，本义是“休息”。后来引申为“停止”（如“天下共苦战斗不休”）、“美善”（如“休戚与共”）、“不要”（如“休得无礼”）等义。

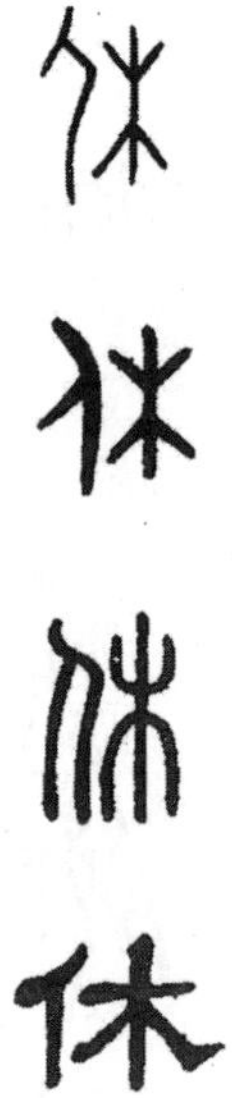

甲骨文

金文

小篆

隶书

楷书

草书

行书

简化字

（同楷书）

羞 xiū

〔附〕 馐

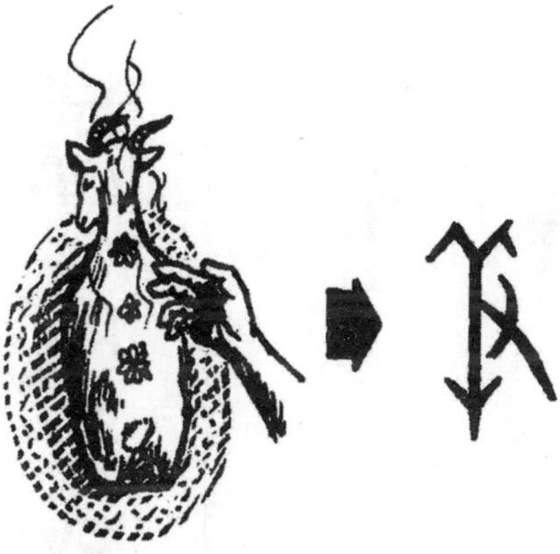

“羞”是“馐”的本字。本义是“美味的食物。”《周礼》:“掌王之食饮膳羞。”字形像一只手取羊肉准备食用。又作“进献”讲。《左传》:“可羞于王公。”

(同楷书)

甲骨文 | 金文 | 小篆 | 隶书 | 楷书 | 草书 | 行书 | 简化字

戌 xū

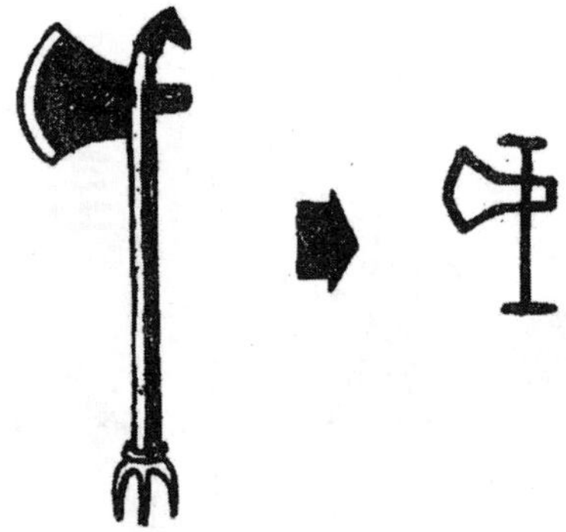

原是古代一种武器的名称。字形是一把长柄的斧子，有宽刃。后来假借为干支名，本义不存。可参见“戈”、“戊”、“戍”、“戎”、“戒”等条。

甲骨文

金文

小篆

隶书

楷书

草书

行书

简化字（同楷书）

畜 xù,chù

〔附〕 蓄

“畜”是“蓄”的本字。较早的字形由“糸”、“田”构成,表示蚕丝、粮食丰收。《谷梁传》:“国无九年之畜曰不足。”现多指饲养的禽兽。

（同楷书）

甲骨文

金文

小篆

隶书

楷书

草书

行书

简化字

宣 xuān

本义是“古代帝王的大宫室”。《说文》:“宣,天子宣室也。”段注:“盖谓大室。”“宀”表示宫室:“亘”(音 xuān)原是云气疏卷的样子,由于宫室大,所以似有云气。

字体	字形
甲骨文	
金文	
小篆	
隶书	
楷书	
草书	
行书	
简化字	(同楷书)

旋 xuán

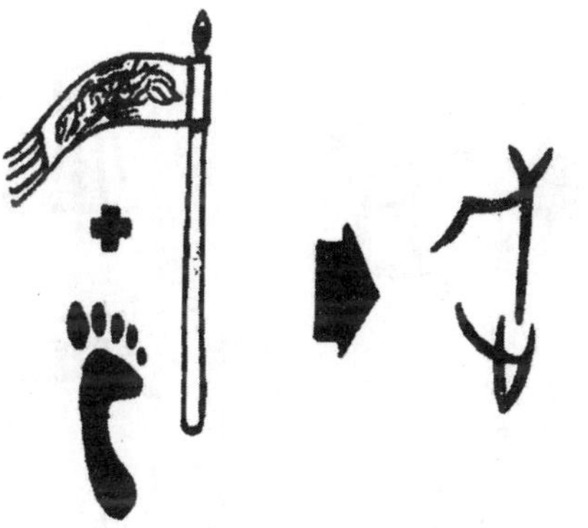

一根旗杆上飘着长条的旗帜，下面有足状，表示军队举着旗子周旋或胜利归来。甲骨卜辞中有“王示旋征”句。《易经》也有“其旋元吉”句。现在还有“凯旋”一词。

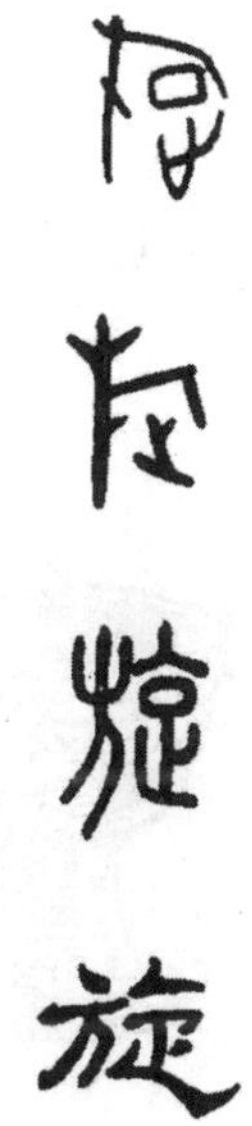

甲骨文

金文

小篆

隶书

楷书

草书

行书

简化字（同楷书）

血 xuè, xiě

“皿”（盛东西的器具）中有圆点，表示古时用以祭祀的牲畜的血。用牲血祭祀的方式叫做“血祭”。《说文》：“血，祭所荐牲血也。”引申指有血统关系的，如“血亲”。

旬 xún

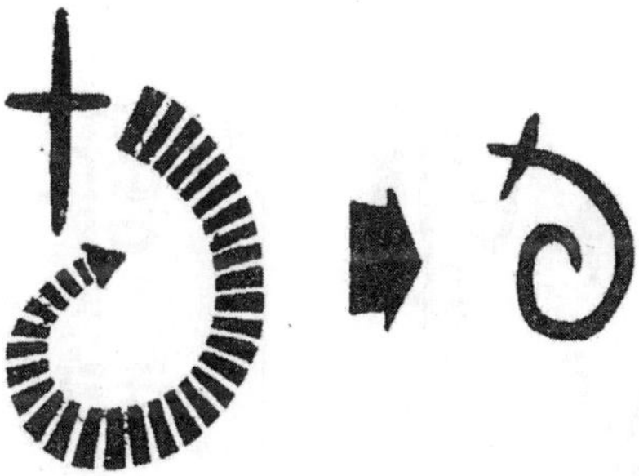

本义是“十天”。古人最初用十个天干（甲、乙、丙、丁……）来记时，“旬”字就用“甲”字（“十”字形，参见“甲”字条）循环一周来表示这个时间概念。

甲骨文

金文

小篆

隶书

楷书

草书

行书

简化字（同楷书）

讯（訊）xùn

一个俘虏的手被反缚着，脚也被锁住，在他面前有一张嘴在审讯他。本义是“审问”。《礼记》：“出征执有罪反，……以讯馘（音 guó，割耳）告。”

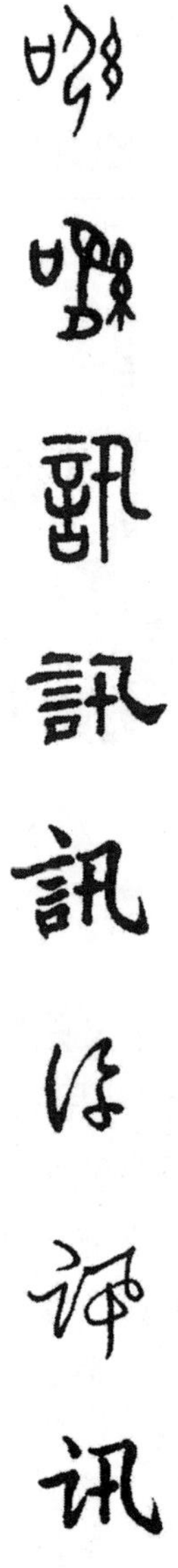

甲骨文 金文 小篆 隶书 楷书 草书 行书 简化字

亚（亞）yà

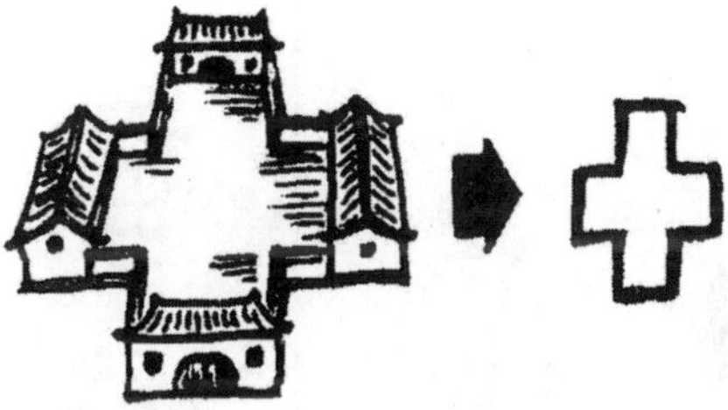

本义是“宗庙”。从字形看，是通向四面的一组建筑物。引申为官名，《左传》：“亚，大夫也。”后来多用于“次等的”、“第二的”义，如“亚军”。

甲骨文

金文

小篆

隶书

楷书

草书

行书

简化字

言 yán

〔附〕 音

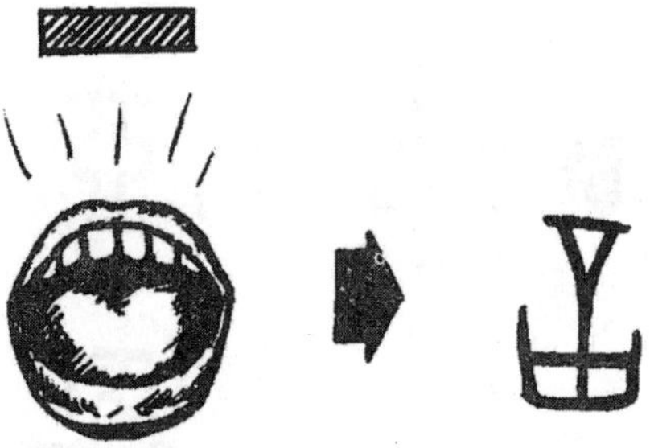

早期的甲骨文“言”字是从嘴里伸出舌头的样子；“舌”上有一横画，是指事符号。后来舌状变成“辛”，就不好理解了。甲骨文还以“言”代“音”。

甲骨文 金文 小篆 隶书 楷书 草书 行书 简化字

（同楷书）

炎 yán

〔附〕 焰

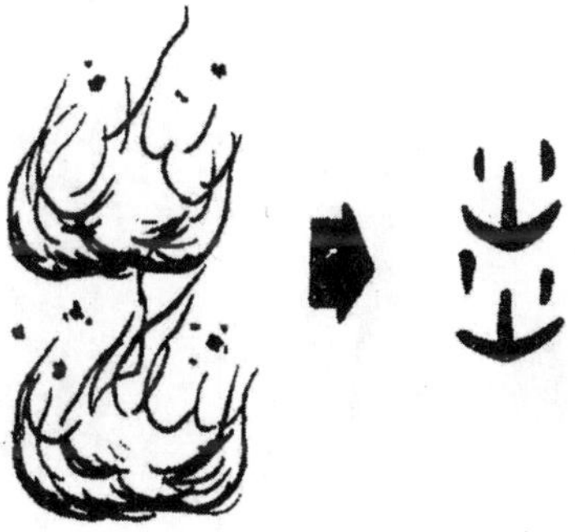

本义是“火光上升”或“焚烧”。《尚书》:“火炎昆冈。”字形是火上加火,表示焚烧之烈。古书中有时也以“炎”代“焰”(音 yàn),如“气焰”作“气炎”。

字体	
甲骨文	
金文	
小篆	
隶书	
楷书	
草书	
行书	
简化字	（同楷书）

央 yāng

一个人挑着担子，肩膀当然处在扁担的中间位置，因此用以表达“中间”义。《诗经》：“宛在水中央。”“央”又有“尽”义。《诗经》：“夜未央。”

甲骨文 金文 小篆 隶书 楷书 草书 行书 简化字

（同楷书）

羊 yáng

〔附〕 祥

这是一个正面看的羊头，特点是两只角向下弯（比较“牛”字，牛角是向上弯的），下端是尖尖的嘴巴。又，古文常借“羊”为“祥”，如“吉羊（祥）”。

字体	字形
甲骨文	
金文	
小篆	
隶书	
楷书	
草书	
行书	
简化字	（同楷书）

阳（陽）yáng

甲骨文“阳”字，像太阳升到了丅（祭神的石桌）或丁（枝柯）上方。金文加“彡”表示阳光。后来有些字形加上了“阜”旁，“阜”是土山，表示太阳从山上升起。

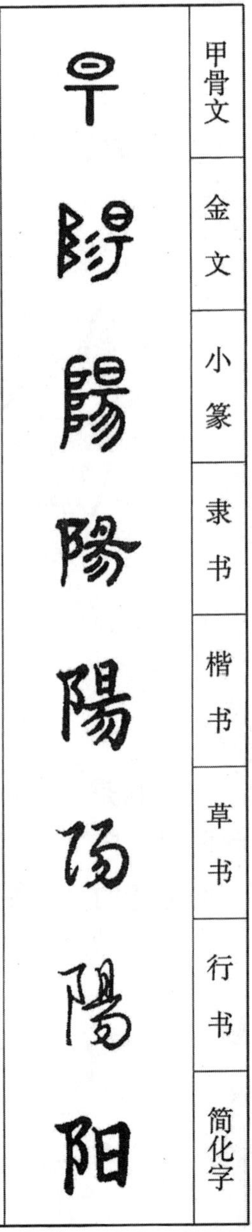

扬（揚）yáng

甲骨文"阳"、"扬"是同一个字。金文"扬"字加上一个跪坐着、双手向前方举起的人形，更清楚地表达出"举起"、"称颂"的意思。《礼记》："隐恶而扬善。"

甲骨文
金文
小篆
隶书
楷书
草书
行书
简化字

养（養）yǎng

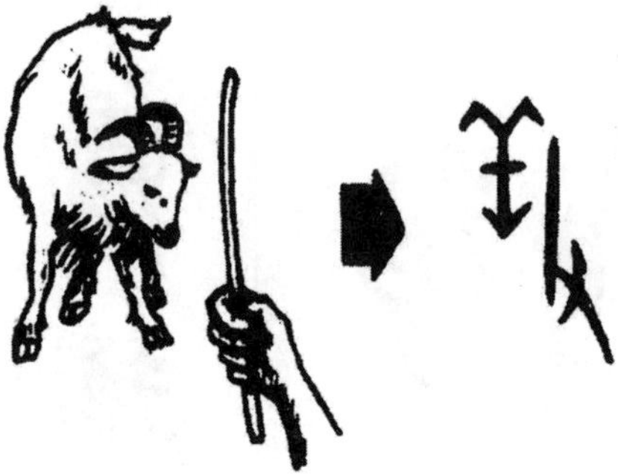

甲骨文和金文“养”字都是一只手持鞭牧羊的样子。本义是“牧养牲畜”。《史记》：“此所谓养虎自遗患也。”后来引申为“生育”、“繁殖”、“供养”、“疗养”等义。

甲骨文
金文
小篆
隶书
楷书
草书
行书
简化字

夭 yāo

本义是“屈曲”。字形像一个人两臂弯曲歪斜的样子。后来引申为“少壮而死”，如“夭折”。但是，“夭夭”却是“美盛”或“和舒”的意思。

甲骨文

金文

小篆

隶书

楷书

草书

行书

简化字

（同楷书）

要 yào

〔附〕 腰

本义是“腰”。《墨子》:“楚灵王好士细要。”甲骨文“要”字像一个女子双手叉腰的样子。女子的头部在甲骨文时已变得像“日”字,金文以后更讹变为“目”或“西”。

甲骨文 / 金文 / 小篆

隶书：要

楷书：要

草书：要

行书：要

简化字：(同楷书)

野 yě

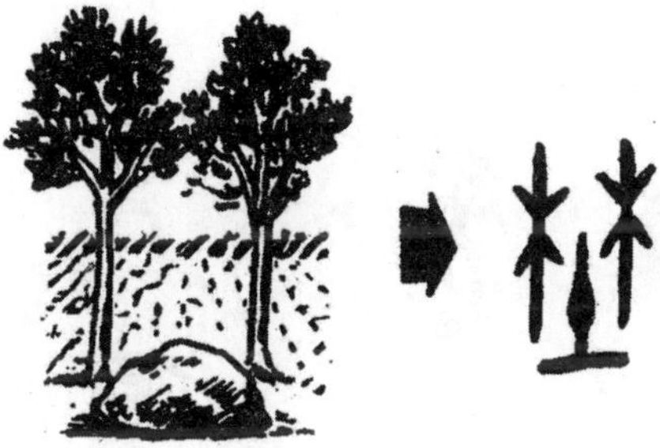

本义是“郊外”、“田野”。《诗经》:“远送于野。”甲骨文和金文“野”字由“林”、“土”构成，是会意字。小篆则以“里”(“田”加“土”)为义旁，以“予”为声旁，成了形声字。

字体	字形
甲骨文	
金文	
小篆	
隶书	
楷书	野
草书	
行书	
简化字	(同楷书)

页（頁）yè

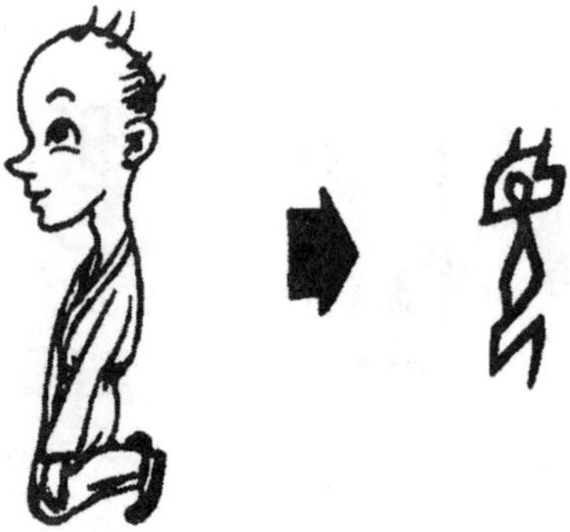

本义是“头”。《说文》：“页，头也。”甲骨文是一个人形，突出了他的大脑袋和眼睛。金文以后各体就变得“面目全非”了。但是，汉字中“页”字旁的字义仍大都与“头”有关。

甲骨文	金文	小篆	隶书	楷书	草书	行书	简化字
							页

一 yī

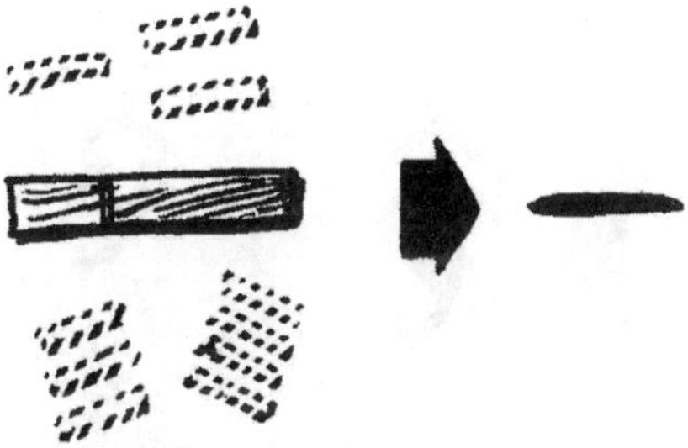

“一”字用一横画(一根算筹状)来表示。同别的汉字相比,“一”字大概是从古到今变化最小的字之一了。不过,即使如此,“一”字还是有“弌”、“壹”等变体。

甲骨文
金文
小篆
隶书
楷书
草书
行书
简化字 (同楷体)

衣 yī

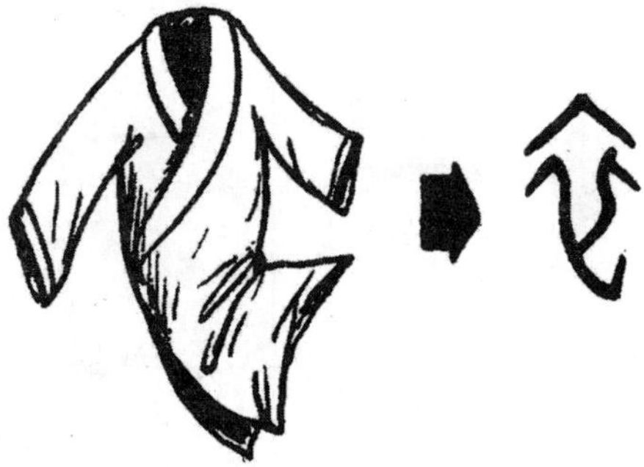

本义是“上衣”。字形像一件上衣，最上端是衣领，两侧开口的地方是衣袖，下端是衣服的下摆。古代上衣叫“衣”，下衣叫“裳”。《诗经》：“东方未明，颠倒衣裳。”

（同楷书）

甲骨文

金文

小篆

隶书

楷书

草书

行书

简化字

夷 yí

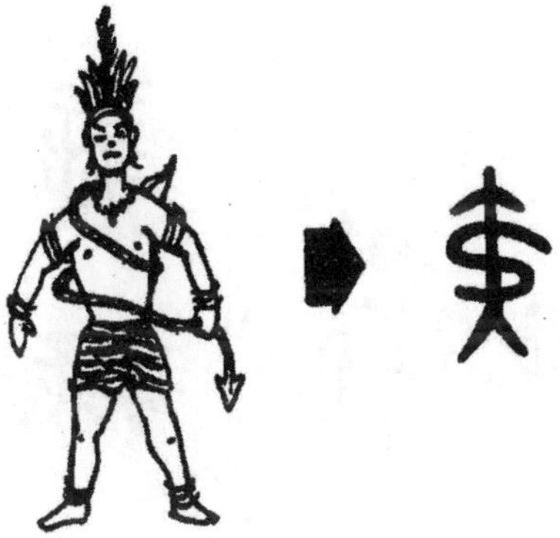

“夷”原是古代民族名。甲骨文用“尸”字作“夷”字（参见“尸”字条）；金文“夷”字是一个人形，身上带着矰（zēng，一种带有丝绳的短箭），表现了这个游牧民族的特征。

甲骨文

金文

小篆

隶书

楷书

草书

行书

简化字 （同楷书）

疑 yí

〔附〕 凝

本义是“迷惑”、“犹豫不定”。甲骨文的字形是一个人张大了嘴，扶着拐杖，站在路口左顾右盼，似乎迷路的样子。金文加“牛”和“止”（“趾”）旁，表示这人因丢失了牛而疑惑徘徊。古文又通“凝”。

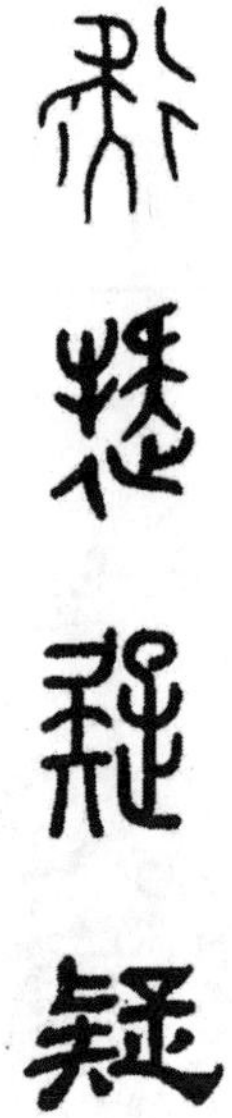

甲骨文

金文

小篆

隶书

楷书

草书

行书

简化字（同楷书）

乙 yǐ

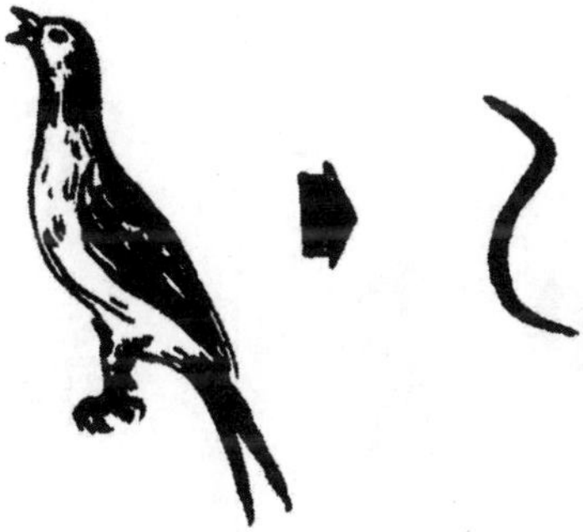

本义是“紫燕”。张融《答周颙书》:“非凫则乙”。字形像一只栖息着的鸟(参见“西”字的小篆字形)。“乙”字早就假借为干支名,本义很少用到。

(同楷书)

甲骨文

金文

小篆

隶书

楷书

草书

行书

简化字

亦 yì

〔附〕 腋

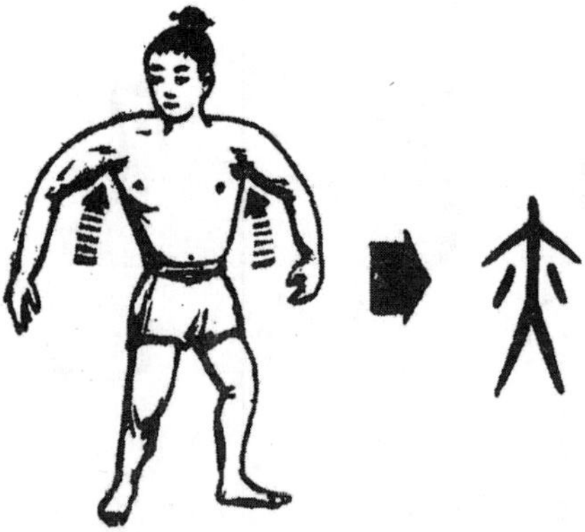

“亦”字是一个指事字，是“腋”的本字。一个人伸开两臂，在他的腋下有两点，这是指事的符号，指出腋所在的地方。后来多用作虚词，就另造“腋”字。

甲骨文	
金文	
小篆	
隶书	
楷书	
草书	
行书	
简化字	（同楷书）

邑 yì

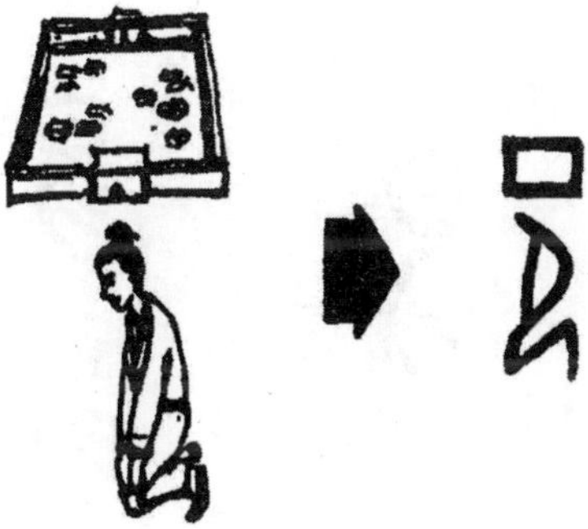

本义是“人们聚居的地方”。《左传》:“以御四邑。”字的上部的方形是一座城镇;下部是一个席地而坐的人,表示居住。引申为“国都”、“封地”、“城市”。

字体	字形
甲骨文	
金文	
小篆	
隶书	
楷书	邑
草书	
行书	
简化字	(同楷书)

易 yì

〔附〕 蜴 赐 锡

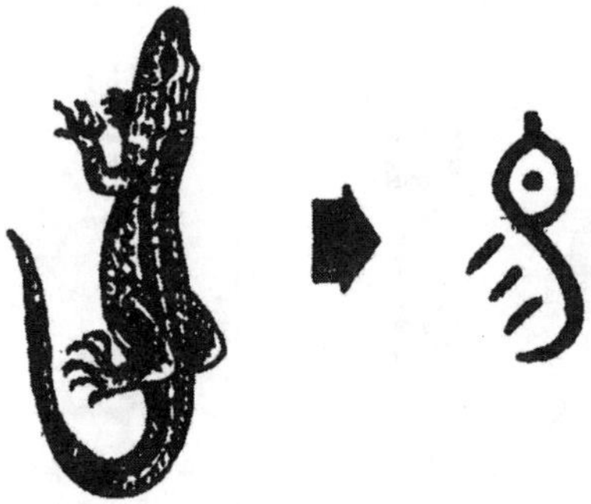

“易”是“蜴”的本字。《说文》注明“易”就是“蜥易(蜴)。”在金文中,“易”常借为“赐”(常写作“锡”)字。后来又借为“改变”、“变换”、“交易”等义。

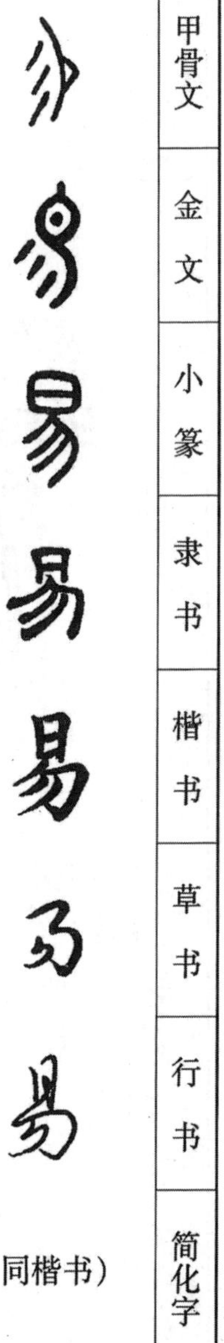

异（異）yì

身子是人形，头颅是鬼形（参见“鬼”字条），两手张开，这是非常“奇特”、“怪异”的形象。——这就是“异”的本义。因为与众不同，又有“不相同”义。

甲骨文

金文

小篆

隶书

楷书

草书

行书

简化字

翼 yì

〔附〕 翌 翊

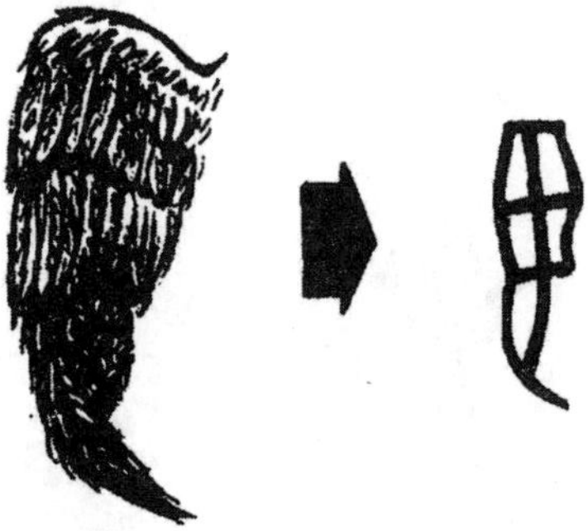

字形像鸟的一翼，上面的线条表示鸟翅膀上羽毛的条纹。古文“翼”与“翌”（意思是“明天”）、“翊”（意思是“辅佐”、“帮助”）常通用。

	甲骨文
	金文
	小篆
	隶书
	楷书
	草书
	行书
（同楷书）	简化字

义（義）yì

〔附〕 仪

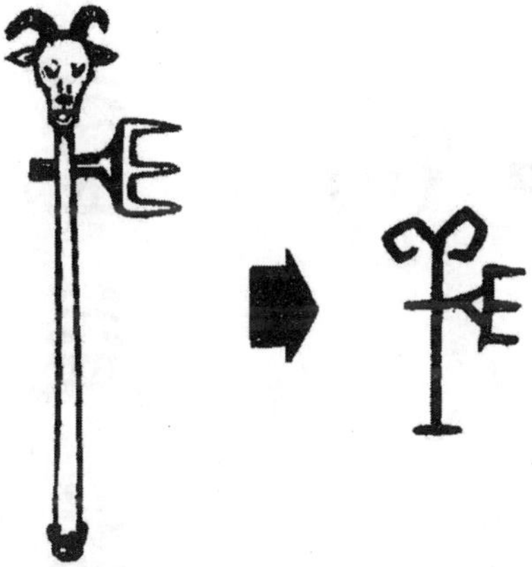

“义”是“仪”的本字。金文铭文“皇考威义”句就是以“义”作“仪”。字形是把羊头放在长柄的三叉武器（参见“我”字条）上面，表示一种“威仪”。“我”也表声。

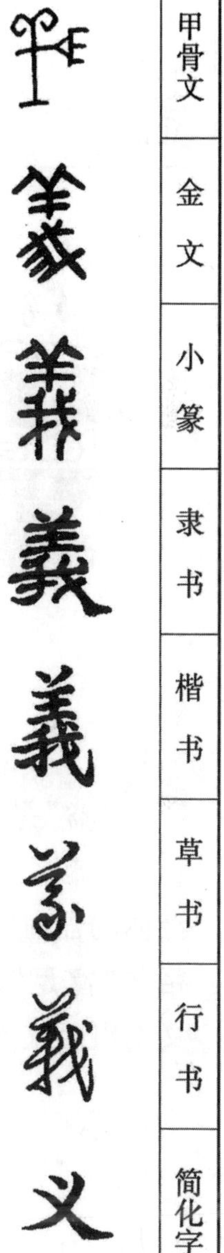

益 yì

〔附〕 溢

“益”是“溢”的本字，如《吕氏春秋》：“澭水暴益。”水高出了“皿”（盛液体的器皿），当然要满溢出来。“富裕”、“富足”、“增加”等义都是从本义引申而来的。

（同楷书）

甲骨文

金文

小篆

隶书

楷书

草书

行书

简化字

艺（藝）yì

原作“埶”。甲骨文的字形像一个人跪在地上，小心地捧着小树栽种；金文开始加上“土”字，“种植”的本义更加明显。现代汉语还有“园艺”一词。

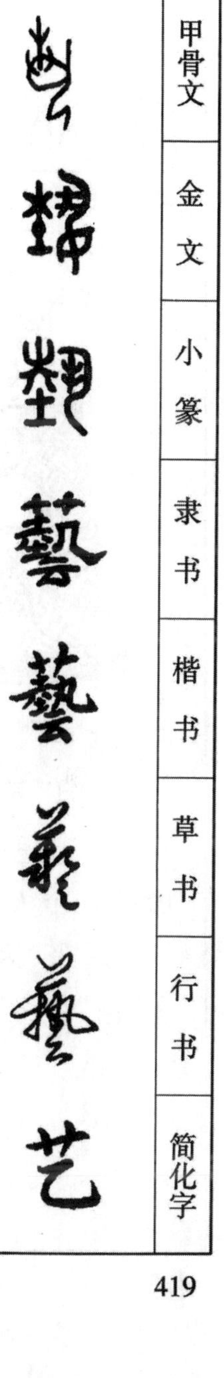

因 yīn

〔附〕 茵

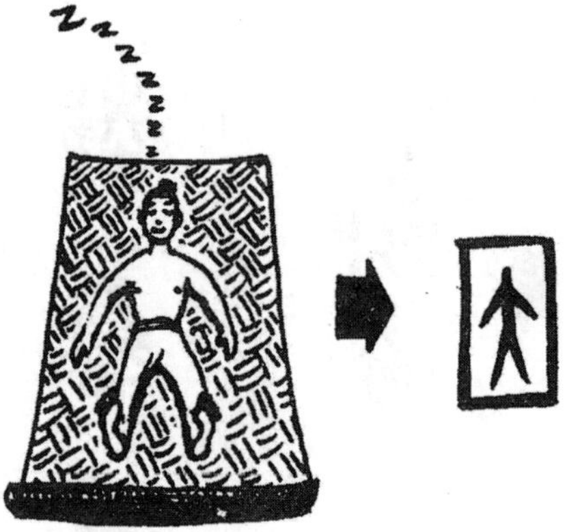

“因”是“茵”（又写作“裀”）的本字。意思是“褥子”或“垫子”。字形是一个人平躺在一张褥子上的样子。后来“因”字假借为虚字，就又另造“茵”（“裀”）字。

字体	
甲骨文	
金文	
小篆	
隶书	
楷书	
草书	
行书	
简化字	（同楷书）

殷 yīn

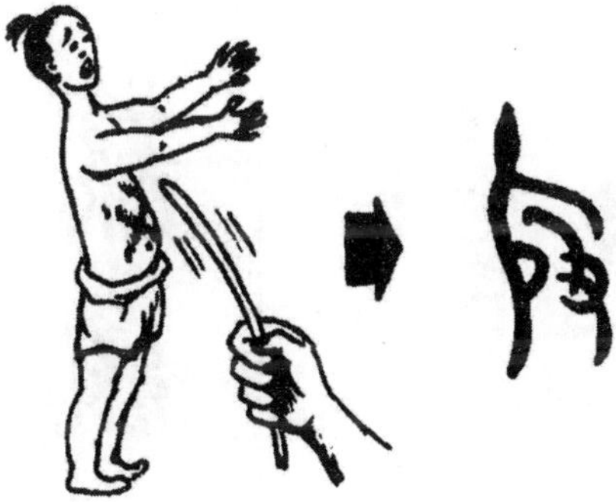

字形像一个人被别人用棍子击打着身体。本义是“忧伤”,《诗经》有“忧心殷殷”的诗句。又有“盛”、“众多”义,《诗经》也有“殷其盈矣”的诗句。

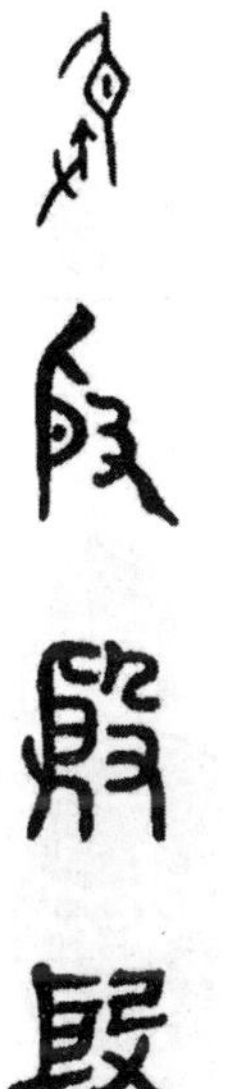

（同楷书）

甲骨文
金文
小篆
隶书
楷书
草书
行书
简化字

饮（飲）yǐn

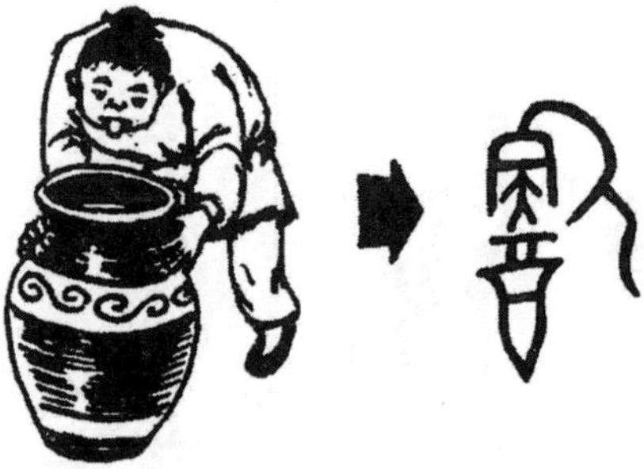

甲骨文像一个人手扶酒坛（参见“酉”字条），俯首张口，伸出舌头（参见“舌”字条）喝酒的样子；金文把这个形象简化了，又加“今”为声符（楷化为“畬”，是“饮”的异体字）。

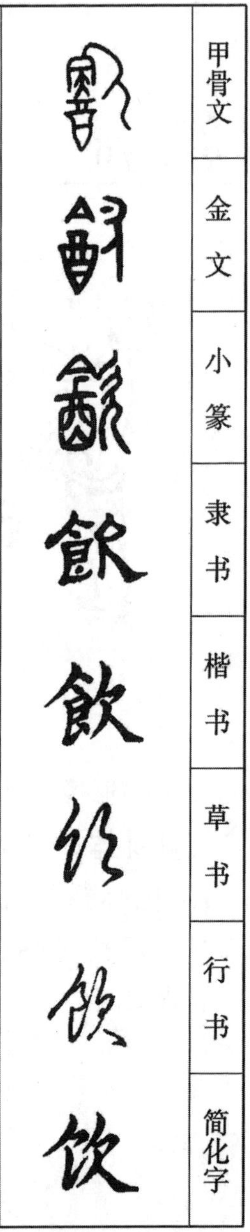

尹 yǐn

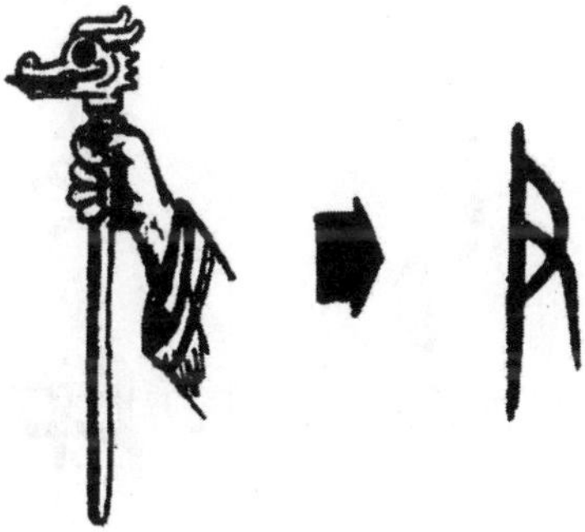

字形是一只手执着表示权力的杖，表示有管理百姓的权力。本义是“治理”。《尚书》：“尹尔多方。”也指古代的地位较高的官吏，如“令尹”等。

	甲骨文
	金文
	小篆
	隶书
	楷书
	草书
	行书
（同楷书）	简化字

印 yìn

〔附〕 抑

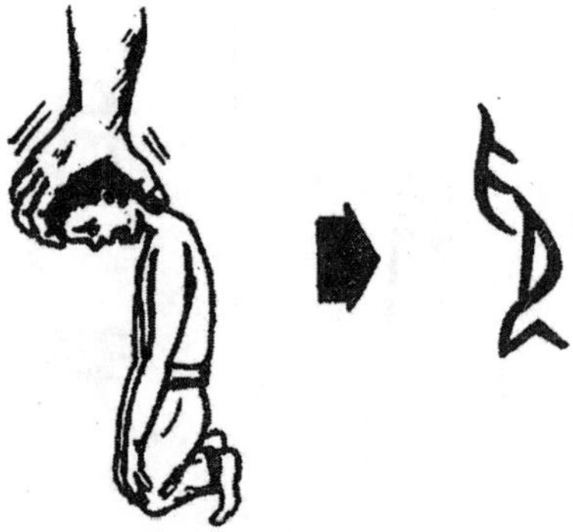

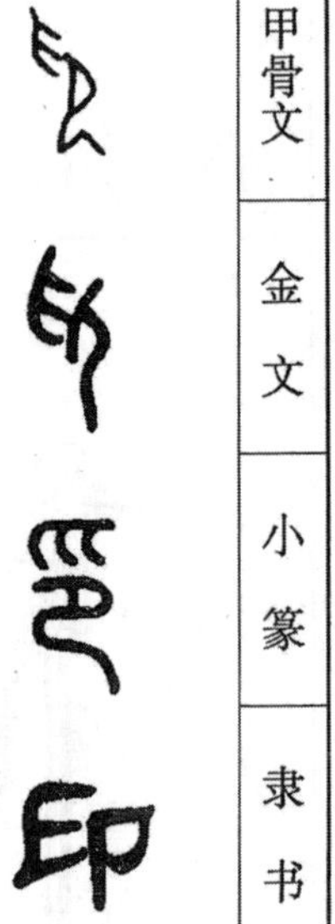

（同楷书）

“印”是“抑”的本字。意思是“向下按压”。字形像一只大手把一个跪着的人强按下去。后来引申为印章的“印”,因为盖印章时也要有按下去的动作。

婴（嬰）yīng

〔附〕 撄　缨

本义是“绕戴颈饰”。甲骨文的字形像一个女子用手取一串贝（参见“朋”字条）的样子。《荀子》：“是犹使处女婴宝珠，佩宝玉。”后来指“初生的女孩”。又通“撄”、“缨”。

庸 yōng

〔附〕 墉 郭

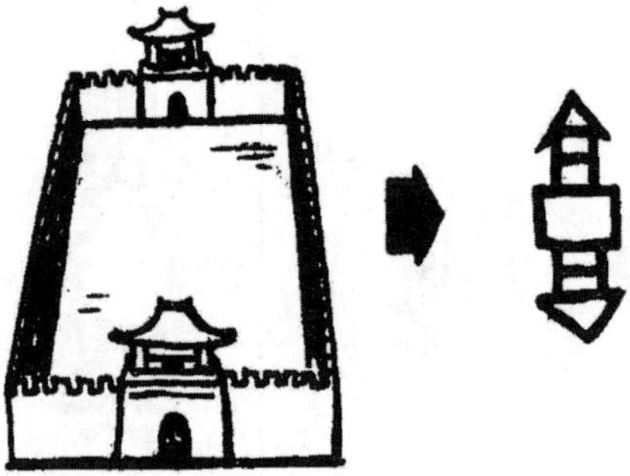

原作“𩫖”。是“墉”的本字，又通“郭”，意思是“城”或“城墙”。《诗经》：“以作尔庸。”甲骨文“𩫖”字中间的方形是城；两头各有一座城楼相对。金文除这种字形外，还用“庚”、“用”构成“庸”字。

甲骨文

金文

小篆

隶书

楷书

草书

行书

简化字

（同楷书）

永 yǒng

〔附〕 派 咏

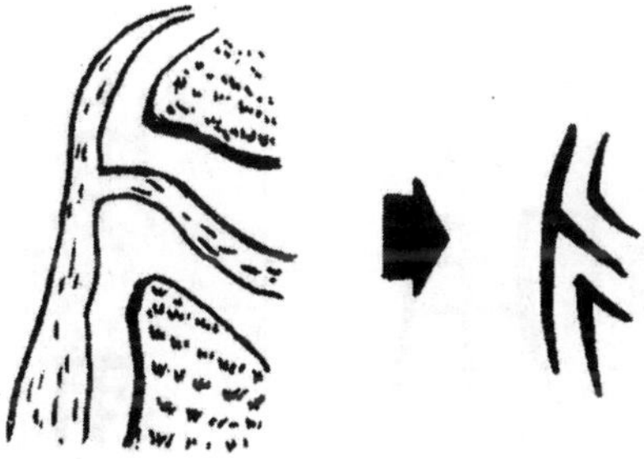

一条大河，派生出一条小河。“永”、“𠂢”（“派”的本字）原为同一个字，“派”是“支流”的意思。这条有支流的河很长，所以有“水流长”义。“永”又通“詠”（咏），《尚书》：“诗言志，歌永言。”

甲骨文 | 金文 | 小篆 | 隶书 | 楷书 | 草书 | 行书 | 简化字

（同楷书）

用 yòng

〔附〕 甬 镛 桶

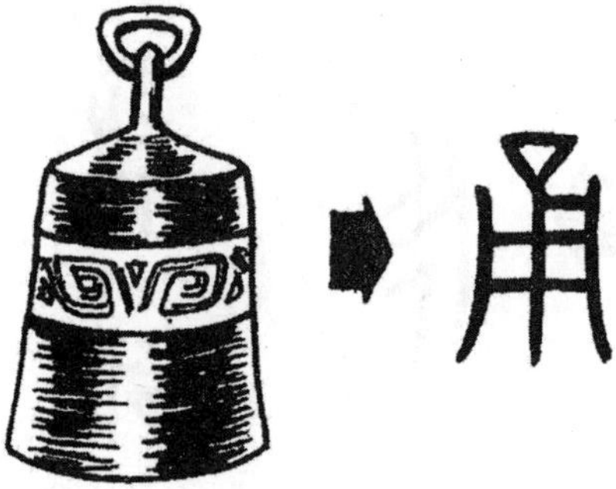

“用”是“甬”的本字,意思是“大钟”。字形像一座钟的样子。通“镛”。《说文》:“大钟谓之镛。”“甬”又通“桶”,是一种古量器名。

(同楷书)

甲骨文 | 金文 | 小篆 | 隶书 | 楷书 | 草书 | 行书 | 简化字

幽 yōu

〔附〕 黝

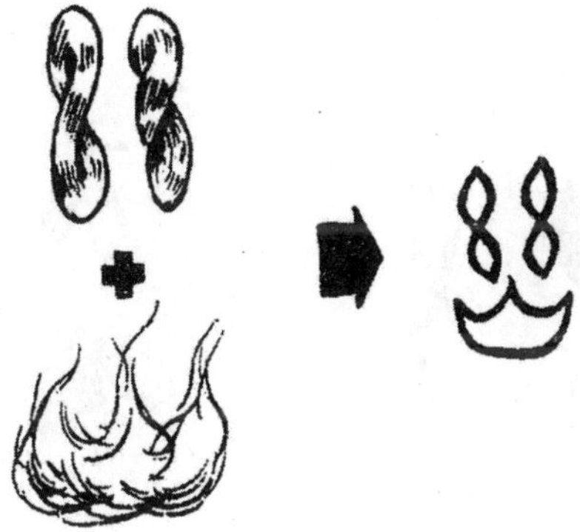

字的上部是“幺”（“丝”的本字），下部是“火”。火苗像丝那样细微，本义是“火微”。引申为“昏暗”、“幽静”等义。又通“黝”（yǒu），义为“黑色”。

甲骨文 | 金文 | 小篆 | 隶书 | 楷书 | 草书 | 行书 | 简化字

（同楷书）

尤 yóu

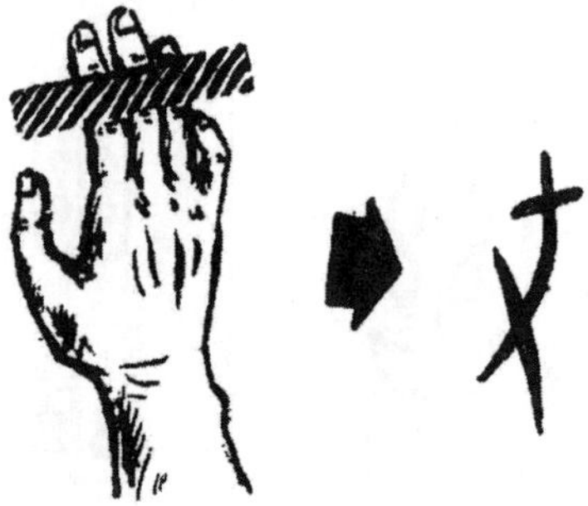

甲骨文“尤”字是在“又”(手)字的上方加上一个短横来构成的,表示这是不应该做的事。本义是“罪过”、“过失”。《诗经》:“莫知其尤。”引申为“责怪”、“归咎”等。

甲骨文	
金文	
小篆	
隶书	
楷书	
草书	
行书	
简化字	(同楷书)

有 yǒu

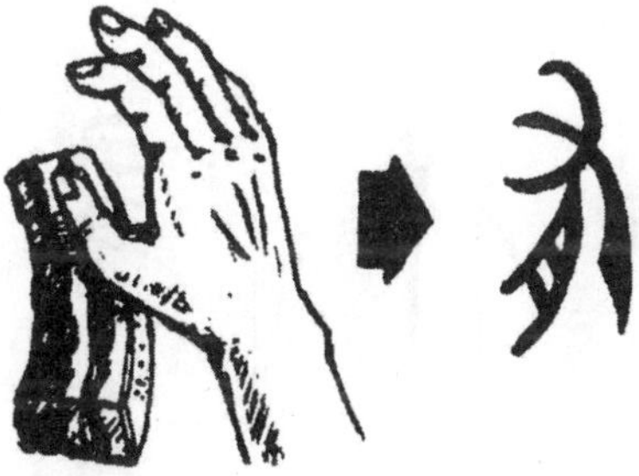

甲骨文以“又”为“有”；又以“㞢”为“有”。金文在“又”下方加“月”（就是“肉”）旁，表示“取得”、“占有”的本义。引申为“存在”、“发生”等义。

（同楷书）

甲骨文

金文

小篆

隶书

楷书

草书

行书

简化字

友 yǒu

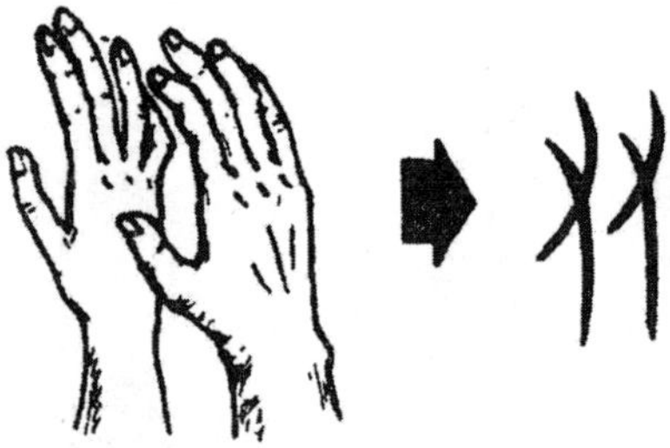

两只手（都是右手，显然是属于两个人的）靠拢在一起，表示“朋友”的意思。《说文》：“同志为友。”古文“朋”有结党的含义，“友”则没有这层含义。

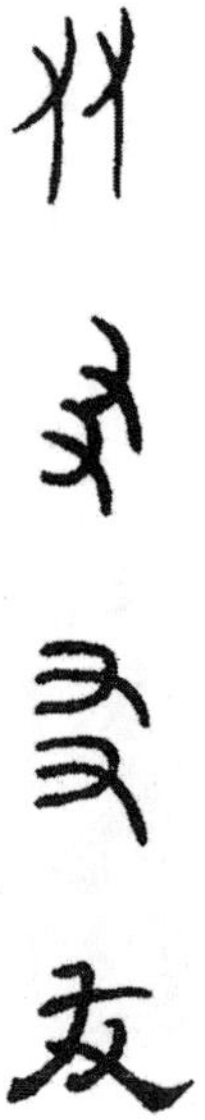

甲骨文

金文

小篆

隶书

楷书

草书

行书

简化字（同楷书）

酉 yǒu

〔附〕 酒

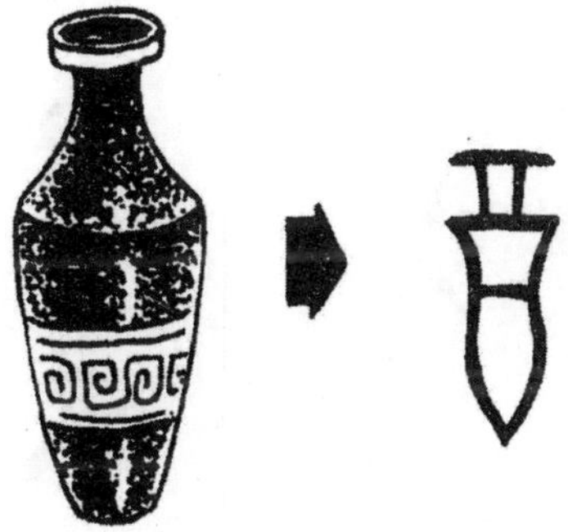

“酉”是“酒”的本字。字形像一个酒坛。睡虎地秦墓竹简《田律》：“百姓居田舍者毋敢酤酉。”后来被假借为干支名，本义消失，但是还可以从一系列的以“酉”为偏旁的字看出它的字义来。

甲骨文	
金文	
小篆	
隶书	
楷书	
草书	
行书	
简化字	（同楷书）

又 yòu

〔附〕 右 佑 有

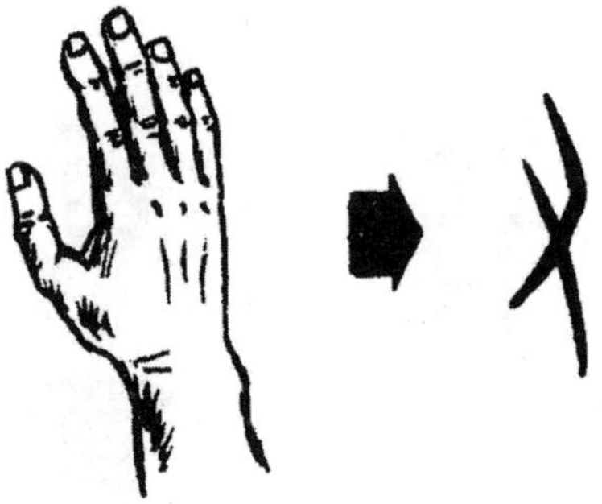

这是一只右手，但是已经不是图画，而是简化成文字符号。《说文》："又，手也，象形。"在甲骨文和金文中，"又"常被借为"右"、"祐"（佑）或"有"。

（同楷书）

甲骨文 | 金文 | 小篆 | 隶书 | 楷书 | 草书 | 行书 | 简化字

囿 yòu

本义是“菜园”或“果园”。《诗经》:“王在灵囿。”甲骨文“囿”字是象形字,字形像一块方形的地,分成几垄,长着菜苗或树苗;金文则变为形声字,以“口”为形旁,“有”为声旁。

甲骨文

金文

小篆

隶书

楷书

草书

行书

简化字

(同楷书)

鱼（魚）yú

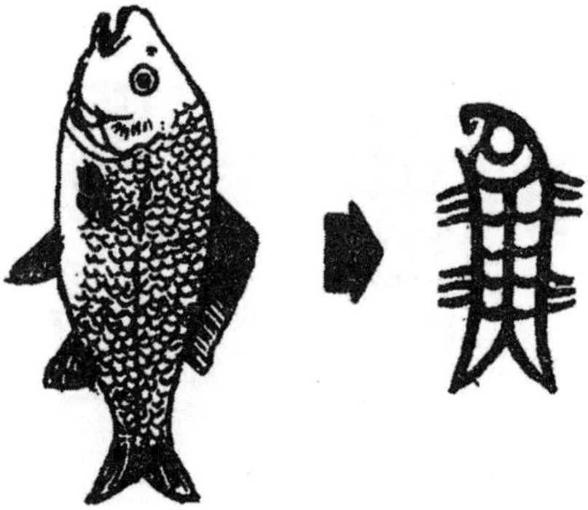

“鱼”原是一个十分形象的象形字，鱼的头、身、鳞、鳍俱全。后来逐渐变成了“不象形的象形字”，鱼的尾部竟与“灬”（火）混同起来。

甲骨文

金文

小篆

隶书

楷书

草书

行书

简化字

渔（漁）yú

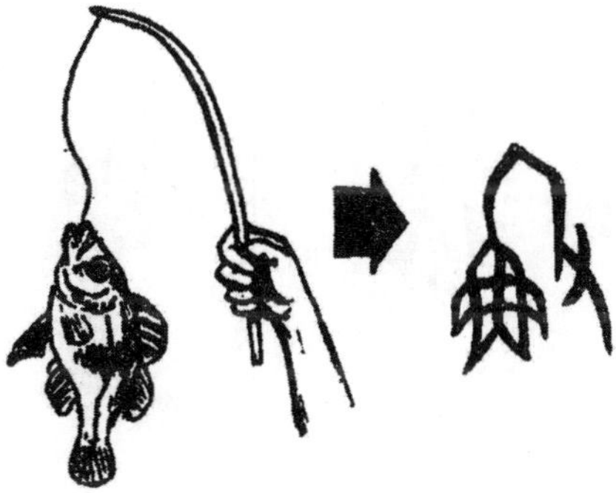

甲骨文和金文“渔”字有几种字形：或水中游鱼，或用手捕鱼，或持竿钓鱼，或以网捕鱼；鱼的数目也由一条到四条不等。本义是“捕鱼”。《史记》：“舜渔于雷泽。”

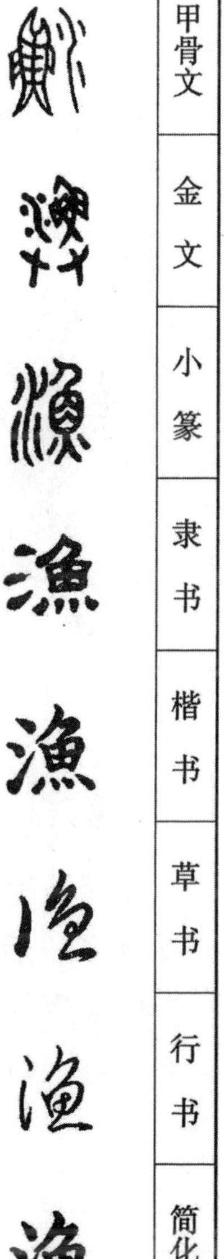

與（輿）yú

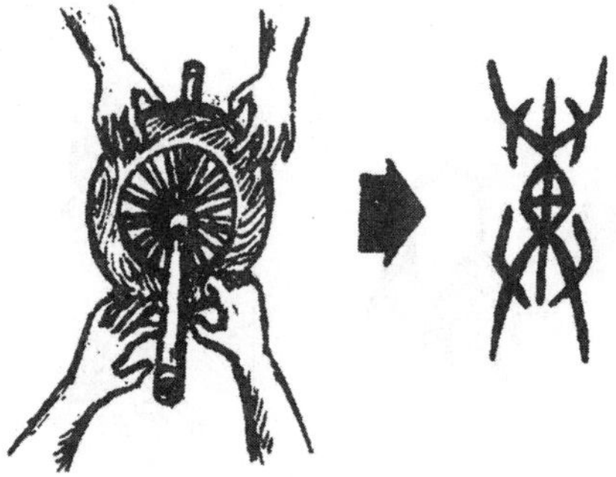

本义是“造车的工匠”。字形是在车轮周围有四只手，表示合力造车的样子。后来多指“车厢”，并泛指“车”。又引申为“众人”，“輿论”就是“众人之论”。

甲骨文

金文

小篆

隶书

楷书

草书

行书

简化字

雨 yǔ

甲骨文的“雨”字上端一横表示天空，下面数目不同的小竖点表示雨点。金文以后字形逐渐有了变化；到了楷书。除四个点外就看不出原义来了。

字体	字形
甲骨文	
金文	
小篆	
隶书	
楷书	
草书	
行书	
简化字	（同楷书）

羽 yǔ

甲骨文很形象地是两根羽毛的形状。本义是“鸟翅膀上的长毛”。《左传》:“羽、毛、齿、革,则君地生焉。”引申为“鸟虫的翅膀”。再引申为“鸟类”。又指“箭翎”。

（同楷书）

甲骨文
金文
小篆
隶书
楷书
草书
行书
简化字

玉 yù

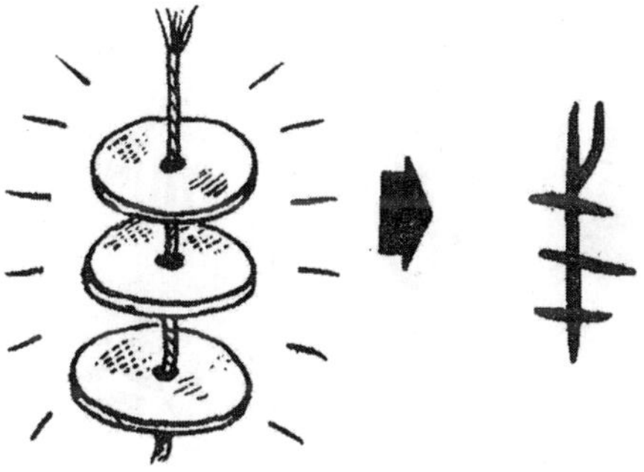

甲骨文“玉”字像用一根绳子穿着几块玉石。金文和小篆作三横一竖，与“王”字相似；它们的区别是“玉”字三横等距，而“王”字不是而已。隶书以后“玉”字才加点。

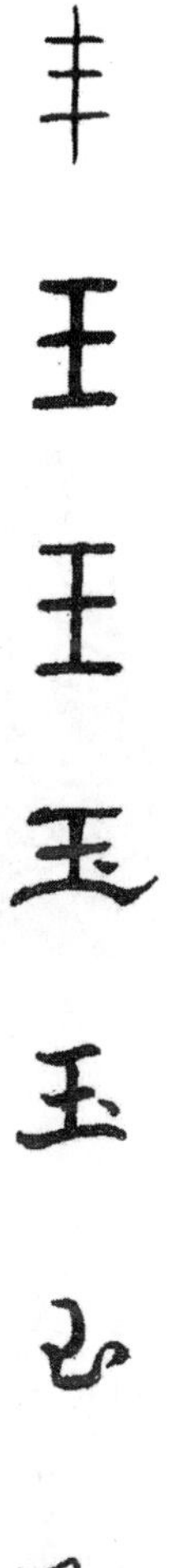

甲骨文

金文

小篆

隶书

楷书

草书

行书

简化字

（同楷书）

浴 yù

甲骨文	
战国文字	
小篆	
隶书	
楷书	
草书	
行书	
简化字	（同楷书）

甲骨文的字形是一个人站在大盆里，身上还滴着水，显然是在洗澡。金文未见“浴”字。据现有资料，战国楚帛书初见左形（“水”）右声（“谷”）的形声字。

御 yù

〔附〕 驭

一个人拿着马鞭，本义是“驾驭车马”，通“驭”。引申为“与皇帝有关的事物”。又作“抵御”讲，这个意义后来多写作“禦”。现又将“御”、“禦”合并为“御”。

(同楷书)

甲骨文	金文	小篆	隶书	楷书	草书	行书	简化字

育 yù

〔附〕 毓 后

一个妇女，身下有一个头朝下的孩子，旁边有一些液体，表示“生育”。《易经》：“妇孕不育。”“育”和“毓”原是同一个字，后来才分化为两字。甲骨卜辞又通“后”。

（同楷书）

甲骨文

金文

小篆

隶书

楷书

草书

行书

简化字

聿 yù

〔附〕 笔

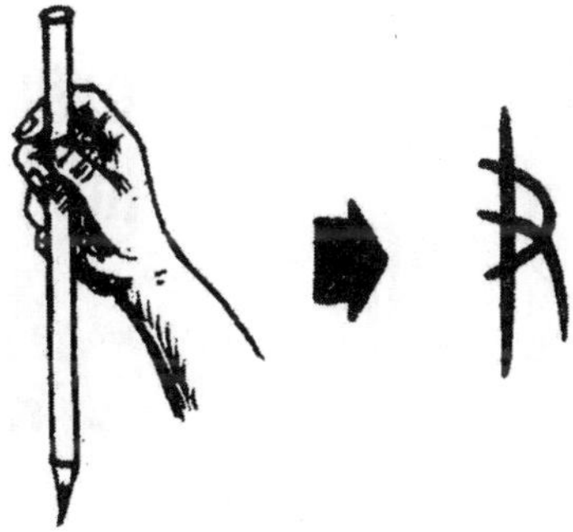

“聿”是“筆”（笔）的本字。《说文》：“聿，所以书也。楚谓之笔……。”甲骨文和金文都是一只手握着笔的样子。后来“聿”字多用于助词，于是加“竹”旁另造“筆”（笔）字。

甲骨文 金文 小篆 隶书 楷书 草书 行书 简化字

（同楷书）

渊（淵）yuān

甲骨文“渊”字像一个大水潭，三条曲线表示水。金文以后加“水”字旁。本义是“深潭”或“有漩涡的水”。《诗经》：“鱼跃于渊。”引申为“深远”，例如“渊博”。

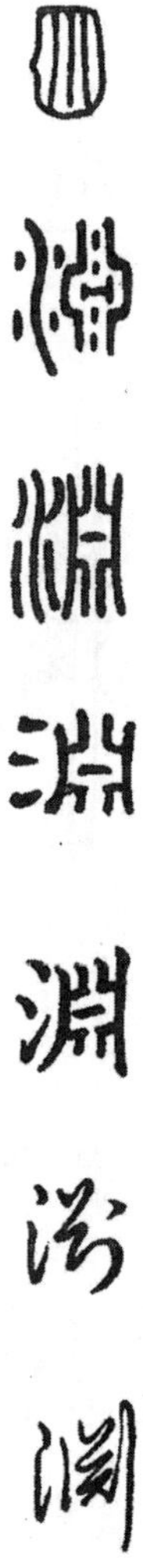

甲骨文 | 金文 | 小篆 | 隶书 | 楷书 | 草书 | 行书 | 简化字

元 yuán

〔附〕 兀

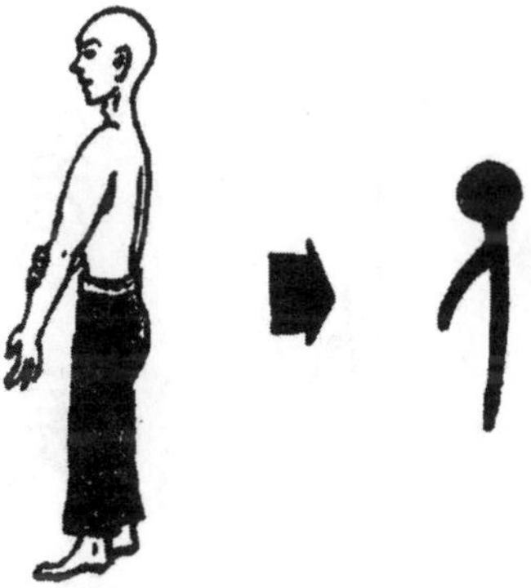

本义是“头”。《孟子》:“勇士不忘丧其元。”字形像一个侧立的人。金文有圆圆的头部;甲骨文为了便于刻写,用一横或二横来表示。古文“元”通“兀”。

(同楷书)

甲骨文 | 金文 | 小篆 | 隶书 | 楷书 | 草书 | 行书 | 简化字

爰 yuán

〔附〕 援

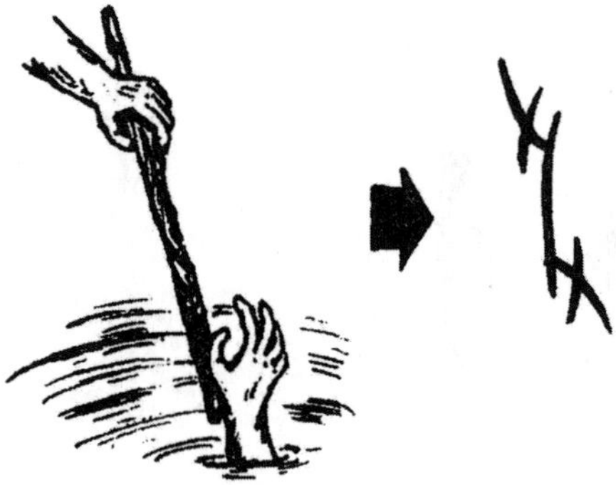

“爰”是“援”的本字。《说文》：“爰，引也。”甲骨文“爰”字像一只手拿着一根棍状物，伸给下面另一个人的手，表示“救援”义。“爰”字借为虚词后，就另造“援”字。

甲骨文 / 金文 / 小篆 / 隶书 / 楷书 / 草书 / 行书 / 简化字

（同楷书）

员（員）yuán

〔附〕 圆

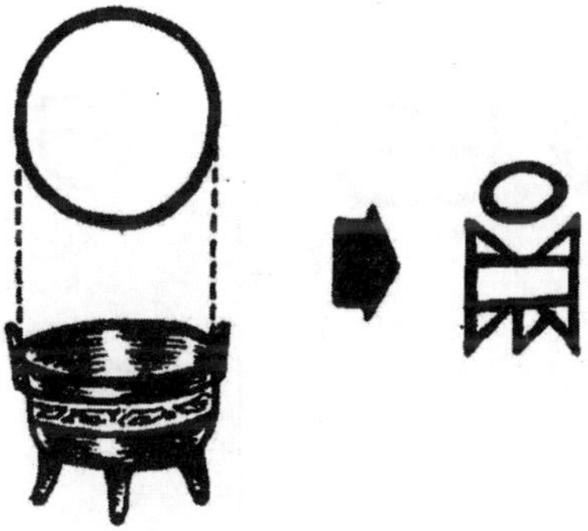

“员”是“圆”的本字。《孟子》：“规矩，方员之至也。”“员”字的下部是一只鼎；上方有一个圆形，表示鼎口是圆的。后来为了区分，就另造“圆”字。

甲骨文
金文
小篆
隶书
楷书
草书
行书
简化字

曰 yuē

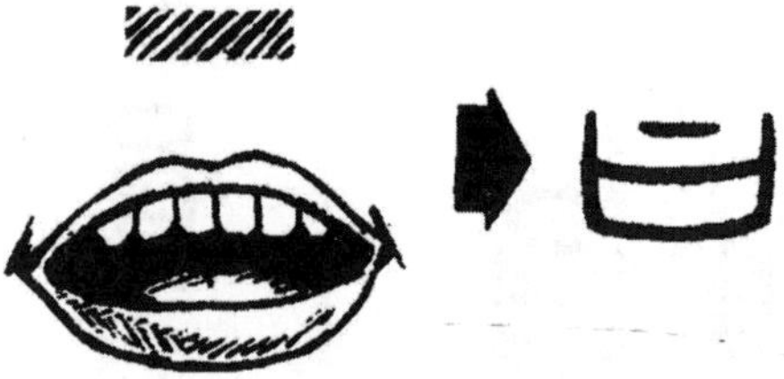

本义是"说",如"子曰"。甲骨文"曰"字,是在"口"字上加一个作为指事符号的短横,以表示从嘴里说出来的话。引申为"称为"。古文又用作助词。

甲骨文

金文

小篆

隶书

楷书

草书

行书

简化字
(同楷书)

月 yuè

〔附〕 夕

字形原来像一弯新月。由于月亮都是在晚上才出现的，所以又表示“夕”。在甲骨文和金文中，“月”、“夕”常通用；到小篆以后，两字才有明显的区别。

	甲骨文
	金文
	小篆
	隶书
	楷书
	草书
	行书
（同楷书）	简化字

乐（樂）yuè，lè

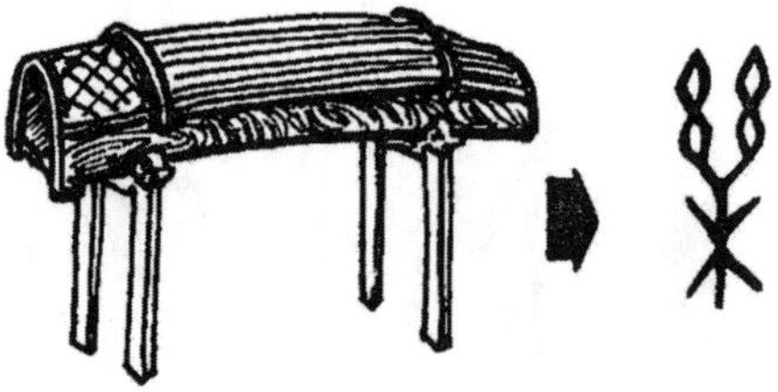

字体	字形
甲骨文	
金文	
小篆	
隶书	樂
楷书	樂
草书	乐
行书	乐
简化字	乐

本义为“乐器”，如《史记》：“太师抱乐。”又指“音乐”，如《易经》：“先王以作乐崇德。”字原由“木”加“丝”（丝弦）构成；后又加“”（拨弦器）。引申为“喜悦”义。

云（雲）yún

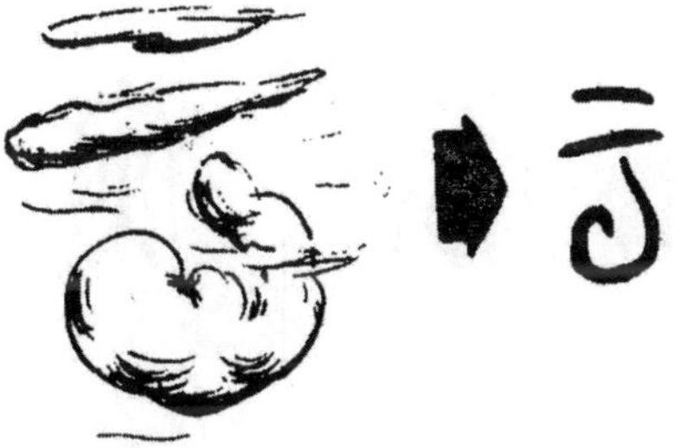

象形字。两横画表示天上横向的云层，弯钩表示卷状的云团。甲骨卜辞："兹云，其雨？""云"借为"说"等义之后，就另造"雲"字。简化字其实是恢复了古字。

甲骨文
金文
小篆
隶书
楷书
草书
行书
简化字

灾（災）zāi

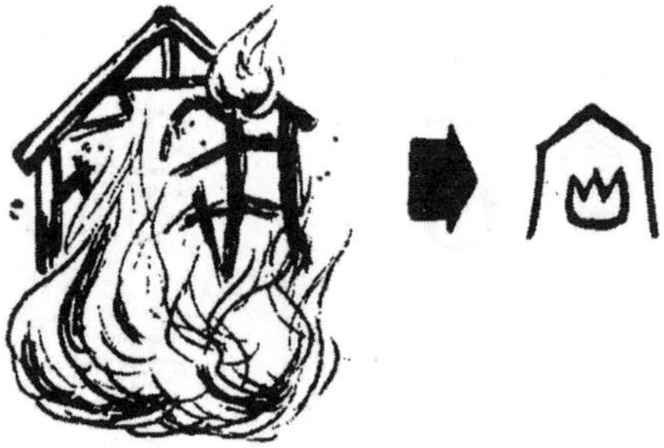

甲骨文有三个“灾”字：“”是火灾（像屋里有火）；“”是水灾（像洪水）；“”是兵灾（像武器砍断人头）。楷书分别写作“灾”、“災”、“烖”。现合并为“灾”。

甲骨文

『说文』籀文

小篆

隶书

楷书

草书

行书

简化字

（同楷书）

宰 zǎi

屋里有一把刑刀（参见“辛”字条），表示被刺上记号的奴隶在屋里劳动。本义是“奴隶”。也指奴隶主家中的奴隶总管。《韩非子》：“伊尹为宰，百里奚为虏……。”

（同楷书）

甲骨文

金文

小篆

隶书

楷书

草书

行书

简化字

再 zài

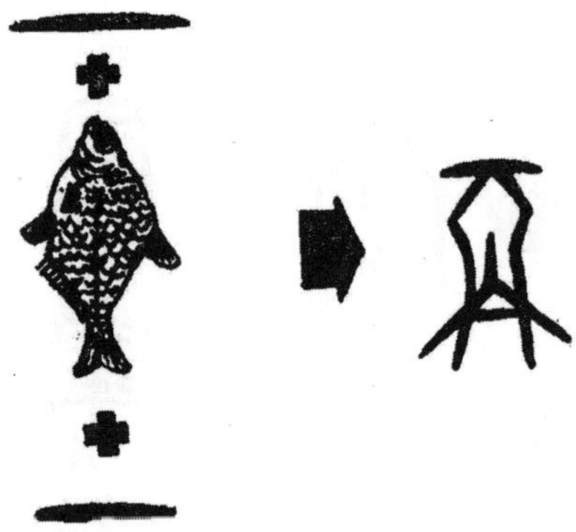

甲骨文的“再”字是在一条鱼的头尾处各加上一横画，表示“1＋1”。本义是“两次”或“第二次”。金文以后字形逐渐变化，就难以“望文生义”了。

甲骨文	
金文	
小篆	
隶书	
楷书	
草书	
行书	
简化字	（同楷书）

在 zài

这是一个笔画较少的形声字：以“土”为形旁，以“才”为声旁。“在”的本义是“存在”、“生存”。又，甲骨文和金文常以“才”为“在”。

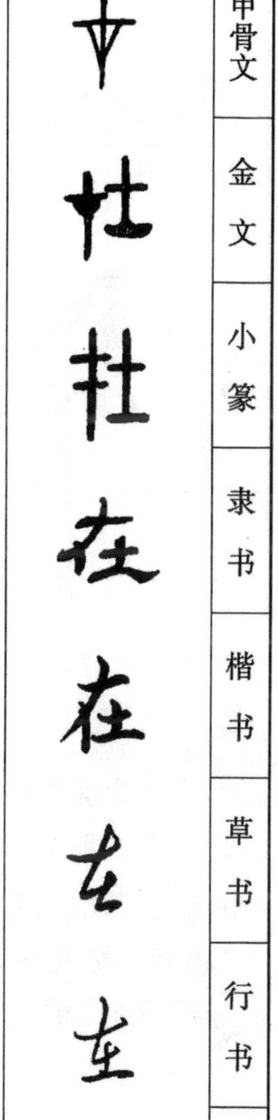

臧 zāng

〔附〕 藏

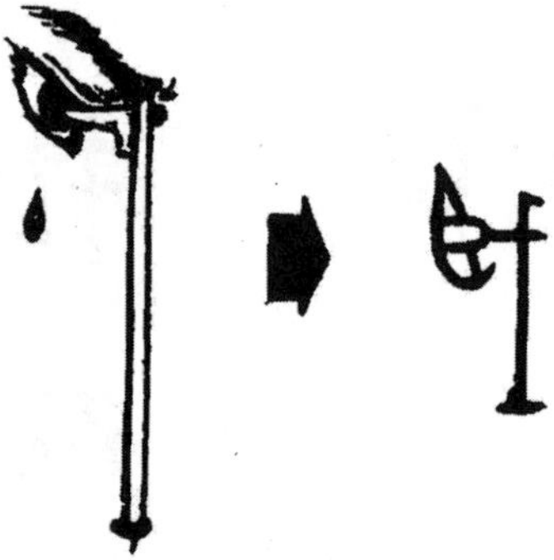

本义是“奴隶”。字形像用戈来刺瞎人的眼睛。古代曾用这种残酷的办法来把人变成奴隶。《汉书》注：“臧获，败敌所被虏获为奴隶者。”“臧”又通“藏”。

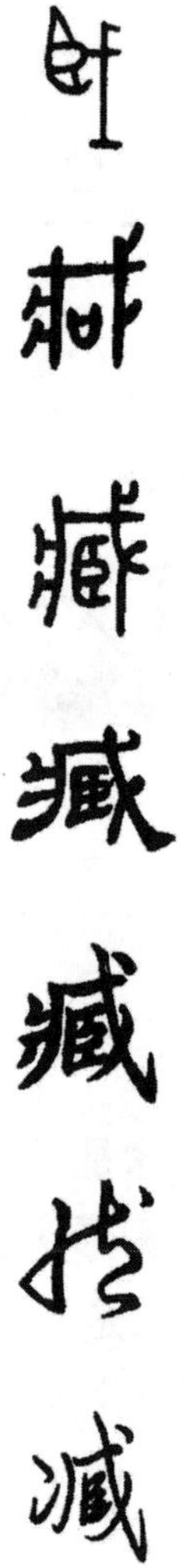

（同楷书）

甲骨文 | 金文 | 小篆 | 隶书 | 楷书 | 草书 | 行书 | 简化字

昃 zè

本义是“太阳西斜”。字形像一个人的身旁有斜阳;有的字这个人形是偏斜的,很像斜阳下的影子。《荀子》:“君平明而听朝,日昃而退。”

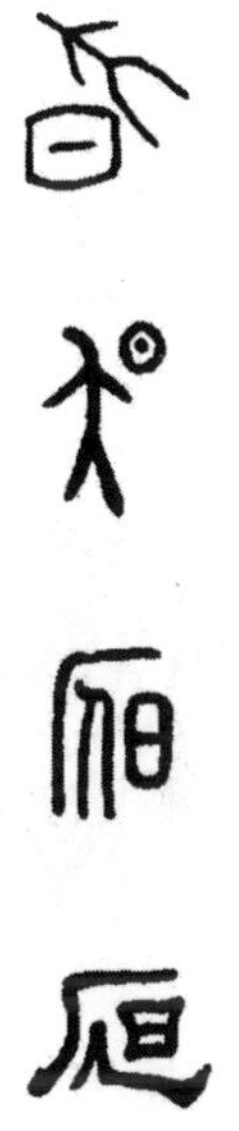

甲骨文

金文

小篆

隶书

楷书

草书

行书

简化字

(同楷书)

乍 zhà

〔附〕作

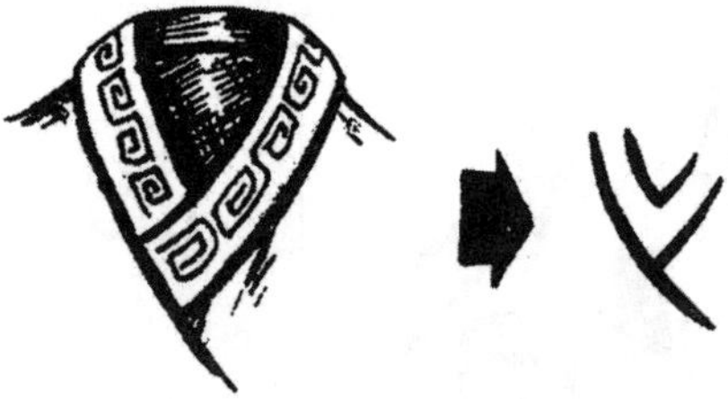

“乍”是“作”的本字。甲骨文“乍”字像一件上衣的领襟，表示“制作衣服”。商周铭文多以“乍”为“作”。《墨子》：“文王若日若月，乍照光于四方。”

甲骨文

金文

小篆

隶书

楷书

草书

行书

简化字（同楷书）

占 zhān, zhàn

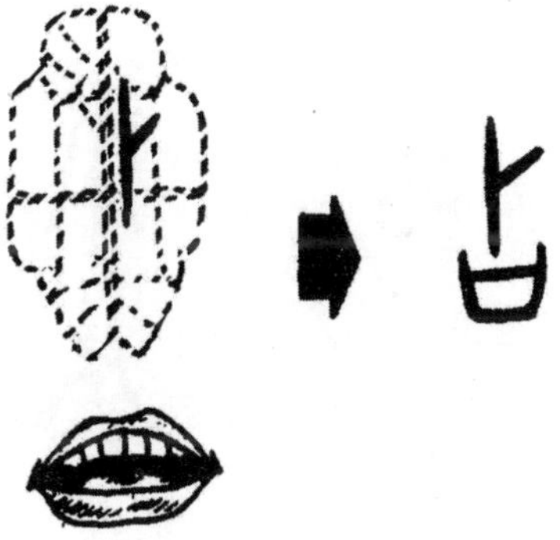

本义是“视兆以知吉凶”。字的上部是“卜”，表示问卜；下部是“口”，表示卜者预告吉凶。《离骚》：“命灵氛为予占之。”又有“据有”义，通“佔”。现在“占”、“佔”又合并为“占”。

(同楷书)

甲骨文
战国文字
小篆
隶书
楷书
草书
行书
简化字

爪 zhǎo，zhuǎ

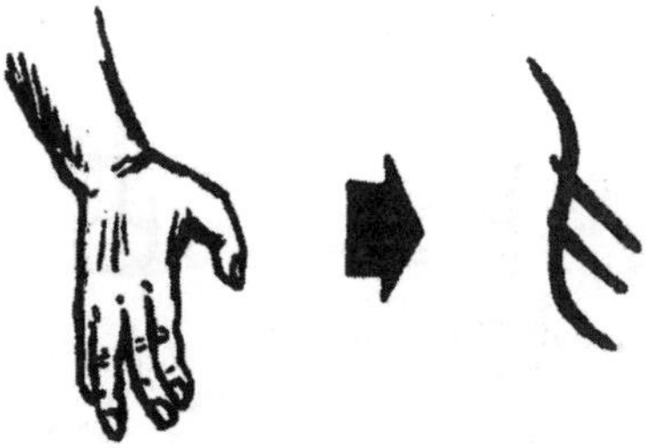

《说文》："覆手曰爪。"字形像一只正在抓物的人手，只是简化为三个指头。手状从"采"、"为"、"爰"、"受"、"孚"、"妥"等字可以证明。后来才指"人的指甲或趾甲"和"鸟兽的脚"。

甲骨文	
金文	
小篆	
隶书	
楷书	
草书	
行书	
简化字	（同楷书）

召 zhào

〔附〕 招　诏

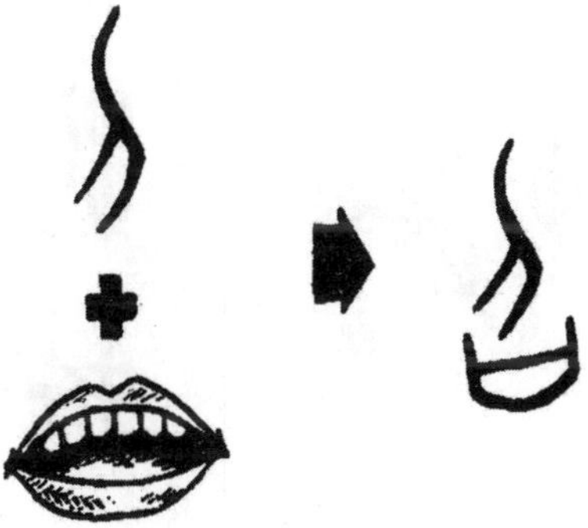

这是一个形声字，以“口”为形旁，以“刀”为声旁。本义是“呼唤”。金文有繁体，像两手从器皿中取“酉”（酒）、“月”（肉）以招致客人。又通“招”、“诏”。

甲骨文

金文

小篆

隶书

楷书

草书

行书

简化字（同楷书）

折 zhé, shé

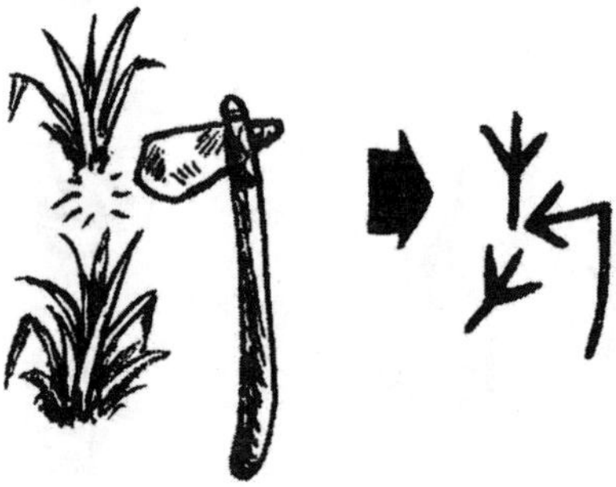

一把斧（“斤”）把两棵草砍断，这就是“折”的本义——“折断”。《荀子》：“锲（音 qiè，雕刻）而舍之，朽木不折；锲而不舍，金石可镂。”从字形分析，断草为“折”，破木为“析”。

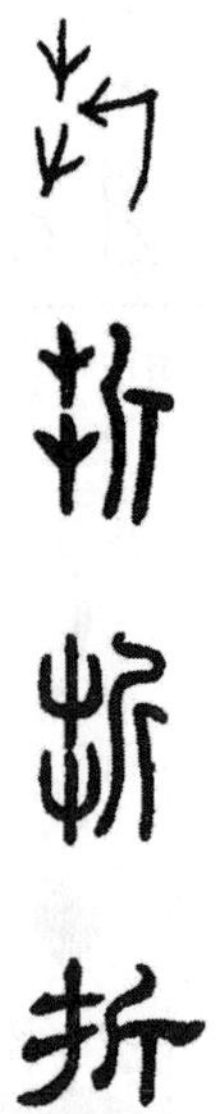

甲骨文

金文

小篆

隶书

楷书

草书

行书

简化字 （同楷书）

贞（貞）zhēn

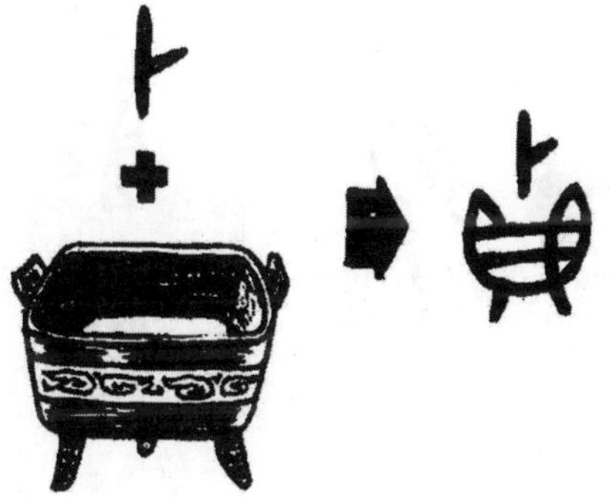

本义是“占卜”。甲骨文以“鼎”为“贞”；金文加“卜”旁，表示占卜之事。《说文》：“贞，卜问也。”《周礼》：“以贞来岁之媺（美）恶。”“贞节”、“坚贞”等义都是后起义。

朕 zhèn

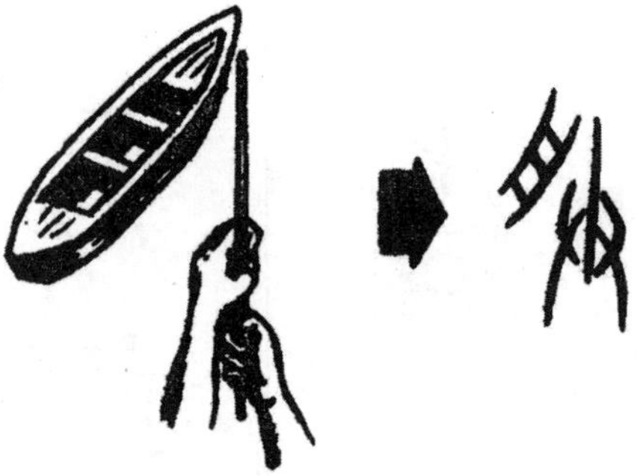

两只手拿着一根尖棍子在“舟”旁修补船缝。本义是“缝隙”，如《周礼》：“视其朕。”后来“舟”讹变为“月”；字义也常用作“我”。从秦始皇开始，专用为皇帝自称。

甲骨文

金文

小篆

隶书

楷书

草书

行书

简化字

（同楷书）

正 zhèng

〔附〕 征

“征”的本字。如甲骨卜辞：“王来正人方”；《墨子》：“天下失义，诸侯力正。”“正”字上端原为一个方形的城邑，下面是一只脚，正向着它前进。

甲骨文

金文

小篆

隶书

楷书

草书

行书

简化字 （同楷书）

之 zhī

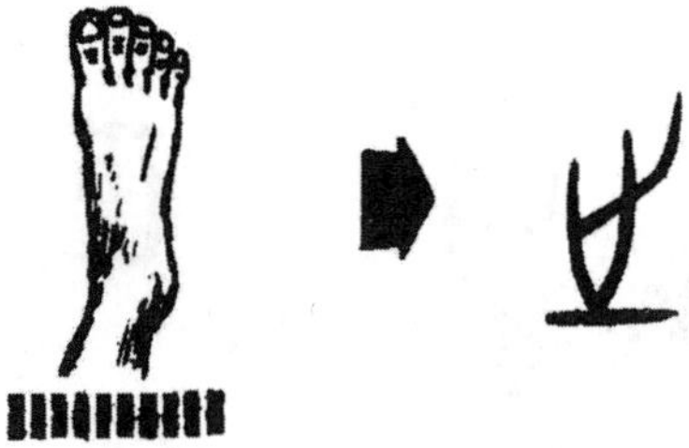

字的上面是一只脚，下面的横画表示出发的地方。本义是"往"、"到……去"。《战国策》："臣请为君之楚。"后多借为虚词。甲骨文有时通"又"、"有"。

甲骨文
金文
小篆
隶书
楷书
草书
行书
简化字

（同楷书）

直 zhí

〔附〕 值

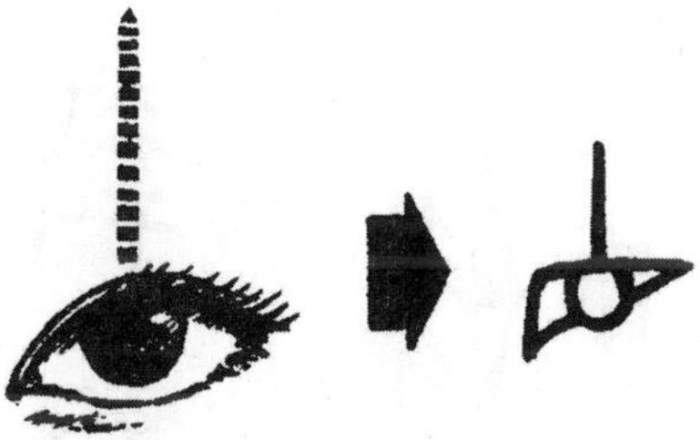

甲骨文“直”字的字形，是在一只眼睛上面有一条直线，用视线的“直”来表示字义“直”。《荀子》：“木受绳则直。”古文有时也用“直”代“值”。

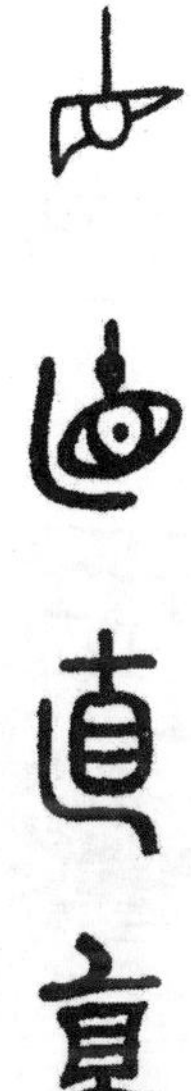

甲骨文

金文

小篆

隶书

楷书

草书

行书

简化字

（同楷书）

执（執）zhí

甲骨文"执"字十分清楚地表示这是一个人的双手被枷锁扣住的样子。字的本义是"拘捕"。如《左传》："执邾悼公(邾国的君主)，以其伐我(我国)故。"

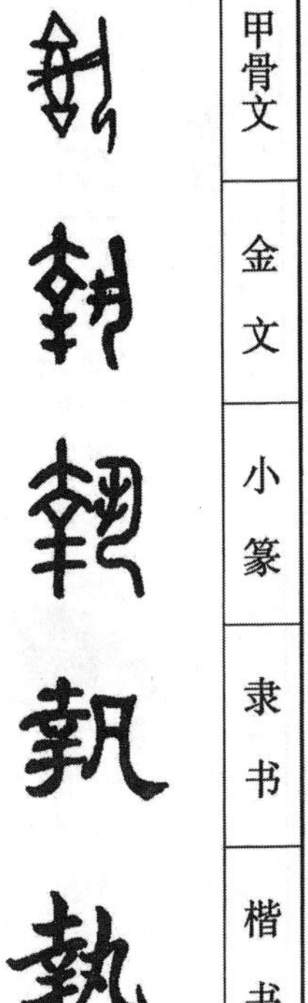

止 zhǐ

〔附〕 趾

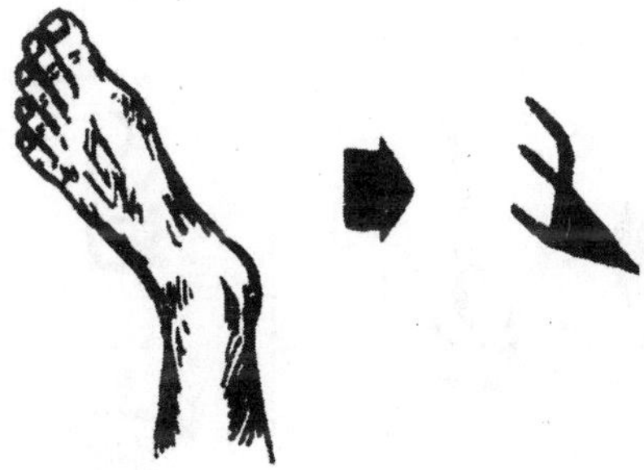

“止”是“趾”的本字，就是“脚”的意思。《汉书》：“斩左止。”甲骨文的字形像一只脚，但是脚趾已简化为三个，不再是图画而是成为文字符号了。

字体	字形
甲骨文	
金文	
小篆	
隶书	
楷书	
草书	
行书	
简化字	（同楷书）

旨 zhǐ

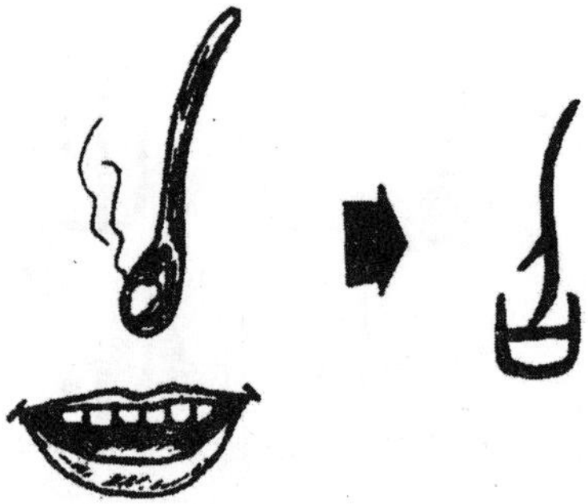

本义是“味美”，例如《诗经》有“我有旨酒”句。字形是一把勺和一个口，表示把美味的食物放进嘴里。引申为上级的“意见”、“主张”等义；特指皇帝的命令。

（同楷书）

- 甲骨文
- 金文
- 小篆
- 隶书
- 楷书
- 草书
- 行书
- 简化字

至 zhì

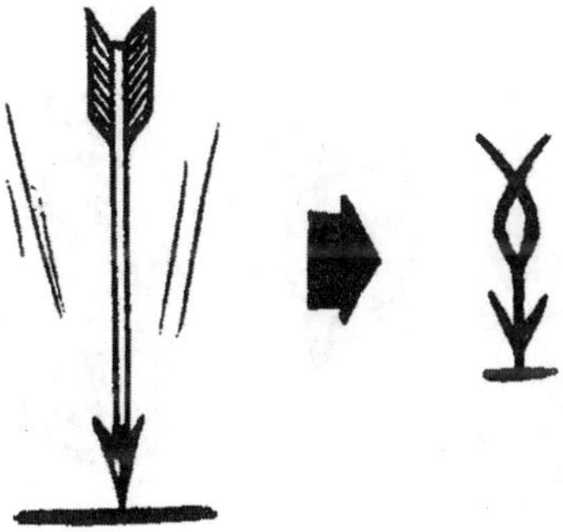

字的上部是一支箭，下面的横画是箭所射到的地方。本义是"到达"，如《诗经》："如川之方至。"引申为"极"义，如《论语》："其至矣乎。"

甲骨文

金文

小篆

隶书

楷书

草书

行书

简化字 （同楷书）

陟 zhì

本义是“登山”或“登高”，如《诗经》：“陟彼景山（大山）。”字的一边是“𠂤”（阜），就是土山；另一边是两“止”（趾），即由下而上登山的双脚。

甲骨文	
金文	
小篆	
隶书	
楷书	
草书	
行书	
简化字	（同楷书）

中 zhōng

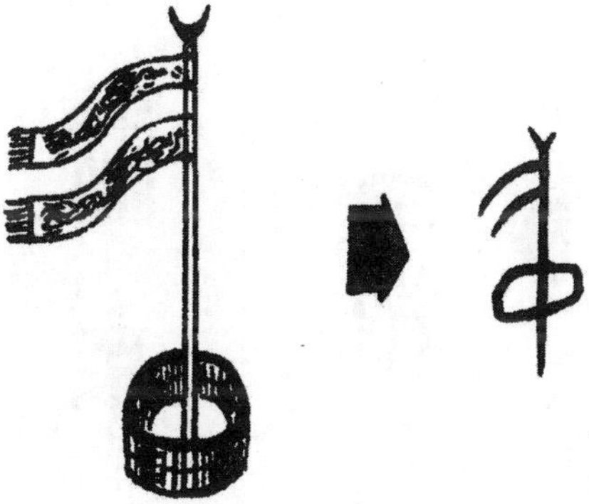

一根旗杆，上面迎风飘着长条的旗帜，旗杆正插在一个圆圈的中间，表示“中间”、“中央”的意思。只是后来旗形被简略掉了。《诗经》：“宛在水中央。”

(同楷书)

甲骨文	金文	小篆	隶书	楷书	草书	行书	简化字

众（衆）zhòng

本义是“许多人”。又有“众人”、“大家”义，如《论语》：“众恶之，必察焉；众好之，必察焉。”甲骨文的字形是“日”（太阳）下有三个人；金文“日”变为目形。

甲骨文

金文

小篆

隶书

楷书

草书

行书

简化字

周 zhōu

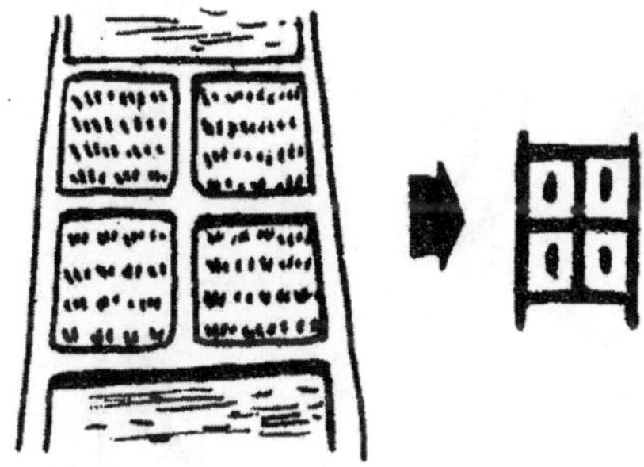

甲骨文“周”字像在一块田地里密植了庄稼的样子，所以有“周密”、“遍及”的意思。后来加“口”，多用作专名，如周原就因农业发展而得名。

（同楷书）

甲骨文
金文
小篆
隶书
楷书
草书
行书
简化字

舟 zhōu

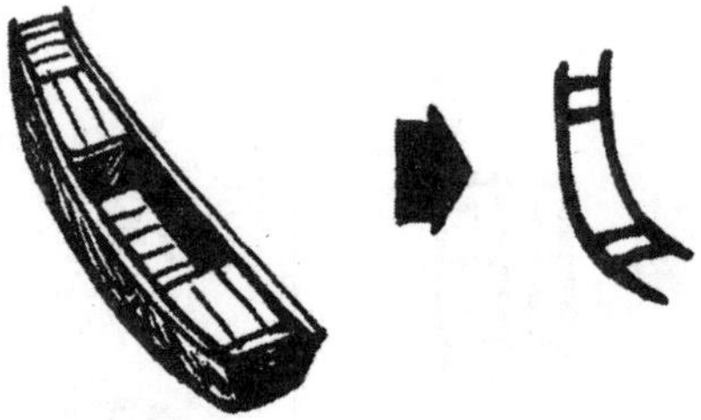

这是一个象形字，像一只弯弯的小船，船上还有横木，十分逼真。本义是“船”。《易经》：“刳木为舟。”汉字中有“舟”旁的字，大多与船有关。

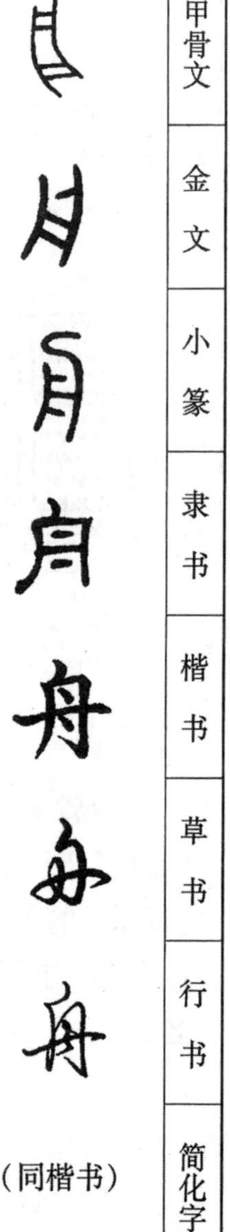

州 zhōu

〔附〕 洲

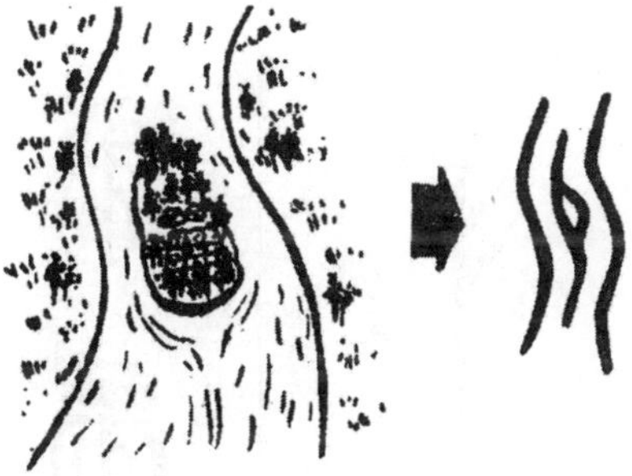

“州”是“洲”的本字。本义是“水中的陆地”。字形是一道江河，中间的小圆圈就是一小片地。后来“州”字用作古代行政区域名，于是另造“洲”字。

甲骨文	
金文	
小篆	
隶书	
楷书	
草书	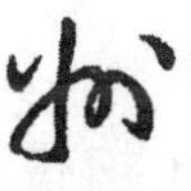
行书	
简化字	（同楷书）

帚 zhǒu

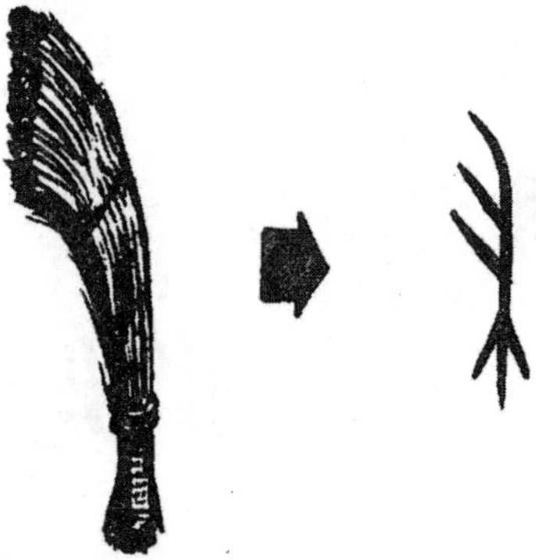

象形字。最早的字形是一把扫帚的形状：上部是帚苗，下部是帚把；有的在扫帚中间还有绳索扎捆的样子。小篆“帚”字的下部作“巾”，这是由帚把形变来的。

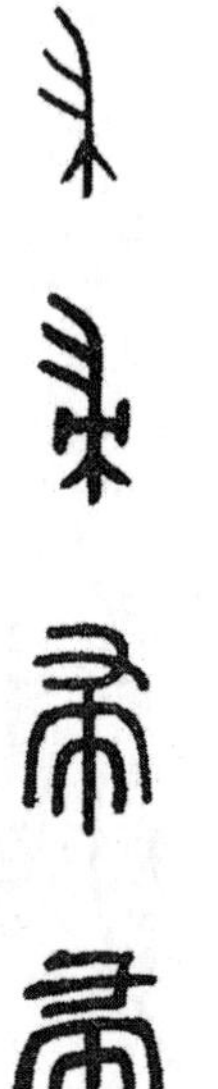

甲骨文　金文　小篆　隶书　楷书　草书　行书　简化字

简化字：（同楷书）

朱 zhū

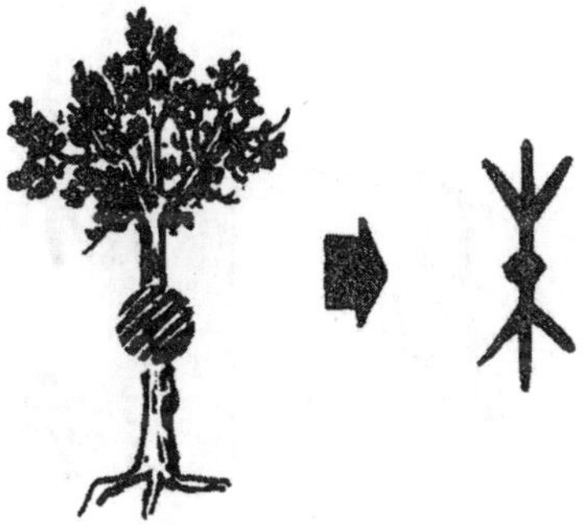

“朱”原是一种树名。《说文》解释为“赤心木”。《山海经》:“有树赤皮支干,青叶,名曰朱木。”因为这种树是红色的,所以“朱”指“红色”。一说“朱”是“株”的本字。

字体	字形
甲骨文	
金文	
小篆	
隶书	
楷书	
草书	
行书	
简化字	(同楷书)

逐 zhú

本义是“追赶”。甲骨文的字形上部是一只猪（“豕”），下面是一只脚（“止”），表示人正跑着追赶猪。金文在“止”上加“彳”，构成表示跑动的义符“辵”（音 chuò）。

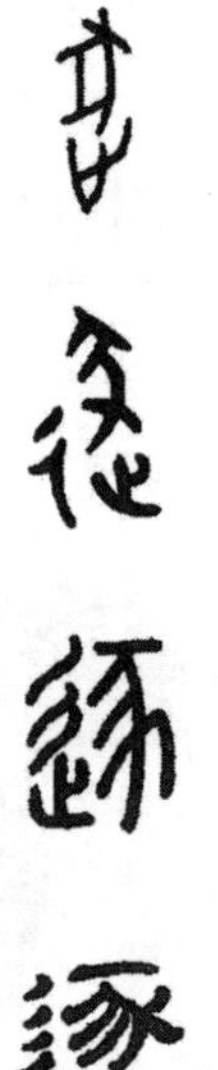

字体	字形
甲骨文	
金文	
小篆	
隶书	
楷书	逐
草书	
行书	
简化字	（同楷书）

祝 zhù

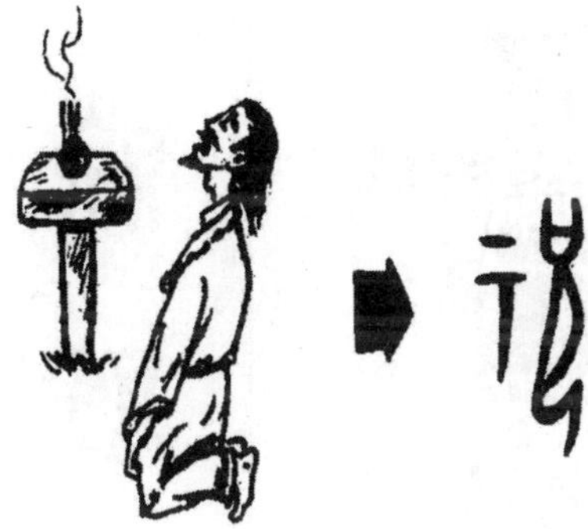

本义是“祭祀时主持祷告的人”，如《诗经》：“工祝（即祝官）致告。”也用作动词，表示“祷祝”义。字形是一个人在祭祀的石桌旁跪着，张大嘴巴在祷告的样子。

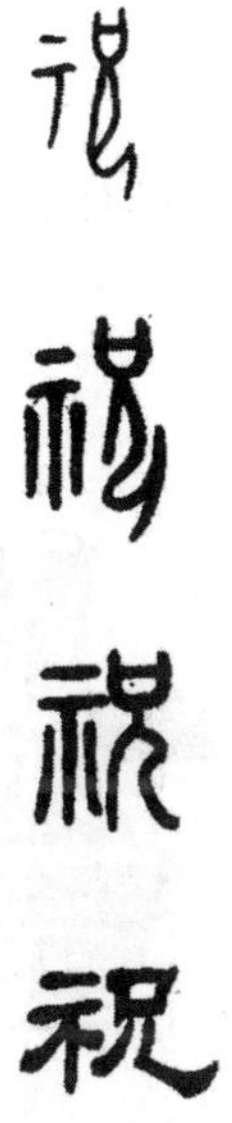

（同楷书）

字体
甲骨文
金文
小篆
隶书
楷书
草书
行书
简化字

贮（貯）zhù

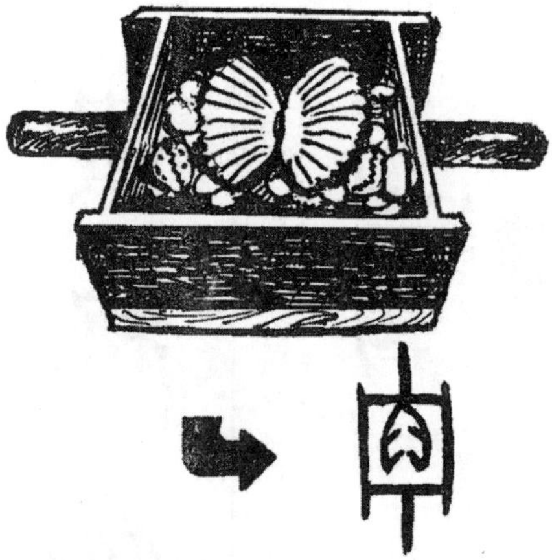

本义是“积存”、“储藏”。字形是一个贮藏东西的木箱，箱里放着“贝”（表示财物），箱侧有抬杆（上应有盖）；金文之后“贝”移到了箱外。汉代贾谊著有《论积贮疏》。

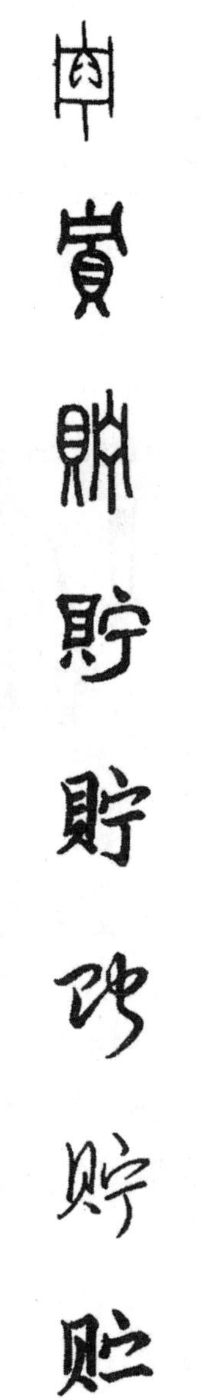

甲骨文 | 金文 | 小篆 | 隶书 | 楷书 | 草书 | 行书 | 简化字

铸（鑄）zhù

原为会意字。两只手捧着一个容器（“鬲”），在火上熔化金属，然后倒在下面的模具（“皿”）里。后来演变为形声字：“金”表形；“”（“寿”）表声。

甲骨文

金文

小篆

隶书

楷书

草书

行书

简化字

耑 zhuān,duān

〔附〕 端 专

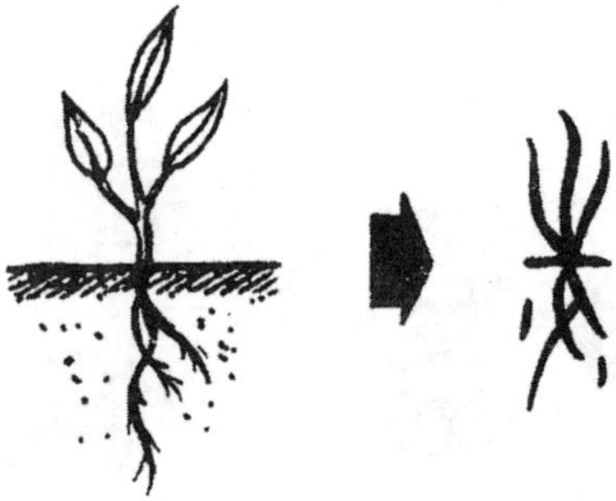

“耑”是“端”的本字。字形像一株幼苗刚刚从地上萌芽出根和嫩叶来。引申为“物的尖端”。《周礼》:“已下则摩其耑。”“耑”字后来常与“专”字通用。

(同楷书)

甲骨文
金文
小篆
隶书
楷书
草书
行书
简化字

妆（妝）zhuāng

〔附〕 装

本义是“打扮”、“修饰容貌”。这是一个形声字：“女”为形旁，“爿”为声旁。这个字有多种异体。古文中有时还写作“裝”（装）。

甲骨文

金文

小篆

隶书

楷书

草书

行书

简化字

追 zhuī

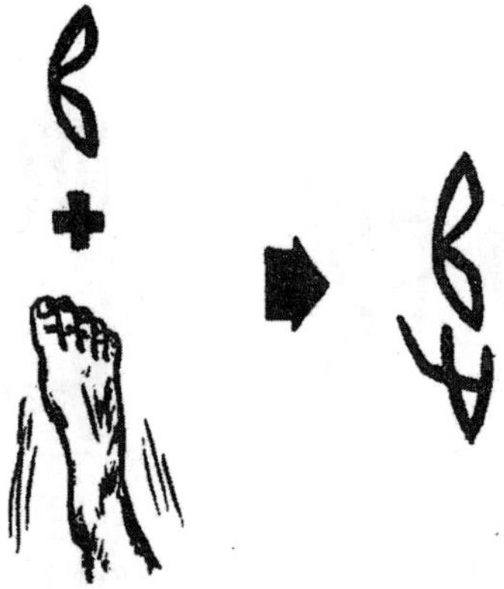

“追”是一个形声字：甲骨文以“止”（脚）为形旁；“自”（音 duī，“堆”的本字）为声旁。金文以后以“辵”（音 chuò）为形旁。

甲骨文
金文
小篆
隶书
楷书
草书
行书
简化字（同楷书）

隹 zhuī

〔附〕 唯

“隹”是短尾鸟的总称。其实，古汉字从隹与从鸟没有什么区别，字形都是一只鸟的形状。甲骨文和金文常借“隹”为句首语气词“唯”。

甲骨文	
金文	
小篆	
隶书	
楷书	
草书	
行书	
简化字	（同楷书）

兹 zī

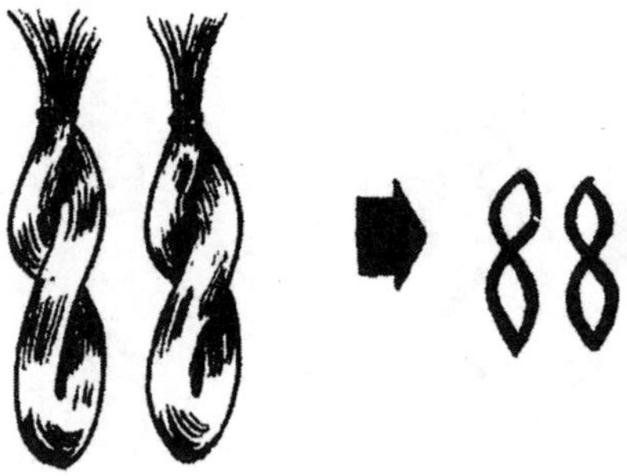

“兹”字在甲骨文和金文里与“丝”(就是“丝”的本字)是同一个字;小篆加上“艸”(草字头),多用作指示代词,义为“此”。古汉字原有另一个“兹”字(从二“玄”,音 xuán),后混同。

(同楷书)

甲骨文
金文
小篆
隶书
楷书
草书
行书
简化字

子 zǐ

甲骨文和金文“子”字都有两种不同的写法：一是有头有手，两腿裹在襁褓里；一是有一个大脑袋和头发，两腿翘起。“子”还用作地支的第一位。

（同楷书）

甲骨文 | 金文 | 小篆 | 隶书 | 楷书 | 草书 | 行书 | 简化字

自 zì

〔附〕 鼻

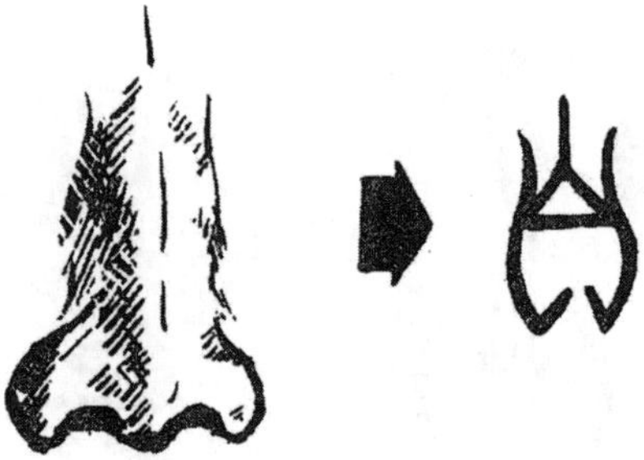

“自”原是“鼻”的本字。字形也像鼻子的形状。甲骨卜辞：“贞：出(有)疾自(鼻子有病)。”后来“自”多用于“自己”义，就加声旁“畀”另造“鼻”字。

字体	字形
甲骨文	
金文	
小篆	
隶书	
楷书	
草书	
行书	
简化字	(同楷书)

宗 zōng

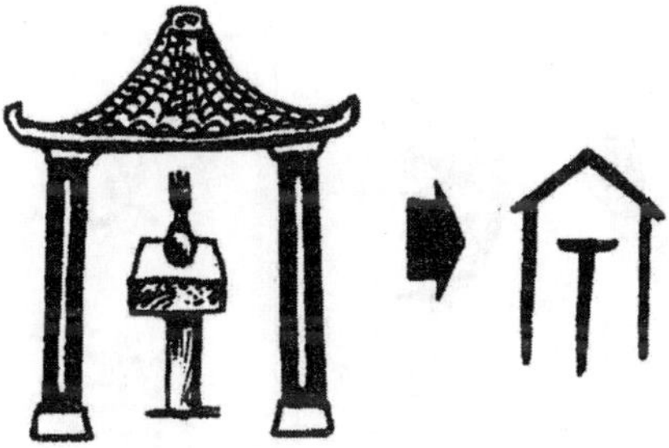

本义是“宗庙”、“祖庙”，就是祭祀祖先的庙堂。《说文》：“宗，尊祖庙也。”字形是在一座建筑物（“宀”）里有祭桌（“示”）。引申为“祖宗”、“宗族”。

甲骨文	
金文	
小篆	
隶书	宗
楷书	宗
草书	宗
行书	宗
简化字	（同楷书）

卒 zú

〔附〕 褚

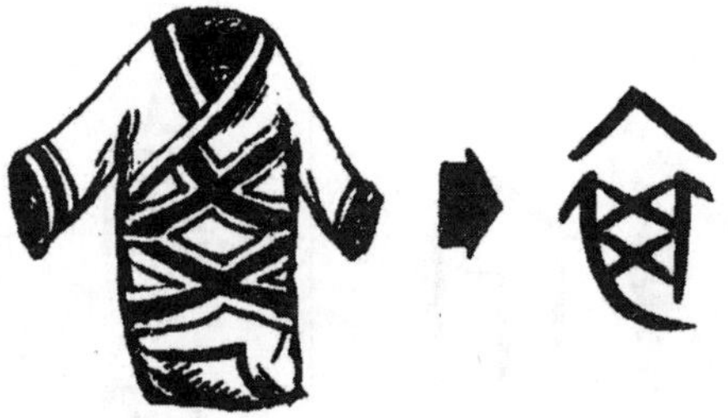

“卒”原是给隶卒穿的有标志的制服。《说文》:“卒,隶人给事者衣为卒。卒,衣有题识者。”也写作“褚”(今音 zhǔ)。“卒”字后来多指士卒。

甲骨文

金文

小篆

隶书

楷书

草书

行书

简化字

(同楷书)

足 zú

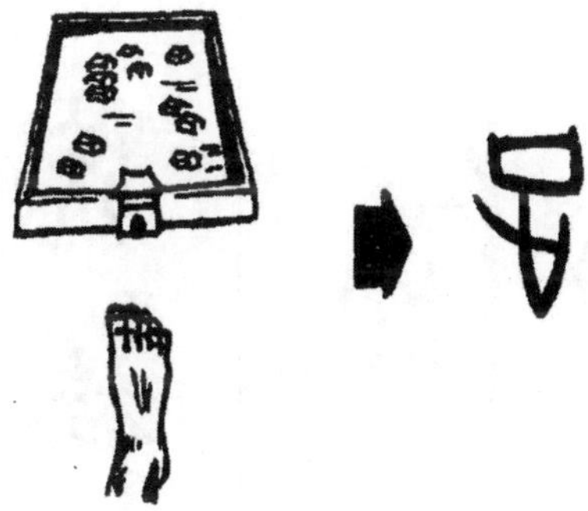

甲骨文“足”字与“正”字字形相同(参见“正”字条)。还有一种字形,像人腿,下端是脚部,楷书作“疋”(音 shū,不是“匹”的异体字)。

甲骨文

金文

小篆

隶书

楷书

草书

行书

简化字 (同楷书)

族 zú

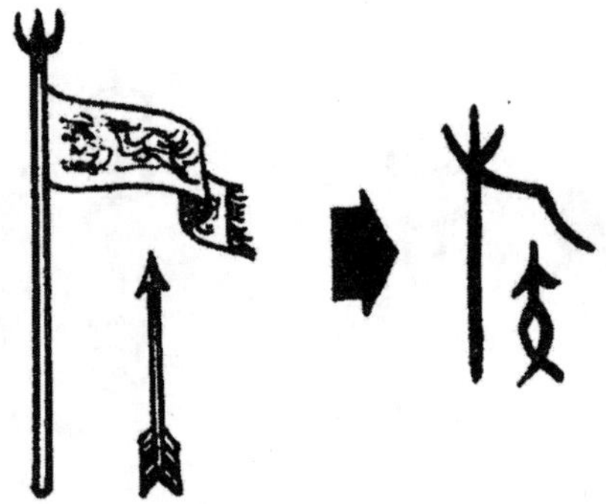

古文“族”字是在一面旗帜下面有箭头的样子。箭头表示武装。古代同一氏族或宗族的人不但有血缘关系，而且常要在族旗下协力战斗。周制以百家为一“族”。

（同楷书）

- 甲骨文
- 金文
- 小篆
- 隶书
- 楷书
- 草书
- 行书
- 简化字

祖 zǔ

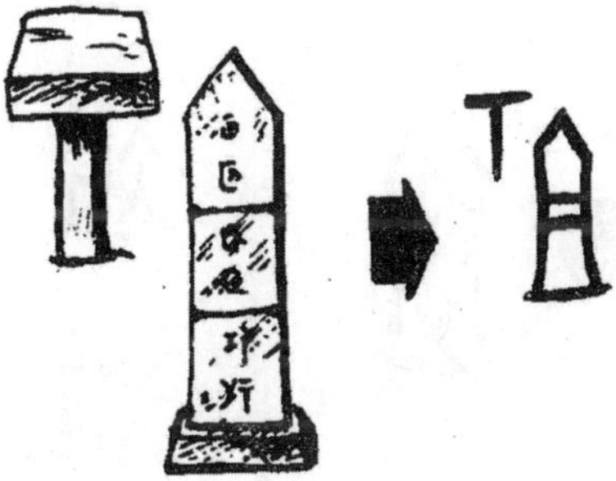

古文“且”、“祖”是同一个字。“祖”在甲骨文里已经有加“示”旁的。本义是“祖庙”,《周礼》:“左祖右社”,就是用的这个意义。引申为“祖先”、“祖父”。

（同楷书）

甲骨文	金文	小篆	隶书	楷书	草书	行书	简化字

俎 zǔ

〔附〕 宜

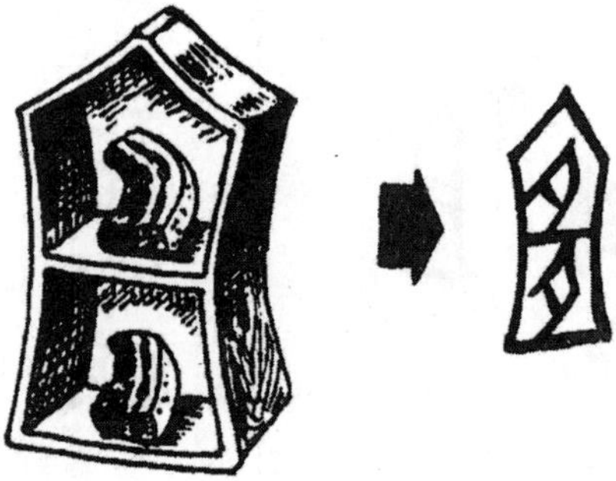

“俎”是古代祭祀或设宴时放置祭品的木制礼器。后来引申为切肉用的砧板。字形像在祭器上放着两块肉。“俎”、“宜”在古文曾是同一个字。

（同楷书）

字体
甲骨文
金文
小篆
隶书
楷书
草书
行书
简化字

尊 zūn

〔附〕 樽

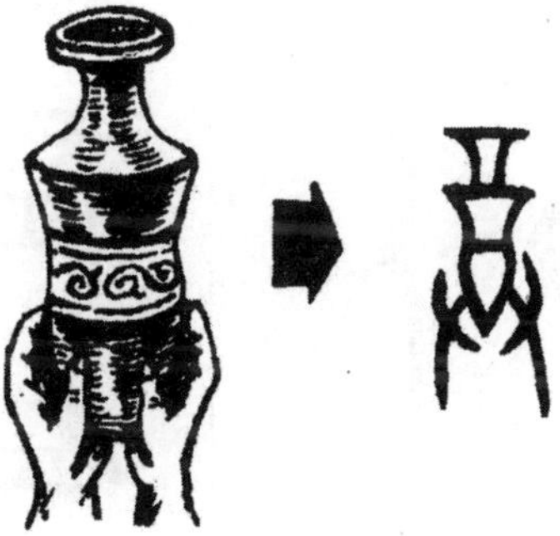

本义是"酒器和古代用作祭祀的礼器"。古文的字形是一双手捧着一樽酒的样子。由敬酒又引申出"尊敬"、"尊贵"、"尊重"等义。也通"樽"。

（同楷书）

甲骨文

金文

小篆

隶书

楷书

草书

行书

简化字

左 zuǒ

〔附〕 佐

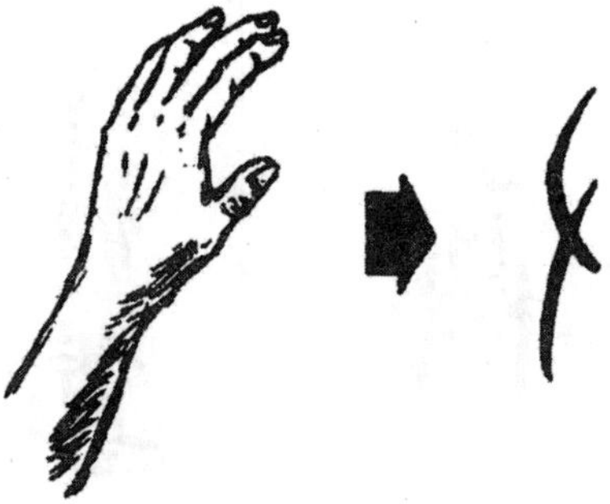

甲骨文的字形像一只左手的形状，但是已经简化为文字符号。金文开始写作“左”。“左”有“辅助”、“帮助”义，后来这种意义写作“佐”。《虢季子白盘》：“是用左（佐）王。”

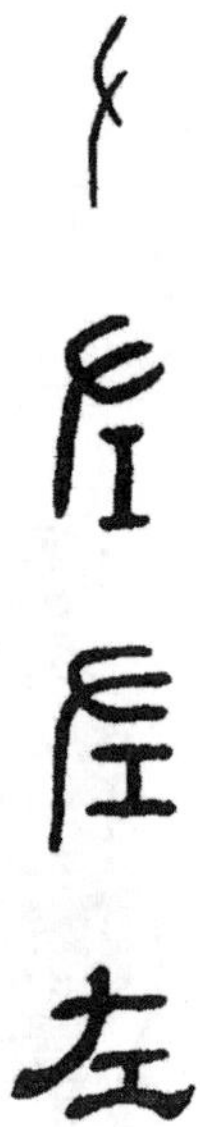

（同楷书）

甲骨文

金文

小篆

隶书

楷书

草书

行书

简化字